인간적인 책

풍부한 일화와 인물평 종합

인간적인 책

여시동 지음

서교출판사

추천사

나는 지난해 2015년 뜻하지 아니하게 과거 상해시대부터 선배들로 모시던 분들로부터 요청(아니 명령)을 받았다. "모두들 알다시피 대한민국임시정부기념관은 중국 곳곳에 있다. 미국 워싱턴에도, 하와이에도, 프랑스 파리에도 그 흔적이 남아 있는데 막상 한국엔 없다. 이제 임정기념관을 건립하는 우리들 모두의 소원을 나서서 해결하라"는 지상명령이었다.

나는 이 명령을 받고 여러 날 고민했다. 그리고 결론을 내렸다. "이 대임을 제가 맡겠습니다. 단 한 가지, 저의 생각도 받아주시기 바랍니다. 기왕 임정기념관을 건립한다면 그 안에 임정에 참여했던 모든 분들의 정신을 담아야 합니다. 다시 말해서 이승만, 안창호, 김구, 이동녕, 여운형…, 그분들이 한때 사상적으로 대립관계에 있었다고 하더라도 오늘날에 와서 남남갈등을 해소하고 통일시대에 대비하기 위해 대통합의 정신으로 모두 담아 내자는 것입니다."

1919년, 기미년 독립선언이 만세 함성과 함께 세상에 널리 알려졌고, 그해 4월 망명지 상해에서 대한민국임시정부가 수립된 지 100년 되는 해가 오는 2019년이다. 그때까지 독립선언의 기념탑과 임정기념관 건립을 완료하라는 것이 나에게 내려진 지상명령이다.

이런 작업의 시동을 서두르기 위하여 바쁜 어느 날, 조선일보 주중 특파원을 역임하여 필명을 날렸고, TV조선에서 활약하고 있는 필자가 나를 찾아와 임정에서 활약했던 여러분들에 대한 여러 일화들을 중심으로 대화를 나눈 적이 있었다. 얼마 후 필자는 이 작품의 원고를 나에게 주고 갔다.

나는 단숨에 다 읽었다. 내가 소년시절부터 직접 만나 뵙기도 했고, 또 집안어른들로부터 듣곤 하던 임정에서 투쟁했던 분들에 대한 이야기는 지금 생각하면 아득히 먼 옛이야기처럼 들린다. 어쩌다 보면 옛 설화나 민화에서 읽은 이야깃거리처럼 과장되고 구름에 뜬 것처럼 들리기도 하는 것이 현실이다.

그런데 이 원고를 보고 새삼스럽게 아주 가까운 이야기같이 느껴졌다. 왜냐하면 여기에 담은 내용들은 모두 현장감이 있고, 생생하게 들렸기 때문일 것이다. 아마 필자는 저널리스트 입장에서 상당히 많은 분량의 독립운동 관련 국내외 서적과 개인들의 평전 등 자료를 읽었고, 그뿐만 아니라 직접 살아 계신 분들로부터 이야기를 들었던 것이 분명하다. 그리고 그 내용들을 독자가 읽기 편하도록 단문식으로 기술해 책을 보면 순식간에 우리 독립운동사를 대강 파악할 수 있도록 했다.

해방 이후 임시정부에 몸담았던 분들은 대부분 몰락했다. 그리고 해방정국과 전란을 겪으면서 역사에서 올바른 대접을 받지 못한 것이 사실이다. 그러나 회고해 보자. 세계 독립운동사에서 해외에 임시정부를 세우고 27년간 저항했던 역사는 일찍이 없다고 해도 과언이 아니다. 아일랜드의 독립운동사를 봐도 그들이 신페인(Sinn Fein)당을 결성하고 IRA라는 군(우리의 의열단과 같은 조직)을 조직했지만 임시정부는 아니었다. 마하트마 간디와 그 후예들이 인도국민회의를 결성했지만 임시정부를 구성하여 영국으로부터 독립운동을 적극 전개하지 못했다. 그렇다면 대한민국임시정부의 역사는 유일하다. 이런 위업을 달성하기 위해 피 흘려 싸우고 간고한 투쟁을 이어간 우리 영웅들의 이야기를 그냥 지나칠 수 있을까?

임시정부의 역사에서 사상적으로 갈리고 지역적으로도 분쟁이 있었던 것도 사실이다. 독립운동 방략을 놓고도 외교투쟁론이다, 실력배양론이다, 무장투쟁론이다 등 분분한 논쟁이 있었다. 그러나 그런 논쟁은 오늘날 정계에서 벌어지는 논쟁보다는 훨씬 건설적이다. 그런 논쟁이 있었다고 임시정부가 약화되었던 것도 아니고, 임시정부가 간판을 내리고 사라진 것도 아니다. 임시정부는 그대로 역할을 수행해 왔다. 그리고 임시정부의 이름으로 민주공화제 헌법도 기초했고, 〈건국강령〉이란 정책 대강도 만들었고, 대일선전포고도 했고, 광복군이라는 군대도 양성했다. 카이로선언에서 독립 약속을 받아내는 외교도 했다. 그런데 작금 이런 간고한 투쟁을 모르는 사람들은 "임시정부라고 해봤자 국토가 있었느냐, 국민이 있었느냐, 주권이 있었느냐"라는 한가한 이야기를 하고 있다. 고생을 모르고 자란 철부지들의 말이나 같다. "밥 없으면 라면이라도 먹지 그러냐"라는 식이다.

이런 세태에서 필자가 임정의 이름 아래 투쟁했던 영웅들의 발자취를 찾아서 그분들의 삶, 생각, 행동을 그려낸 데 대하여 나는 오로지 감사할 따름이다. 이는 역사를 외면하지 않은 양심적 저널리스트가 아니면 손대기 어려운 작업이다. 이는 하나의 작은 편린 속에서도 그 진실한 가치를 발견하지 못한 둔감한 작가라면 그냥 파묻고 말았을 작업이다.

이런 모든 뜻에서 나는 필자가 만들어낸 이 작품이 이 한 권으로 끝나지 말고 계속 이어지기를 바라는 바이다.

2016년 4월
우당장학회 이사장 이종찬

추천사

12월…하얼빈, 연길, 용정에서 만난 만주의 추위와 바람은 매서웠다. 조국의 독립을 위해 목숨을 내놓는 것도 마다하지 않았던 선열들의 독립운동은 그저 역사적 사실을 아는 지식을 넘어 마음을 움직이는 감동으로 다가왔다.

비록 자신들은 망국민으로 살아가지만, 후손들은 반드시 자유롭고 평화로운 독립국의 국민으로 당당하게 자신의 꿈을 펼치며 살 수 있도록 하기 위해서 수많은 독립운동가들은 이곳까지 와서 독립운동에 자신의 삶을 바쳤다는 사실이 생생하게 느껴졌던 것이다.

2015년 10월 '광복 70주년 기념 세계 한인청소년 통일염원 임정대장정'의 대원들이 독립기념관을 찾아왔을 때 이야기를 나누며, 내가 독립운동의 현장에서 느꼈던 생생한 감동을 임정

대장정 대원들은 중경, 광주, 유주, 항주, 상해 등 임시정부의 발자취를 따라가다 보면 느끼게 될 것이라는 생각에 흐뭇했다.

하지만 독립운동의 역사를 독립운동의 현장에서 생생한 감동으로 느꼈음에도 불구하고 독립운동의 역사는 여전히 어렵고 우리같이 평범한 사람들의 삶과는 동떨어져 있다고 생각하게 되는데 이번에 출간되는 '인간적인 책'은 그런 문제에 해답을 주고 있다.

임시정부를 중심으로 활동한 독립운동가들 중 30여 명을 선정해서 독립운동 활동뿐만 아니라 일상의 이야기들을 들려주고 있다. 그들의 삶의 이야기들을 통해 역사의 화석이 되어버린 듯했던 임시정부가 살아서 움직이는 생명체로 변화된 듯 생생하게 그리고 편안하고 쉽게 우리에게 다가온다.

임시정부를 지켜내고 독립운동에 생명을 내놓은 독립운동가들도 다 우리처럼 누군가의 아버지이고 어머니였으며 누군가의 아들이고 딸이었다. 다만 그들은 자신들의 아들과 딸이, 아버지와 어머니가 누구보다도 소중하기에 어떤 것이 정말 자신들의 자녀와 부모를 더 크게 사랑하는 길인지를 깊이 생각하고 실천한 것이다. 그들은 독립을 쟁취해서 자신들의 부모와 자녀가 대한민국의 국민으로 당당하게 세계를 향해 삶을 펼쳐나가도록 하는 것이 진정한 사랑이라 생각하고 망설임 없이 독립운동에 헌신한 것이다.

오늘 우리가 세계 어디를 가든 당당하게 대한민국 국민으로 살 수 있는 것은 그냥 당연히 주어진 것이 아니다. 조국의 광복을 쟁취하기 위해 수많은 독립운동가들의 헌신이 있었다는 것을 기억하고 그들의 우리를 향한 사랑에 감사하고 행복할 수 있었으면 한다. 그리고 이 책을 통해 오늘을 살아가는 우리는 우리 후손들의 더 당당하고 행복한 삶을 위해 무엇을 할 수 있는지 진지하게 고민하고 행동하는 길을 찾게 되기를 희망한다.

2016년 4월
독립기념관 관장 윤주경

들어가는 말

　　나는 이봉창 의사가 술과 음악과 여성을 좋아
한 '모던보이'인 줄 몰랐다. 50대의 백범이 직접 젊은 밀정의 목
을 졸라 처단할 정도로 격렬한 사람인 줄 몰랐다. 한국 독립운동
을 도운 '파란 눈의 독립운동가' 조지 쇼가 누구인지 몰랐고, 그
의 어머니와 아내와 며느리가 모두 일본인인 줄은 더더욱 몰랐
다. 일제가 항복한 직후 한국광복군과 일본군이 여의도에서 총
을 겨누며 일촉즉발의 대치를 한 적이 있는 줄도 몰랐다. 무엇보
다 우리 독립운동에 대해 내가 얼마나 모르고 있는지 몰랐다.

　나는 오랫동안 신문기자 생활을 했으며 중국에서 연수와 특파
원 생활을 했다. 지금은 방송사에서 일하지만 신문사에 있을 때
는 중국 내 한국독립운동을 기획취재하기 위해 여러 서적을 모
아 읽었고, 북경과 상해 특파원으로 있으면서 임시정부청사 등

항일 유적지를 적지 않게 찾아다녔다. 그런데 위에 적은 얘기들은 까맣게 몰랐다.

　모를 수도 있다. 다만 내가 부끄러운 것은, 내 것도 제대로 모르면서 남의 얘기를 열심히 하고 다녔다는 사실이다. 티베트와 위구르의 소수민족 분리독립 투쟁에 대해서는 그들이 왜 독립을 해야 하는지를 떠들고 그들의 투쟁을 지지하는 기사를 쓰면서도, 정작 우리 독립운동에 대해서는 무지했다.

　이런 나를 되돌아보게 한 것은 지난해 10월 청소년들과 함께한 임정대장정 행사였다. 민주평통이 주최한 이 행사는 '광복 70주년 기념 세계 한인청소년 통일염원 임정대장정'이라는 긴 이름을 가졌다. 나는 이 행사를 TV프로그램으로 만들기 위해 촬영 팀과 동행하게 되면서 임시정부와 독립운동에 대해 다시 공부하게 되었다. 책과 자료를 열심히 찾아 읽었다.

　행사가 잘 끝나고 방송 촬영도 마무리된 뒤 책도 내기로 했다. 행사를 하면서 학생들이 우리 역사에 대해 의외로 모른다고 느꼈기 때문이다. 기성세대도 잘 모르는데 온갖 관심 둘 일이 많은 젊은 학생들이야 오죽하겠는가. 논의 결과 재미있게 읽을 수 있는 역사교양서를 만들기로 의견을 모았다. 책은 내가 정리하기로 했다. 책에 담을 독립운동가 30여 명의 인간적인 모습을 모두 정리해 줄 전문가를 찾기가 어려웠다.

　방송 프로그램 제작을 준비하면서 임정 관련 자료들을 찾다 보니 독립운동가들의 업적에 대한 자료는 쉽게 접할 수 있었다.

그런데 목숨 걸고 항일투쟁을 한 사람들의 인간적인 향취가 담긴 자료들은 많지 않을뿐더러 여기저기 흩어져 있었다. 이에, 자료를 최대한 모아 '독립운동가 그분은 뭘 했다'에 그치지 않고 '그분은 어떤 사람이었다'까지 보여줄 '인간적인 책'을 만들기로 했다. 책 내용은 임정 요인이거나 임정 주위에서 극적인 삶을 산 30여 명을 선정해 그들의 삶을 다양한 일화와 인물평 등을 통해 재구성한 것이다.

임정대장정에 참가한 학생들은 현장을 답사하면서 거의 예외 없이 "우리 임시정부와 독립운동 역사에 생각도 못한 이런 일들도 있었구나"라며 놀라는 반응을 보였다. 목숨 걸고 투쟁한 지사들의 감동적인 이야기를 현장에서 보고 들으며 눈물을 흘린 학생도 많았다.

이 책은 항일지사들의 인간적인 모습을 보여줌으로써 독자들이 흥미롭게 그들을 만날 수 있도록 했다. 진위 논란이 있는 내용은 최대한 배제했지만 인간성을 다루는 내용이다 보니 자료 자체에 주관이 담겨 있을 수 있다. 불가피한 면이 있다고 생각한다. 느낌이나 생각은 당사자만이 진위를 알 수 있는 데다 관련 기록을 남긴 많은 사람들은 이미 세상을 떴기 때문이다.

글을 쓰면서 우리 역사에 훌륭한 사람들이 정말 많다는 것을 새삼 느꼈다. 같은 생각을 갖는 독자들이 많았으면 좋겠다.

이 책이 나오는 데 민주평화통일자문회의 중국지역회의의 이창호 부의장과 이동한 간사가 책 출간 아이디어를 내는 등 큰 기여를 했고, 윤봉길 의사의 손녀인 윤주원 선생도 글을 보내주며 적극 도와주었다. 감사하다.

2016년 4월

여시동

인간적인 책

차례

"아들아 당당히 죽으라"…그 아들에 그 어머니, 안중근 모자(母子)

안중근 (황해도, 1879년 9월 2일 ~ 1910년 3월 26일)

대한제국의 항일의병장 겸 정치사상가. 호는 천주교 세례명인 도마(토마스)이며, 어려서는 '안응칠'이라는 아명으로 불렸다. 을사늑약을 계기로 독립운동에 투신한 그는 1906년 운영하던 상점을 팔아 그 돈으로 삼흥학교를 세우고 돈의학교를 인수하여 인재 양성에 힘썼다.

그러나 국운이 극도로 기울자 합법적인 방법으로는 나라를 구할 수 없다고 판단, 1907년 연해주로 가서 의병운동에 참가한다. 1909년에는 동지 11명과 죽음으로써 구국투쟁을 벌일 것을 맹세하며 손가락을 잘랐다. 이른바 동의단지회를 결성한 것이다. 그해 10월, 이토 히로부미가 러시아 재무상과 회담하기 위해 만주 하얼빈에 온다는 소식을 듣고 그를 처단하기로 결심한다. 동지 우덕순과 함께 거사하기로 뜻을 같이한 뒤 동지 조도선, 통역 유동하와 함께 독립지사 이강의 후원을 받아 행동에 나선다. 1909년 10월 26일 일본인으로 가장한 그는 하얼빈 역에 잠입해 이토를 사살하고 하얼빈 총영사 가와카미 도시히코, 궁내대신 비서관 모리 다이지로, 다나카 세이타로 등에게 중상을 입혔다. 이어 현장에서 러시아 경찰에게 체포된 뒤 일본 관헌에게 넘겨져 중국 여순의 일본감옥에 수감되었다. 이듬해 2월 14일 재판에서 사형이 선고되었으며, 3월 26일 순국하였다.

01

"나라를 위해 이에 이른즉 딴 맘 먹지 말고 죽으라"

- 조마리아-

　　　　"네가 만약 늙은 어미보다 먼저 죽는 걸 불효라 생각한다면 이 어미는 웃음거리가 될 것이다. 너의 죽음은 너한 사람의 것이 아니라 조선인 전체의 공분을 짊어지고 있는 것이다. 네가 항소를 한다면 그것은 일제에 목숨을 구걸하는 짓이다. 네가 나라를 위해 이에 이른즉 딴 맘 먹지 말고 죽으라…."

이 글은 도마 안중근 의사의 어머니 조마리아(본명 조성녀·?~1927) 여사가 조선 침략의 원흉 이토 히로부미(伊藤博文)를 사살한 아들이 사형선고를 받자 아들에게 전한 말이다. 사랑하는 아들에게 "목숨을 구걸하지 말고 나라를 위해 죽으라"고 잘라 말하는 어머니의 모습은 일반인으로서는 상상하기 어려운 것이다. 그 아들에 그 어머니다. 당시 대한매일신보와 일본의 아사히신문도 이 소식을 듣고 '시모시자(是母是子·그 어머니에 그

아들'라는 제목으로 보도했다. 이토 히로부미는 초대 일본총리와 초대 조선통감을 지낸 일본 정계의 최고 거물이었다.

싱가포르 영자신문 스트레이츠타임스(The Straits Times)도 1910년 3월 7일 안중근 모자(母子)에 대한 기사를 실었다. '사형수 암살자(condemned Assassin)'라는 큰 제목과 '조상의 명예를 실추시키지 말라는 어머니의 꾸중'이라는 부제가 달렸다. 기사는 안중근 의사가 "판결이 일부 불만스럽지만 항소할 경우 겁쟁이로 비쳐질 수 있으니 심사숙고해 결정하겠다"고 말했다고 보도했다. 기사는 또 "관선 변호인인 미즈노 변호사가 '조상의 명예를 더럽혀서는 안 된다고 했다'는 어머니의 말씀을 전하자 안 의사는 깊이 공감했다"라고 보도했다. 안 의사는 1심 법정에서 못다한 진술을 2심에서 하고 싶은 생각도 있었지만 어머니의 뜻에 따라 결국 항소를 포기한다.

안 의사는 체포된 뒤 자신이 한 일을 후회하지 않았으며, 명성황후를 죽인 죄 등 이토의 죄목 15가지를 당당하게 밝혔다. 그런 모습 뒤에는 어머니 조마리아 여사가 있었다. 안중근의 조카딸 안미생은 기자가 "(안 의사가) 어디서 그처럼 끓어오르는 애국심과 놀라운 희생정신을 받으셨을까요?"라고 묻자, "우리 할머니가 조마리아신데 여중군자(女中君子)라는 평을 들었던 분으로서 그 사상이 퍽 훌륭하셨답니다. 그 교육의 영향이 크리라고 믿습니다"라고 대답하였다. 당시 서울의 대한매일신보는 조마리아 여사의 모습을 다음과 같이 보도했다. "안중근씨의 어머니

안중근 의사와 어머니 조마리아 여사

가 변호를 위탁하기 위해 평양에 도착하여 안병찬 변호사와 교섭할 때 이곳 경찰서와 헌병대에서 순사와 헌병을 파견하여 수차 문초를 하였는데 이 부인은 용모가 태연자약하고 질문에 물흐르듯이 대답하였다…(조마리아 여사가) 이력을 빠짐없이 설명하니 순사와 헌병들도 서로 바라보며 놀라고 말하기를 안중근이 한 일은 우리가 이미 놀라고 있지만 그 어머니의 사람됨도 한국에 드문 인물이라고 하였다더라."

조마리아 여사는 죽음을 앞둔 아들에게 단호한 모습을 보였지만 평소에는 자애로웠다고 한다. 백범 김구 선생에게 늘 엄격했던 어머니 곽낙원 여사와는 대조적이다. 조마리아 여사는 1895년 백범이 동학운동을 하다 남편 안태훈에게 몸을 의탁한 인연

안중근 의사의 유묵들

으로 곽낙원 여사와도 잘 아는 사이였다.

　백범의 차남 김신 장군의 기억이다. "조마리아 여사가 집에 찾아오셨다가 아버지가 할머니께 종아리를 맞는 것을 보고 깜짝 놀라며 말씀하셨다. '아니, 자식이 오십이 넘었는데도 종아리를 때리십니까?' 할머니는 안 의사의 모친께서 극구 말리자 못 이기는 척 물러서셨다. 안 의사 어머니는 어이가 없었던지 아버지에게도 물으셨다. '아니 그 나이가 되도록 종아리를 맞으니, 젊었을 때는 얼마나 많이 맞으셨습니까?' 그러자 아버지가 이렇게 대답했다고 한다. '글쎄, 기록을 안 해서 기억이 잘 안 납니다'."

　조마리아 여사가 죽음을 앞둔 아들에게 유독 단호한 모습을 보였던 것은 조국을 위한 숭고한 희생이라는 대의명분을 강조하고, 죽음의 공포를 이겨내도록 용기를 북돋우려는 의도가 있었을지 모른다. 그러나 1910년 3월 26일 아들이 이 세상을 떠날 때 입고 갈 한복을 곱게 지어 여순(旅順·뤼순)감옥으로 보냈던 어미의 심정은 어땠겠는가. 한복은 안 의사 순국 전날 저녁 늦게 감옥에 도착하였다.

조 여사는 아들이 순국한 뒤 일제의 핍박을 피해 남은 두 아들 정근·공근과 함께 러시아로 갔다. 여사의 가족은 1919년 가을 임시정부가 수립된 상해로 가기 전까지 러시아와 만주의 간도 지역 일대를 오가며 생활한 것으로 알려졌다. 여사는 러시아 니콜리스크(우수리스크)에서 먼저 간 아들을 생각하며 활발히 교민계몽활동을 했다. 임시정부의 기관지 독립신문은 1920년 1월 31일자에 여사의 러시아 생활 이야기를 실었다. "어머니 조씨는 거의 영일이 없이 동은 해삼위로, 서는 바이칼에 이르기까지 분주하여 동포의 경성(警醒·정신 차리게 경고함)에 종사하였을 정도로 러시아 동포들의 민족의식 고취에 여념이 없었다…."

상해로 간 안중근의 가족은 어머니 조마리아, 부인 김아려, 딸 현생, 러시아에서 태어난 둘째아들 준생 등 모두 넷이었다. 큰아들 분도는 어릴 때 숨졌다. 이미 분가해 가정을 꾸리고 있던 두 동생 정근·공근도 합류했다. 여사는 상해 교민사회에서 독립운동의 정신적 지주 역할을 했으며, '상해재류(在留)동포 정부경제 후원회'와 '임시정부 경제후원회'의 위원으로 선출돼 임정 인사들을 지원했다. 여사는 독립투사 안중근의 어머니에 그치지 않고 본인 스스로 독립정신을 실천한 것이다. 이주화 안중근의사기념관 학예팀장은 조마리아 여사에 대해 "김구 선생의 어머니인 곽낙원 여사와 함께 독립운동에서 두 대모 중 한 분이라고 할 수 있다. 초창기 상해에서 안살림을 거의 다 했다"라고 말했다.

조마리아 여사는 온화한 겉모습 속에 장부다운 배포와 강단이 있었다. 아나키스트 항일운동가 정화암의 전언이다. "만주에서 (조마리아 여사가) 이사를 가는데 마적들이 나타났어요. 총을 마구 쏘면서, 그러니까 같이 가던 청년들 수십 명이 전부 땅에 엎드려 꼼짝 못해요. 이때 그 어머님이 척 내려오더니 '아, 이놈들아 독립운동을 한다는 놈들이 이렇게 엎드리기만 할 거야? 이러다간 다 죽어!'라며 대성일갈했다는 겁니다. 그러고는 벌벌 떠는 마부를 제치고 스스로 말고삐를 착 쥐더니 '죽는 일이 있더라도 가고 보자!'하고 소리를 질렀답니다. 여사가 마차를 몰아 결국 무사했답니다…."

안중근 의사와 이토 저격을 함께 모의했고 블라디보스토크 교민신문 대동공보(大東共報)의 주필을 지낸 이강(李剛) 선생은 조 여사에 대해 "가끔 큰 싸움이 일어나면 그 어머니한테 와서 타협의 재판을 받고는 모두 눈물을 흘리며 사과하던 일 등 평생에 그렇게 위대한 여걸은 다시 보지 못하였다"라고 회고했다. 여사는 앞서 1907년 국채보상금 모금 때도 며느리들을 모아놓고 "나라가 망하려 하는데 무엇이 아깝겠느냐"라며 시집 올 때 가져온 패물을 모두 내놓게 했다. 며느리들은 시아머니의 말에 순순히 따랐다. 며느리들도 기개가 있었으나 조 여사의 기세에 눌려 꼼짝을 못했다고 한다.

안 의사 의거 직후 신문들은 "이등박문(伊藤博文·이토 히로부미)은 수많은 한인을 살해하였는데 안중근이가 이등박문 1인을 죽인 것이 무슨 죄요, 일본재판소가 각국 변호사를 용납하지 않는 것은 무지가 극함이다(대한매일신보)" 등 안 의사에 대한 부당한 재판을 비판하는 기사를 연일 게재했다. 그러나 조 여사는 세평에 휘둘리지 않고 아들이 순국한 뒤에도 17년 동안 묵묵히 독립정신을 실천하다 삶을 마쳤다. 여사는 1927년 7월 상해에서 별세해 프랑스 조계 안의 외국인 묘지인 정안사로(靜安寺路) 만국공묘에 묻혔으나 이후 도시개발로 묘소가 사라져 지금은 흔적을 찾을 수가 없다.

안중근(1879.9.2.~1910.3.26) 의사는 황해도 해주에서 진사였던 아버지 안태훈과 어머니 조마리아 여사 사이의 3남 1녀 중 장남으로 태어났다. 몸에 점 7개가 있어 어려서부터 응칠(應七)로 불렸다. 응칠은 격한 기질을 타고 났다. 어느 날 아버지가 청나라 상인에게 모욕을 당하자 상인을 산속까지 쫓아가 엽총으로 쏘아 죽였다. 그는 또 달변인 데다 말이 빠르고 거칠었다. 그래서 친구들이 붙여준 별명이 '번개 입', 즉 '전구(電口)'였다. 아버지 안 진사는 이를 경계해 아들 이름에 '무거울 중(重)'자를 넣었다고 한다.

김구 선생은 〈백범일지〉에서 안 진사에 대해 "눈빛이 찌를 듯

빛나 사람을 압도하는 기운이 있었다"라고 했다. 안 진사 집은 선대부터 황해도에서 부호 순위 2, 3위를 다투던 부자였다고 한다. 안 진사는 1884년 갑신정변의 주역 박영효와도 국가개혁을 논할 만큼 친교가 있었으며, 개화파가 일본에 파견할 영재 70여 명을 선발할 때 그중 한 명으로 선발되기도 한 저명 인사였다. 안 진사가 고향 해주를 떠나 신천군 청계동에 은둔한 것도 박영효의 갑신정변 실패에 따른 화를 피하기 위해서였다는 설이 있다. 안중근이 청년 시절 좋아한 4가지는 친구와 의를 맺고, 술 마시고 노래하고 춤추고, 날랜 말 타고, 총 쏘며 사냥하는 것이었다. 그는 도덕군자형이 아니었다. 그가 후에 감옥에서 저술한 자서전 〈안응칠 역사〉는 "술 마시고 취한 뒤에는 혹 노래도 하고 춤도 추고 기생방에서 놀기도 했다"라고 적고 있다. 또 기생을 훈계하는 데 상대가 공손하지 않으면 욕을 퍼붓기도 하고 매질도 했다.

15세 청년 안중근은 1894년 동학농민혁명이 일어났을 때 아버지를 도와 동학군 토벌에 나서 명성을 떨쳤다. 자서전에는 의병 70여 명으로 오합지졸 동학당 2만여 명을 물리쳤다는 이야기가 적혀 있다. 아버지 안 진사는 개화사상을 지녔으나 내로라하는 갑부였기 때문에 지주 타도를 주창하는 동학군과 맞설 수밖에 없었다. 안 진사는 이때 동학 접주 김구와도 대치했으나 김구가 그의 식객이 되면서 좋은 인연을 맺는다.

1905년 안중근이 26세 때 부친이 별세하고 일제가 우리의 외

박영선 화백의 《이토 히로부미를 응징하는 안중근의 의거 장면도》

교권을 박탈하는 을사늑약이 체결된다. 늑약은 그해 11월 17일 경운궁(현 덕수궁)에서 열린 회의에서 일본군에 둘러싸인 채 체결됐다. 늑약을 강요한 수뇌가 바로 일왕의 특사로 파견된 이토 히로부미였다.

늑약 체결 3일 뒤 황성신문 주필 장지연이 격정적인 사설 '시일야방성대곡(是日也放聲大哭·오늘을 목 놓아 통곡하노라)'을 실었다. "저 개돼지만도 못한 정부대신이라는 자들은 자기 일신의 영달과 이익을 바라며 위협에 겁먹어 머뭇거리고 벌벌 떨면서 나라를 팔아먹은 도적이 되기를 감수했다. 아, 4천년 강토와 5백년 사직을 남에게 바치고 2천만 생령을 남의 노예노릇하게 하였다…동포여! 아 원통하고 분한지고. 우리 2천만 동포여, 노예된 동포여! 살았는가, 죽었는가, 단군 기자 이래 4천년 국민정신이 하룻밤 새 홀연 망하고 말 것인가. 원통하고 원통하도다.

동포여! 동포여!" 이 사설은 많은 국민을 비탄에 잠기게 했다.

안중근은 을사늑약이 체결된 뒤 대한독립의 날까지 술을 끊기로 맹세하고 새로운 삶을 시작한다. 여기엔 도산 안창호의 영향도 있었다. 미국 유학을 떠났다가 1907년 귀국한 도산은 전국을 돌며 독립정신을 일깨우고 있었다. 안중근은 도산의 연설에 심취했다. 자기보다 불과 한 살 많은 도산이 세계정세에 정통한 것을 보고 감탄, 도산과 면담한 뒤 독립을 위한 3가지 목표를 세웠다. 육영사업과 산업진흥, 항일투쟁이 그것이다. 이에 앞서 안중근은 개인 재산을 모두 털어 진남포에 삼흥학교와 돈의학교를 세운 뒤 교장에 취임했다. 안창호도 이 학교에서 연설을 했다. 안중근은 이어 평안도에 조직된 국채보상기성회 관서지부장을 맡으면서 온 가족과 함께 국채보상운동에 나서게 된다.

안 의사는 1907년 일제가 헤이그밀사 사건을 빌미로 고종을 강제 퇴위시키고 정미 7조약으로 조선의 주권을 박탈하자 항일의병운동에 뛰어들었다. 어릴 때부터 명사수로 이름을 날린 그는 두만강 너머 간도와 연해주를 돌아다니며 200여 명 규모의 의병부대를 조직, 국내 진입작전을 전개했다. 그의 부대는 회령의 일본군을 습격해 50여 명을 살상하는 전과를 올리기도 했다. 하지만 일본군 포로 몇 명을 인도주의에 따라 석방했다가 그들이 병력을 끌고 와 보복전을 벌이는 바람에 큰 피해를 입고 간신히 목숨을 건지는 참패도 맛보았다. 그는 이 사건으로 동료들의 신뢰를 잃자 재기를 위해 절치부심한다.

1909년 2월 7일 두만강 건너 러시아령인 엔치야(煙秋·현재의 크라스키노) 부근의 김 모씨 여관. 안중근과 그의 동지들이 비밀리에 모였다. 참석한 12명은 왼손 무명지 끝마디를 잘라 흐르는 피로 태극기에 '大韓獨立'(대한독립)이라는 글씨를 쓰고 의기를 다졌다. 이른바 '단지(斷指)동맹', 즉 '동의단지회(同義斷指會)'가 결성된 것이다. 지금도 남아있는 안 의사의 사진 중 체포된 뒤 두 손을 앞에 가지런히 모으고 찍은 사진은 잘린 손가락 부위가 먼저 눈길을 끈다. 단지동맹 회원들은 대부분 의병 출신 동지들이었다. 이 자리에서 안중근은 "3년 안에 이토 히로부미를 처단하지 못하면 동포 앞에 자살로써 속죄하겠다"라고 맹세했다. 이후 안중근은 엔치야에 계속 머물며 이토 처단 기회를 노린다.

1909년 10월 21일 오전 8시 50분, 안중근은 러시아 블라디보스토크 역에서 서쪽으로 778km 떨어진 중국 하얼빈 행 우편열차를 탄다. 이토가 하얼빈에 온다는 정보를 입수한 것이다. 거사 3일을 앞둔 23일 밤, 안중근은 하얼빈 한민회(韓民會) 회장인 김성백의 집 호롱불 아래서 시를 지었다. '장부가(丈夫歌)'다.

丈夫處世兮 其志大矣 장부처세혜 기지대의
時造英雄兮 英雄造時 시조영웅혜 영웅조시
雄視天下兮 何日成業 웅시천하혜 하일성업
東風漸寒兮 壯士義熱 동풍점한혜 장사의열
念慨一去兮 必成目的 염개일거혜 필성목적

鼠竊○○兮 豈肯比命 서절○○혜 개궁비명

豈度至此兮 事勢固然 개도지차혜 사세고연

同胞同胞兮 速成大業 동포동포혜 속성대업

萬歲萬歲兮 大韓獨立 만세만세혜 대한독립

萬歲萬萬歲 大韓同胞 만세만만세 대한동포

장부가 세상에 처함이여, 그 뜻이 크도다

때가 영웅을 지음이여, 영웅이 때를 지으리로다

천하를 웅시함이여, 어느 날에 업을 이룰고

동풍이 점점 참이여, 장사의 의기가 뜨겁도다

분개해 한 번 감이여, 반드시 목적을 이루리로다

쥐도적 ○○이여, 어찌 즐겨 목숨을 비길고

어찌 이에 이를 줄을 헤아렸으리오, 사세가 고연하도다

동포 동포여 속히 대업을 이룰지어다

만세 만세여 대한독립이로다

만세 만만세여 대한동포로다

(안중근 본인 번역)

운명의 26일, 오전 7시 30분 안중근이 하얼빈 역에 나타났다. 양복을 입고 모자를 썼다. 주머니엔 벨기에제 브라우닝 FN M1900 권총과 작은 나이프를 준비했다. 그는 일본 교민들 속에 섞여 대합실로 들어간 뒤 찻집에서 차를 마시며 열차를 기다렸다. 오전 9시가 넘어서자 일본 추밀원 의장 이토 히로부미가 특별열차 편으로 역에 도착했다. 이토는 객차 위로 올라온 러시아 재무상 코코프체프와 약 25분간 열차회담을 마친 뒤 드디어 '죽음의' 플랫폼에 내려섰다. 군악대의 주악이 시작됐다.

"나(안중근)는 곧 뚜벅뚜벅 걸어서 용기 있게 나가 군대가 늘어서 있는 뒤에까지 이르렀다. 앞으로 보니 러시아 일반 관리들이 호위하고 오는 중에, 맨 앞에 누런 얼굴에 흰 수염을 가진 일개 조그마한 늙은이가 이같이 염치없이 감히 하늘과 땅 사이를 횡행하듯 걸어오고 있었다. '저것이 필시 늙은 도둑 이토일 것이다'…."(안중근의 〈안응칠 역사〉 중에서)

이토가 러시아 장교단을 사열하고 환영 나온 외국 영사 두세 명과 악수를 한 뒤 다시 돌아갈 때, 도열한 러시아 병사 뒤에 있던 안 의사가 오른팔을 쭉 뻗었다. 이토의 우측 가슴을 향해 방아쇠를 당겼다. 첫 총성은 군악 소리에 묻혔지만 연이은 총성이 플랫폼을 흔들었다. 이토는 총탄 3발을 맞고 쓰러졌다. 총탄은 가슴과 복부, 옆구리를 파고들었다. 발사된 7발 중 나머지 4발은 이토 옆에 있던 하얼빈 주재 일본총영사 등 4명을 맞혔다. 명사수다웠다. 한 발도 허비하지 않았다. 러시아 헌병들이 안 의사를 덮치자 안 의사는 쓰러지며 총을 내던졌다. 이어 포박된 채 하늘을 향해 러시아어 "코레아 우라(대한 만세)!"를 삼창하였다. 9시 30분이었다. 이토는 30분 뒤 열차 안에서 절명하였다. 거사는 순간이었고 간결하였다.

순국 전 빌렘 신부 및 두 동생 정근·공근과 면회하는 안중근 의사

　일본열도는 큰 충격에 휩싸였다. '일본의 비스마르크'로 불린 메이지유신의 원훈(元勳)이자 일본 근대의 가장 위대한 정치인으로 꼽혀온 이토가 조선의 이름 없는 한 청년에게 어이없이 당했다는 게 믿기지 않았다. 서울의 러시아 총영사인 소모프는 "일본인들은 복수심에 휩싸였고 일본 신문들은 이토의 장례식이 끝나면 3일간 조선인을 죽이게 해달라고 노골적으로 요청할 정도였다"라고 본국에 보고하였다. 일본은 이토의 장례식을 사상 최초의 국장으로 치렀다.

　구한말의 우국지사 황현(黃玹)은 〈매천야록〉에 안 의사의 의거 직후 국내 여론을 다음과 같이 적었다. "이 소식이 서울에 전해지자 소리내어 말하지 못했지만 만인의 어깨가 모두 들썩하였으며, 저마다 깊은 방에서 술을 따라 마시며 서로 축하하였다." 그에 따르면 당시 서울 사람들은 안중근의 초상 사진을 다투어 샀으며, 이 장사로 큰돈을 버는 사람까지 생기자 일본인들이 이를 금지시켰다. 황현은 이후 일제에 국권이 빼앗긴 것을 탄식하며 절명시(絶命詩)를 남기고 음독 자결하였다.

안 의사는 거사 후 러시아 검찰관의 예비심문에서 "대한의군 참모중장, 나이 31세"라고 신분을 밝힌 다음 거사 동기에 대해 "이토 히로부미는 대한의 독립주권을 침탈한 원흉이며 동양평화의 교란자이다. 대한의군 사령의 자격으로 총살한 것이지 안중근 개인 자격으로 사살한 것이 아니다"라고 밝혔다. '대한의군 참모중장'이라는 직함은 안 의사가 1908년 이범윤 등과 함께 우리나라 최초의 해외독립군 부대인 '대한의군'을 창설하고 참모중장(參謀中將) 직을 맡은 데서 연유하였다.

체포된 안 의사는 11월 3일 하얼빈에서 남쪽 멀리 떨어진 여순(지금의 대련)으로 압송돼 여순감옥에 갇혔다. 일본인 재판장과 검찰관들은 그의 정연한 진술과 당당한 태도에 탄복하였다. 1910년 2월 14일 마지막 공판에서 안중근은 사형을 선고받았다. 짐작하던 바였다. 안중근은 미소를 지으며 심판관에게 물었다. "사형보다 더 중한 형벌은 없는가?"

안 의사의 공판을 참관한 영국 기자 찰스 모리머(Charles Morrimer)는 법정 분위기를 묘사한 기사를 썼다. 영국 화보신문 '그래픽(The Graphic)' 4월 16일자에 실린 이 기사는 안 의사의 심리분석까지 곁들였다.

"안중근은 달랐다. 기뻐하는 모습이 역력했다. 그가 재판을 받는 동안 법정에서 자신의 정당성을 주장하는 열변을 토하면서 두려워한 것이 하나 있었다면, 그것은 혹시라도 법정이 자신을 무죄방면하지나 않을까 하는 의심이었다. 그는 이미 순교자가 될 준비가 되어 있었다. 준비 정도가 아니고 기꺼이, 아니 열렬히, 자신의 귀중한 삶을 포기하고 싶어 했다. 그는 마침내 영웅의 관을 들고 늠름하게 법정을 떠나갔다. 일본정부가 그처럼 공들여 완벽하게 진행하고 현명하게 처리한, 이 세상을 떠들썩하게 만든 일본식의 한 유명 재판 사건은 결국 암살자 안중근과 그를 따라 범행에 가담한 공범들의 승리로 끝난 것은 아닐까…."

안중근은 실제로 최후 진술에서 자신에 대한 무죄 판결을 반대한다는 뜻을 밝혔다. "두 변호사의 변론에 의하면…한국인이 해외에서 죄를 범하면 아무런 명문이 없기 때문에 무죄라고 주장했다. 그러나 이는 매우 부적절한 주장이다. 오늘날 모든 인간은 법률에 따라 생활하고 있다. 그런데 사람을 죽이고도 아무런 제재를 받지 않는다니 말이 되는가…국제공법과 만국공법에 따라 처리되기를 희망한다."(〈만주일일신문〉의 속기록에서)

중국공산당 지도자 주은래(周恩來·저우언라이)는 안 의사의 의거에 대해 "중·일 갑오전쟁 후 일본제국주의의 침략에 반대하는 중·조 인민의 투쟁은 본세기 초 안중근이 하얼빈에서 이토 히로부미를 사살하는 것으로부터 시작되었다"라고 평가하였고, 후에 중국 황제가 된 거물 정치인 원세개(袁世凱·위안스카이)는 "평생을 벼르던 일 이제야 끝났구려. 죽을 땅에서 살려는 것은 장부가 아니고말고. 몸은 한국에 있어도 이름은 세계에 떨쳤소.

살아선 백 살이 없는데 죽어서 천 년을 가오리다"라는 글을 지어 안 의사를 예찬하였다. 일제 시절 동아일보 상해특파원을 지낸 우승규(필명 나절로) 선생은 "그분이 순국한 뒤 중국 식자층은 안 의사의 사진을 모셔놓고 우러러 절을 하면서 명복을 빌었다"라고 말했다. 이토는 하얼빈에서 코코프체프와 만나 만주 분할 문제를 협의할 것으로 보도됐기 때문에 중국인들은 안 의사가 자신들의 원수를 갚아주었다고 생각했다. 안 의사가 일본 검찰관에게 밝힌 이토의 죄목 15개 중 하나가 '대륙(중국)을 침략하여 동양의 평화를 깨뜨린 죄'이다. 중국인들은 안 의사 의거 이후 오랫동안 한국인들에게 친근감을 표시했다.

백암 박은식 선생은 〈안중근전〉에서 안 의사의 동생들이 형을 면회하는 장면을 소개하였다. "정근·공근 두 동생과 사촌 동생 명근, 그리고 안병찬 변호사가 안중근을 면회하였다. '우리나라가 독립하였다는 소식이 천국에 전해오면 나는 춤추며 만세를 부르겠다. 나는 과격한 수단을 쓴 사람에 불과하니 칭송받을 만한 사람이 못 된다. 오직 교육을 진흥하고 실력을 배양하여 독립을 회복하는 기초를 만들어야 한다.' 말을 마친 안중근은 동생에게 부탁하였다. '내가 죽은 후 나의 뼈를 하얼빈공원 옆에 묻어라. 조국이 광복되면 고향 땅에 옮겨 묻어다오.'"

안 의사가 형장에 섰을 때 간수가 마지막 남길 말을 물었다. 안 의사는 "아무 것도 남길 유언은 없으나 다만 내가 이토 히로부미를 사살한 것은 동양평화를 위한 것이므로 한·일 양국인이 서로

순국 직전 의연한 모습의 안중근 의사

일치 협력하여 동양평화의 유지를 도모하기 바란다"라고 말했다. 옥중에서 집필하던 〈동양평화론〉을 결국 완성하지 못하고 순국한 안 의사의 동양평화 사상은 통상의 항일이나 반일 사상과는 다소 다르다. 안 의사의 법정 진술이다. "1904년 러·일 전쟁이 발발하자 일본 천황은 조칙을 통해 동양의 평화를 유지하고 한국의 독립을 확고히 한다는 취지의 발언을 해 한국인들은 매우 감격하였다…이토가 한국에 통감으로 부임하여 5개조, 7개조 조약을 힘을 앞세워 강제로 맺게 한 것은 일본 천황의 뜻에 부합하는 것이 아니므로…그래서 이 자를 없애 오늘날 슬픈 지경에 빠져 있는 조국을 구하고자 한 것이다."(〈만주일일신문〉의 속기록에서)

안 의사의 주장을 정리하면, 자신은 일본 천황의 동양평화 주장에 찬동하며 이토를 죽인 것은 이토가 천황의 동양평화 정신을 어기고 한국의 주권을 침탈했기 때문이다. 안 의사는 제국주의 일본 전체가 아니라 이토라는 한 정치인의 행위를 저격한 셈이다.

안 의사가 거사를 할 때 동행하면서 통역을 해주었다가 함께 검거된 18세 청년 유동하의 여동생 유동선은 안 의사의 최후를 다음과 같이 전했다. "종소리가 들리자 안중근은 격정된 목소리로 '조선독립만세!'를 외치는데 검찰관 미조부치가 사형집행을 명령하자 사형리들이 올가미를 안중근의 목에 걸고 당겨 올렸다. 안중근의 목이 허공에 말려 올라가 몇 분간의 시간이 지나 질식상태에서 혼미가 되었을 때 사형리들은 밧줄을 늦추어 안중근을 서서히 땅에 내려놓아 숨이 돌아서게 했다. 악독한 사형리들은 이것을 반복하더니 세 번째 만에 밧줄을 당겨 안 의사를 교살했다."

일제의 조선통감부 문서엔 안 의사의 최후 모습이 이렇게 적혀 있다. "…그 태도는 매우 침착하여 안색과 말하는 모습에 이르기까지 일상과 조금도 다름이 없었고, 종용자약(從容自若·침착하고 태연)하게 깨끗이 그 죽음으로 나아갔다." 안 의사는 이토를 사살한 지 정확히 5개월 뒤인 1910년 3월 26일 오전 10시 15분쯤 순국하였다. 안 의사의 시신은 형장에서 1.5km 떨어진 여순감옥 묘지로 옮겨져 매장됐다. 봄비가 쏟아지고 있었다.

정근·공근 두 동생은 안 의사가 순국한 직후 감옥 당국에 안 의사의 시신 양도를 요구했지만 거절당했다. 두 아우는 거의 실신할 듯 울부짖으며 항의했으나 경찰에 의해 끌려나오고 말았다. 일본 법조문을 들이대며 따졌으나 소용이 없었다.

그러나 안씨 집안의 투쟁은 여기서 끝나지 않았다. 안 의사의 동생, 사촌, 조카들이 대거 상해 임시정부와 연계를 맺고 치열한 항일투쟁을 펼쳐나갔다. 또 안 의사의 의거를 추앙하는 의열단이 창단돼 일본 요인 암살과 파괴 투쟁에 나섰고, 수많은 대한청년들이 독립투쟁에 몸을 던졌다. 안 의사의 몸은 갔지만 그의 기개는 임정과 숱한 독립지사들의 투쟁 속에 살아남아 이 땅에 그대로 이어지고 있다. 이제 안 의사가 순국한 지 100년이 더 지났고 우리가 일제한테서 해방된 지도 70년이 지났지만, 우리는 아직도 안 의사의 유언을 따르지 못하고 있다. 그의 무덤을 찾지 못해 유해를 국내로 반장(返葬)하지 못하고 있는 것이다. 일본정부는 여전히 안 의사의 무덤과 관련된 정보를 소상히 밝히지 않고 있다. 2014년 중국정부가 우리 정부의 요청을 받아들여 하얼빈 역에 '안중근기념관'을 열자 일본정부는 "안중근은 테러리스트"라며 강하게 항의했다.

안중근 의사가 순국한 여순감옥

러시아가 중국인들을 통제하기 위해 1902년에 건축했다. 그 후 러일전쟁으로 일본이 여순을 점령하면서 1907년 현재의 형태와 규모로 확장되었다. 총 275개에 달하는 여러 형태의 감방에 2,000여 명까지 수용할 수 있다. 1941년 태평양전쟁 발발 이후 일본은 한국과 중국의 항일지사와 사상범을 체포해 이곳에 수감하였다. 수많은 수감자들이 형무소 안에서 처형됐으며 끔찍한 고문을 당했다. 안중근 의사도 1909년 이토 히로부미를 사살한 뒤 이 감옥에 수감되어 있다가 순국하였다. 역사학자이자 독립운동가인 신채호 선생과 아나키스트 항일투사 이회영 선생도 이곳에서 옥사하였다. 또 김구 선생의 지시로 일본군 사령관을 암살하기 위해 파견된 최흥식·유상근 의사도 이곳에서 순국했다.

어머니와 부인, 며느리가 일본인인데도 항일투쟁한 조지 쇼

조지 루이스 쇼 (푸젠성, 1880년 1월 25일 ~ 1943년 11월 13일)

중국 복건성 복주(福州·푸저우)에서 태어났다. 아버지는 아일랜드계 영국인이었으며, 어머니는 사무라이 집안의 일본인으로 알려져 있다. 그는 이륭양행을 운영하는 기업인으로서, 일제강점기에 한국인의 망명과 한국의 독립운동을 지원했다. 대한민국임시정부에서 연통제를 실시했을 때 그는 일본영사관 경찰의 관할이 미치지 못하는 이륭양행 건물 2층에 임정 단동교통국의 연락사무소를 설치해 주었다. 이륭양행에서 경영하는 무역선을 이용하여 독립운동에 필요한 무기를 운반하였고, 군자금을 전달했다. 또 독립운동가들을 숨겨주고 이들의 출입국을 도왔으며 한국 국내와 상해 임시정부를 연결하는 창구역할을 했다. 1919년 11월 고종의 다섯째 아들인 의친왕 망명 시도도 이륭양행을 통해 이루어졌다. 의열단을 지원하기도 한 조지 쇼는 1920년 7월에 내란죄로 일본경찰에 체포되어 옥고도 치렀다.

02

"조선의 독립을 위하며 희생한 것이 자랑스럽다"

-조지 쇼-

"나는 이륭양행 배를 타고 상해로 출발하였다. 황해안을 경과할 시에 일본 경비선이 나팔을 불고 따라오며 정선(停船)을 요구하나 영국인 함장은 들은 체도 아니하고 전속력으로 경비구역을 지나 4일 후에 무사히 상해 황포강 나루에 닻을 내렸다. 배에 함께 탄 동지는 도합 15명이었다…기미년 (1919년) 3월, 안동현에서 영국사람 솔지의 배를 타고 상해에 온 나는 김보연 군을 앞세우고 이동녕 선생을 찾았다…."

백범 김구 선생의 〈백범일지〉에 실린 이야기다. 이 글에 나오는 '이륭양행(怡隆洋行)'은 우리 독립운동가를 지원한 영국인 조지 루이스 쇼(George Lewis Shaw·1880~1943)가 압록강변 중국도시 단동(丹東·단둥·당시는 안동)에서 운영한 무역회사이다. 이륭양행의 도움이 없었다면 백범 김구와 상해 임시정부의 운명이 바뀌었을지도 모른다. 백범이 위의 일지에서 말한 '영국인 함장'과 '영국 사람 솔지'가 바로 조지 쇼이다. 우리 독립운동가 중 그의 도움을 받은 사람은 수없이 많다.

실패하기는 했지만, 1919년 11월에는 고종의 다섯째 아들인 의친왕의 망명 계획도 이륭양행을 통해 진행되었다. 또 조선조 고관이었던 동농 김가진 선생이 아들 김의한과 함께 임시정부에 가담하기 위해 상해로 갈 때도 이륭양행 배를 이용했으며, 의열단의 김원봉이 거사를 위해 무기를 국내로 밀반입할 때도 조지 쇼가 적극 도왔다.

일제에 나라를 빼앗긴 지 9년 만에 일어난 3·1만세운동은 우리의 민족혼이 살아있음을 세계만방에 웅변한 일대 사건이었다. 3·1운동은 처음부터 비폭력의 행동강령을 내세웠기 때문에 일제의 혹독한 탄압으로 일시적으로는 수그러들 수밖에 없었다. 국내에서의 항일운동에 한계를 느낀 애국지사들은 그해 가을부터 해외에서 독립운동을 전개하기 위해 대거 조선을 탈출한다. 가장 이상적인 곳이 한반도와 가까운 북만주와 국제도시 상해였다.

북만주는 압록강과 두만강 상류의 얕은 물길만 건너면 쉽게 넘어갈 수 있었다. 하지만 상해로 가는 길은 쉽지 않았다. 상해로 가기 위해서는 신의주 맞은편 중국 단동으로 건너간 뒤 배편으로 남하해야 했다. 이런 상황에서 이륭양행과 조지 쇼는 우리 독립운동가들에게 안전한 배편을 제공함으로써 한국 독립운동에 큰 기여를 하였다.

　미국 작가 님 웨일즈(Nym Wales)가 쓴 독립운동가 김산(본명 장지락)의 일대기 〈아리랑〉에는 다음과 같은 김산의 증언이 실려 있다. "의열단은 비밀리에 200여 개의 폭탄을 한국에 들여보냈다. 폭탄은 단동에 있는 영국계 회사 앞으로 보내는 의류품 화물상자에 넣어 이 회사 소유의 기선에 실어 상해에서 보냈다. 단동회사의 지배인은 아일랜드인 테러리스트였는데, 우리 한국인들은 그를 '샤오'라고 불렀다. 그는 일본인을 거의 영국인만큼이나 싫어했다. 그는 자신이 직접 상해로 가서 '죽음의 화물' 선적을 감독하였다. 그는 돈 한 푼 받지 않고 오로지 동정심에 한국을 도와주었다. 한국인 테러리스트들은 몇 년 동안 그의 배로 돌아다녔으며, 위험할 때는 그의 집에 숨었다…." 영국 조계 내에 있었던 이륭양행은 당시 일본영사관의 경찰권이 미치지 못하는 치외법권 지역이었다.

　쇼는 왜 남의 나라 독립운동을 그토록 열심히 도왔을까. 그는 한국독립운동을 지원하다가 일제에 잡혀 감옥생활까지 했다. 그의 이런 항일 이력도 독특하지만 그의 가족 내력은 더욱 독특하다. 어머니와 부인, 며느리가 모두 일본인이다. 쇼는 혈통상 본인 스스로가 절반은 일본인인 셈이다.

　우리는 몇 년 전까지만 해도 한국독립운동에 크게 기여한 그가 언제 어디서 태어나고 사망했는지조차 몰랐다. 2012년에야 한국 언론의 추적으로 그의 후손이 확인되자 우리 정부는 호주

조지 쇼의 일본인 부인 사이토 후미

에 사는 손자와 증손자를 초청해 훈장을 전달했다. 1963년 쇼에게 건국훈장 독립장을 추서한 지 거의 반세기만이었다.

쇼는 1880년 1월 25일 중국 복건성(福建省·푸젠성) 복주(福州·푸저우)에서 아일랜드계 영국인 아버지 사무엘 루이스 쇼(Samuel Lewis Shaw)와 일본인 어머니 엘렌 오시(Ellen Oh'sea)의 장남으로 태어났다. 그의 아버지는 10대 초반에 선원으로 동양을 방문한 뒤 마카오·인도·중국 등지에서 무역업에 종사하였고, 1868년 복주에 정착하였다. 어머니 엘렌 오시는 무역업을 하던 오빠의 소개로 사무엘 쇼와 결혼하였다.

조지 쇼는 어떻게 한국과 인연을 맺게 되었을까? 그는 20대 초반인 1900년경 한국의 금광에서 회계 일을 하면서 처음 한국과 인연을 맺었다. 이후 1907년경 중국 단동으로 옮겨가 영국 조계 내에 무역회사 겸 선박대리점인 이륭양행을 설립하였다. 1912년 일본인 사이토 후미와 결혼했는데 사이토도 후에 한국 독립운동을 지원한 것으로 알려졌다.

일본인의 피가 섞인 쇼가 '친일'은커녕 '반일' 한국독립운동을 지원하였던 이유는 사업과정에서 생긴 반일의식과 관련이 있다. 그는 단동에서 약 5만 평에 이르는 광대한 토지의 영구임차권을 얻어 제재공장을 운영하고 기선회사를 만들어 운송업·무

한국 독립운동을 적극 지원한 조지 쇼

역업을 하면서 큰돈을 벌었다. 이에 일본인들은 쇼를 시기하면서 그를 축출하기 위한 공작을 벌인 것으로 전해진다. 쇼는 영국의 극동정책에 큰 영향력을 발휘했던 상해 상공회의소의 회원으로도 활동하였다. 당시 중국에 있던 영국 상인들은 일제의 방해로 갖가지 피해를 입었기 때문에 대체로 반일 성향을 지니고 있었다. 쇼 역시 1914년경 상해에서 일본상품배척운동의 선봉에 설 정도로 반일적이었다고 한다.

여기에다 그는 영국식민지로 전락했던 아일랜드 출신이었기 때문에 한국독립운동에 대해 동병상련(同病相憐) 같은 동정심을 지녔다. 아일랜드도 1919년 본격적인 독립운동을 시작했으나 완전한 독립을 쟁취하기 전이었다. 그는 "망국민을 동정하는 것은 인지상정(人之常情)이다. 소국(小國)의 독립은 세계의 대세이므로 한국인 지인들로부터 독립운동에 대한 문의가 오면 실질적인 조언을 해준다"라고 말한 바 있다. 또 이륭양행 직원 김문규에게 "지금 세계의 대세를 보면 아일랜드는 영국으로부터 독립하고 인도의 독립 역시 가까이에 있다. 다음에 한국이 일본으로부터 독립함은 의심의 여지가 없다"며 용기를 북돋아주었다.

1919년 5월 대한민국임시정부는 국내와 연락을 긴밀히 하기 위해 교통부 산하에 교통국을 설치하고, 국내로 드나드는 요충지인 단동에 교통국 지부를 개설했다. 이 교통지부가 바로 쇼가 운영했던 이륭양행 건물 2층에 있었다. 임정의 교통지부는 1922년까지 국내와 만주지역 독립단체들 간 교신, 임시정부 자

임시정부의 교통국 지부이자 비밀아지트였던 조지 쇼의 이륭양행

금 조달, 정보 수집, 무기와 지령 국내 반입, 독립운동가 물색 등의 비밀 임무를 수행했다. 중국과 국내를 연계하는 임시정부 교통국의 중간 거점 역할이었다. 조지 쇼는 교통지부를 지원하면서 국내에서 모집한 군자금을 상해로 수송할 때 통신원에게 그 액수에 해당하는 이륭양행 명의의 수표를 발행해 주었다. 통신원은 그 수표를 쇼가 거래하는 상해 회풍은행에서 현금과 교환해 임시정부에 전달했다. 이 때문에 쇼는 줄곧 일제의 감시 대상이었다.

1920년 7월 쇼가 일본에서 오는 처자를 맞이하기 위해 단동에서 신의주로 들어가자 일본영사관과 신의주경찰서, 총독부 경무국은 독립운동을 근절할 절호의 기회라고 판단, 그를 체포한다. 표면상 이유는 여권을 소지하지 않았다는 것이다.

쇼 사건을 맡은 경성고등법원 검사장은 쇼를 내란죄로 기소하면서 상해 임시정부의 대통령 이승만과 국무총리 이동휘, 내무부장 이동녕, 노동국총판 안창호 등 각료 전원과 여타 무장독립운동단체의 주요 인물들을 연루시켰다. 쇼의 범죄 기록에는 "독립전쟁을 전개하려는 임시정부의 방침을 잘 알면서도 이륭양행 내에 임시교통사무국을 설치하도록 허락하고 기선을 제공해 직·간접적으로 독립운동을 지원함으로써 내란행위를 방조하였다"라고 적혔다.

쇼의 구속을 놓고 조선총독부 내에서도 찬반 격론이 일자 당시 사이토 총독은 "일본인, 조선인, 외국인이라도 나쁜 놈은 나쁜 놈이다"라며 구속 결정을 내렸다. 하지만 쇼의 구속사실이 알려지자 중국에 있는 서방인들이 격분했다. 또 런던타임스 등 서구 언론을 통해 쇼 사건이 전 세계에 알려지면서 국제사회에 반일감정이 촉발되었다. 사태의 심각성을 깨달은 일제 법원은 쇼를 보석으로 석방하였다. 쇼는 4개월여 만에 단동으로 돌아가 주민들의 열렬한 환영을 받았다. 그는 환영만찬에서 "일제의 체포와 구속에 결코 위축되지 않고 앞으로도 정의를 위해 한국인의 독립운동을 적극 지원하겠다"라고 약속하였다. 이어 1921년 1월 그가 상해를 방문했을 때 우리 임시정부는 대규모 환영 집회를 열어주었다. 쇼는 "조선의 독립을 위하여 희생한 것이 자랑스럽고 기쁘다"라고 말했다. 그는 임시정부가 수여한 공로훈장(금색공로장)을 자랑스럽게 달고 다녔다.

이후 이륭양행에 대한 일제의 감시가 더욱 강화되었지만 쇼는 한국독립운동 지원을 중단하지 않았다. 일제에 쫓기는 독립운동가들을 숨겨주었고, 의열단 단원들이 국내 거사를 추진할 때도 이륭양행 선박을 동원해 지원하였다. 의열단의 단동현 거점이 바로 이륭양행 건물 안에 있었다. 상해 임정 요인들은 이륭양행의 선박을 이용해 폭탄과 탄약 등의 무기를 운송하였다. 쇼는 독립운동단체에 국내 진입용 모젤권총을 구입해주기도 하였다. 동아일보 상해특파원이었던 우승규 선생은 "쇼가 경영한 이륭양행은 우리 광복운동사에 불멸의 공훈을 끼친 막후기관이었다"라고 평가하였다.

일제는 쇼를 탄압하기 위해 그의 일본인 처남을 동원해 이륭양행 인수를 기도하고 쇼의 압록강 항로권을 무력화하기 위해 경쟁사를 지원하기도 했으나 쇼는 영국총영사관 등을 이용해 굴하지 않고 싸워나갔다.

쇼는 일제의 압박 등으로 단동에서 사업이 어려워지자 1938년 어쩔 수 없이 이륭양행 본점을 복주로 옮겼다. 이로써 31년간 일제의 온갖 탄압에도 굴하지 않고 전개됐던 그의 한국독립운동 지원은 마감되었다. 그는 석유판매 등의 사업을 벌이다 1943년 11월 63세를 일기로 복주에서 생을 마쳤다.

쇼가 세상을 떠난 지 72년이 지난 2015년, 대한민국 광복 70주년을 맞아 쇼의 외증손녀 레이첼 사시와 외고손녀 조지아 사시가 한국정부의 초청으로 방한하였다. 두 사람은 국립대전현충원의 애국지사 묘역을 참배하고, 청와대 오찬에도 참석하였다. 레이첼은 "감격스러울 따름이다. 한국 독립에 힘을 보탠 선조가 대단히 자랑스럽다"라고 말했다. 하지만 많은 한국인들은 여전히 작가 버나드 쇼는 알아도 조지 쇼는 모른다.

"내 아들한테만 약을 줄 수 없다"…김구의 선공후사

김 인 (황해도, 1917년 11월 12일~ 1945년 3월 29일)

백범 김구 선생의 장남이고 김신 장군의 형이다. 1920년에 할머니 곽낙원을 따라 상해로 건너가 어린 시절을 보내다 모친 작고 후 국내로 들어와 공부하다가 다시 중국으로 건너갔다. 이동녕, 이시영, 김구 등이 중국 항주에서 애국단을 중심으로 한국국민당을 조직할 때 17세의 어린 나이에 실무진으로 참여하였다. 19세 때 한국독립군 특무대예비훈련소의 감독관이 되었고, 이듬해인 1937년에는 한국광복진선 조직에 참여했다. 이후 다시 상해로 들어가 한국국민당청년단 상해지구 기관지 〈전고(戰鼓)〉를 발간하면서 독립사상과 전투의욕을 고취시켰다. 그는 아버지 김구의 명령에 따라 상해에 재차 잠입하여 당 재건을 시도했으며, 일본의 주요 관공서 폭파와 일본 고관을 제거하는 거사를 추진했다. 일본 전투군함 이즈모(出雲) 폭파도 시도했으나 실패하였다. 광서성 유주에서 한국광복전선 청년공작대에 입대하여 한·중 간의 유대를 강화하는 한편, 첩보활동에도 참가했다. 젊은 나이에 대한독립군 감독관이 되었으나 폐렴을 앓다가 사천성 중경에서 숨졌다.

03

"우리는 선구자…죽음이 기다리고 있는 것을 압니다"

-김인-

　　　　"마지막으로 기대를 걸어볼 것은 페니실린밖에 없었다. 그러나 일본군의 봉쇄로 물자수송이 어려워 페니실린을 구하기 힘들었고 가격도 매우 비쌌다. 형수는 아버지에게 페니실린을 구해달라고 부탁했지만 아버지는 정색을 하며 말씀하셨다. '여기 와 있는 동지들 중에 그 병을 앓다 죽은 사람이 많은데 어떻게 내 아들만 살릴 수 있단 말이냐.' 형수는 아버지의 매정한 대답에 마음속으로 많이 원망했을 것이다…."

　백범 김구의 둘째아들 김신(金信) 장군의 회고록에 나오는 내용이다. 위에서 형수는 김신의 형수이자 안중근 의사의 조카인 안미생을 가리키며, 형은 백범의 장남 김인(金仁)을 가리킨다. 김인은 1945년 3월 29일, 한창 일할 나이인 27세에 아내와 딸 하나를 남기고 중국 중경(重慶·충칭)에서 생을 마쳤다. 사인은

김구와 며느리 안미생. 안미생은 광복 직전부터 백범의 비서를 지냈으나, 백범이 남편인 김인에게 페니실린을 구해주지 않은 것을 몹시 서운해한 것으로 알려졌다.

폐병이었다. 중경의 나쁜 환경 탓이었다. 당시 중경에는 한국인이 300~400명 거주했는데 6~7년 사이에 폐병으로만 70~80명이 숨졌다고 한다. 그때의 폐병은 으레 죽음을 연상시켰다.

백범 김구는 임시정부를 이끌면서 갖은 위험과 신고를 겪었지만 가족들도 그에 못지않은 고초를 겪었다. 아버지 백범의 지시로 어린 나이에 독립운동에 뛰어들었던 장남 김인과 상해에서 일찍 숨을 거둔 부인 최준례(崔遵禮) 여사는 특히 안타깝고 쓸쓸한 죽음을 맞다. 백범은 장남 인의 죽음을 두고 "알고도 불가피하게 당한 일이라 좀처럼 잊기 어렵다"며 안타까워했다. 그는 그러나 사경(死境)을 헤매는 자식을 앞에 두고도 선공후사(先公後私)의 원칙을 꺾지 않았다. 대신 며느리의 사무치는 서운함을 온몸으로 받아내야 했다. 백범은 아들의 장의차가 지나갈 때 사무실에 선 채 창밖을 묵묵히 응시했다고 한다. 무슨 생각을 했을까.

한말 고관 출신 독립지사였던 김가진 선생의 며느리 정정화 여사는 김인을 아주 총명한 소년으로 기억했다. 10대에 이미 아버지의 명을 받아 상해에서 지하공작에 가담했고 피난살이 와중에도 중국의 일류학교인 중앙대학교를 다닐 만큼 뛰어난 청년이었다. 김인은 1935년 11월 백범이 이동녕·이시영과 함께 항주(杭州·항저우)에서 한국국민당을 조직할 때 실무진으로 참여했다. 17세 때였다. 이듬해에는 한국독립군 특무대예비훈련소의 감독관으로 나갔다.

이후 그는 아버지의 지시에 따라 사지(死地)를 넘나드는 활동을 계속했다. 1938년 5월 장사(長沙·창사)에서 상해로 잠입하여 당의 재건을 시도하는 한편, 일본의 주요 관공서 폭파와 일본 고관 암살 계획을 추진하였다. 비록 잠수부들의 실수로 실패했지만 상해 앞바다의 일본 군함 이즈모(出雲) 폭파 작전에도 동참했다. 아버지 백범이 주도한 거사였다. 김인은 1939년 당시 임시의정원 의장이던 김붕준의 딸 효숙을 만났을 때 짧은 시 한 편을 적어준다.

우리는 반역자!

현실과 타협을 거절하는 무리외다.

우리는 혁명자!

정의를 우리의 목숨보다 더 사랑하는 사람이외다.

그리고 우리는 선구자!

선구자인 까닭에 어느 때 어느 곳에서든지

죽음이 기다리고 있는 것을 압니다.

아버지의 뜻에 따라 위험한 항일투쟁에 나섰던 그는 소년시절부터 혁명가의 삶을 자신의 운명처럼 받아들였는지 모른다. 이 시에는 아버지 백범의 민족주의와는 다른 아나키즘 내지 좌파적 색채가 어려있다.

김인은 곤명(昆明·쿤밍)서남연합대학 영문과를 나온 안중근의 조카이자 안정근의 둘째딸인 안미생(1914~2004)과 연애 끝에 결혼한다. 안미생은 영어와 러시아어 등 외국어에 능해 중경의 영국대사관 등에서 근무했으나 남편 김인이 세상을 뜬 뒤 백범의 비서로 일했다. 광복 후 귀국해서도 백범의 비서 역할을 하다 백범이 암살되기 한 해 전인 1948년 딸 효자(1942~?)를 남겨둔 채 돌연 미국으로 떠났다. 이후 소식이 끊겼는데 1960년대 효자마저 어머니가 있는 미국으로 유학을 떠난 뒤 소식이 두절됐다. 한때 반탁운동에도 참여하며 적극적인 사회활동을 했던 안미생이 왜 돌연 미국으로 건너갔는지 의문이다. 또 아직 생

김구 3부자. 왼쪽부터 장남 인, 김구 선생, 차남 신   경교장에서 차남 신, 손녀 효자와 함께

존해 있을 법한 백범의 손녀 효자가 어디서 무엇을 하고 있는지
도 미스터리다. 다만, 안미생의 조카 안기수 여사는 2006년에
다음과 같이 전했다. "미생 고모께선 '남편이 없는 이 나라에 살
기 싫다'고 말씀하셨대요. 고모께서 막상 고국에 돌아와보니 나
라는 당파싸움으로 혼란스러웠습니다. 고국의 현실에 크게 실
망하신거죠." 일각에서는 백범 또는 백범 집안과의 갈등 가능성
을 조심스럽게 제기하지만 확실한 근거는 없다. 백범은 손녀 효
자를 끔찍이 아꼈다고 한다.

김인은 결혼 무렵 1939년 광서성 유주(柳州·류저우)에서 한
국광복군의 전신인 한국광복진선(陣線) 청년공작대에 입대하여
첩보활동에 참가한 데 이어, 1940년 중경에선 〈청년호성(靑年
呼聲)〉이라는 책자를 발행해 민족정신 고취에도 힘썼다. 아버지
의 지시로 그렇게 동분서주하던 그가 숨진 것은 광복을 불과 5
개월 앞둔 때였다. 올해가 그의 사망 71주기이자 광복 71주년
이다.

상해로 망명한 뒤인 1922년의 백범 김구와 맏아들 인, 그리고 부인 최준례 여사

백범의 부인 최준례 여사도 지척에 있는 남편의 얼굴도 보지 못한 채 생을 마쳤다.

"…우리는 병실로 뛰어 들어갔다. 최 여사는 이미 낯빛이 하얗고 얼굴엔 핏기라곤 하나 없이 탈진한 상태로 누워 있었다. 말도 하지를 못했다. 기력이 이미 다한 것이다. 그러나 정신만은 똑똑해서 우리를 알아보았다. 나는 최 여사의 손을 꼬옥 잡았다. '선생님께 오시라고 할까요?' 최 여사는 힘없이 고개를 저었다. '그러면 어머님을 모셔올게요.' 역시 고개를 좌우로 저었다. 우리는 눈물을 감추고 얼른 돌아서 나왔다…결국 백범은 홍구 지역으로 나오지 못했고 백범의 어머님만 병원으로 왔다. 그러나 이미 최 여사는 숨진 뒤였다…." (정정화의 〈장강일기〉 중에서)

최 여사가 세상을 버릴 때 백범은 병원에 갈 수가 없었다. 당시 임시정부 내무총장을 맡고 있었던 백범은 차로 불과 10분 거리에 있는 병원을 눈앞에 두고서도 움직이지 않았다. 최 여사가 입원한 홍구폐병원은 안전이 보장되는 프랑스 조계 밖에 있었기 때문에 그곳에 가면 일경에 체포될 가능성이 높았다. 백범으로서는 사사로운 정(情)에 매여 대사를 그르칠 수 없다고 생각했을 것이다. 최 여사도 이런 사정을 감안해 남편이 올 수 없다는 것을 알고 있었을 것이다. 여사는 이승에서의 마지막 길을 떠나면서 남편의 손 한번 잡아보지 못하고 떠난 것이다.

최 여사는 젊은 시절 신여성이었다. 백범은 〈백범일지〉에 혼인 과정에 얽힌 이야기를 비교적 소상히 적어놓았다. "준례와 약혼하였는데 이 때문에 교회에 큰 문제가 일어났다. 그것은 다름이 아니라 준례의 어머니가 준례를 강성모라는 사람에게 허혼(許婚)하였는데 준례는 어머니의 말을 아니 듣고 내게 허혼한 것이었다. 당시 18세인 준례는 혼인의 자유를 주장하는 것이었다. 미국 선교사 한위렴, 군예빈 두 분까지 나서서 준례더러 강성모에게 시집가라고 권하였으나 준례는 당연히 거절하였다…." 이 일화는 최 여사가 관습과 권위에 무조건 복종한 고루한 봉건 여성이 아니라 소신과 주관이 뚜렷한 신여성이었음을 보여준다.

백범은 한때 도산 안창호의 여동생 안신호와 혼인약속까지 했었다. 백범이 안신호를 마음에 들어 해 거의 혼인할 뻔 했으나 우여곡절 끝에 결국 최준례 여사와 백년가약을 맺었다.

최 여사와의 인연은 당시 황해도 신천 사평동 예수교회의 지도자였던 양성칙이 백범에게 교회 여학생 최 여사를 소개하면서 시작됐다. 당시 백범은 30세, 최 여사는 17세였다. 두 사람은 그해 1906년 12월에 결혼식을 올렸다. 장남 인이 태어난 것은 그로부터 12년 뒤였다. 백범은 1919년 상해로 건너가 임시정부 활동으로 밤낮 없이 바쁜 시간을 보냈다. 이듬해 최 여사도 상해로 따라가 백범을 헌신적으로 보필했다. 백범은 일지에 부인과의 관계를 다음과 같이 적었다. "전에는 아내와 어머님 사이에 부딪치는 점도 없지 않았으나, 내가 체포된 후 4~5년간 서울과 지방을 전전하며 별별 고생을 다 같이 겪으면서 이제는 한 몸과 같이 되었다고 한다. 경성에서 지낼 때 아내는 경제적인 궁핍 때문에 어머님께 딸 화경이를 맡기고 왜놈 토지국의 책 공장에서 매일 고된 일을 하였다…우리 집에서는 어머님이 열백 배의 권위로 나만 몰아세우신다… '네가 감옥에 들어간 뒤 네 동지들의 젊은 부인들은 남편이 죽을 곳에 있는데도 돌아보지 않고 이혼을 하느니 추행을 하느니 하는 판이었다. 그러나 네 처의 행동은 나뿐 아니라 네 친구들까지 감동시켰다. 결코 네 처를 박대해서는 못 쓴다.'"(도진순의 〈쉽게 읽는 백범일지〉 중에서)

　최 여사는 백범과 사이에 낳은 딸 3명을 어린 나이에 모두 잃는 아픔을 겪었다. 특히 둘째 딸 화경은 백범이 '안악사건'에 연루돼 구속됐다가 풀려나기 직전에 7살도 안 돼 숨졌다. 화경은 죽기 전 "나 죽었다고 감옥에 계신 아버님께 기별하지 마시오. 아버님이 들으시면 오죽이나 마음 상하시겠소"라고 어른 같은 말을 해, 후에 출옥한 백범을 울렸다.

백범 가족은 상해시절 한때 행복한 시간을 보냈다. 그러나 그 것도 잠시였다. 1922년 둘째아들 신을 낳은 최 여사는 궁핍한 생활로 인해 영양실조에 걸렸다. 여기다 산후조리를 하던 중 계단에서 굴러 떨어져 크게 다쳤다. 시어머니 곽낙원 여사가 며느리 산후조리를 위해 세숫물을 떠다놓는 것을 황송하게 여겨 손수 물을 길러 가다가 실족한 것이다. 엎친 데 덮친 격으로 최 여사는 폐렴에도 걸려 1년 넘게 고생한 끝에 상해 보륭의원에서 진찰을 받고 서양시설을 갖춘 홍구폐병원에 입원하였다. 그러나 별 차도를 보지 못하고 서른다섯 젊은 나이에 세상을 떴다.

후에 아들 신은 회고록에 "계단에서 미끄러지는 사고로 갈비뼈가 부러지면서 폐를 찔렀다…어머니는 마지막으로 아들을 한번 더 보고 싶다고 하셨지만 뜻을 이루지 못하셨다"고 안타까움을 토로했다. 최 여사의 장례식 비용도 백범의 동지들이 돈을 추렴해 마련했다. 여사는 상해 프랑스 조계 내 공동묘지에 묻혔는데 묘비엔 다음과 같은 간단한 비문이 새겨졌다.

「ㄹㄴㄴㄴ해ㄷ달ㅊㅈ날남
대한민국ㅂ해ㄱ달ㄱ날죽음
최준례 묻엄
남편 김구 세움」

최준례 여사의 묘비 주위에 둘러 선 백범 일가족. 왼쪽부터 둘째아들 신, 백범, 어머니 곽낙원 여사, 그리고 맏아들 인.

앞부분 자음들을 아라비아 숫자로 바꾸면 ㄹ은 자음순서로 네 번째이므로 4, ㄴ은 두 번째이므로 2를 나타낸다. 이렇게 모두 숫자로 바꾸면 최 여사의 출생일과 사망일이 나온다. 출생일은 4222년(단기·서기 1889년) 3월 19일, 사망일은 대한민국 6년(1924년) 1월 1일이다. 이 비문은 상해 교민학교인 인성(仁成)학교의 교장으로 있다가 후에 북한 최고인민회의 상임위원장이 되는 김두봉이 지었다. 생몰일을 굳이 한글 자음으로 표기한 것은 그가 유명한 한글학자였기 때문이다. 김두봉은 최초의 한글학자 주시경의 수제자였다. 최 여사가 작고한 뒤 백범은 새 장가를 들지 않고 독신으로 지내다가 1949년 안두희가 쏜 흉탄을 맞고 서거하였다.

1948년 국내로 봉환된 최 여사의 유해는 서울 근교의 정릉과 금곡에 안치돼 있다가 1999년 4월 효창공원 백범묘소에 합장됨으로써 남편과 헤어진 지 75년 만에 부부가 유골로 만나게 됐다. 서대문형무소에서 5년간 옥고를 치른 남편의 옥바라지뿐만 아니라 상해 임정 시절 임정 요인들의 뒷바라지로 평생을 보낸 최 여사는 또 다른 의미에서 독립투사였다.

일제 항복 3일 뒤, 광복군과 일본군의 숨 막힌 여의도 대치

대한민국임시정부의 이동경로

윤봉길 의거 이후 대한민국임시정부는 상해를 떠나 항주를 거쳐 중국의 여러 지역에서
항일투쟁을 펴다가 중경에서 광복을 맞이했다.

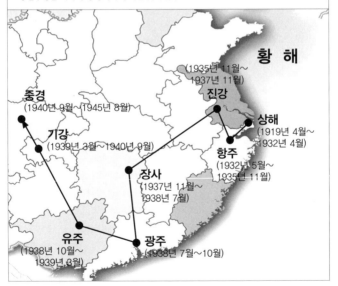

04

"아, 그때 그 바람 냄새, 그 공기의 열기…
그리고는 아무 것도 보이지 아니했다"

　　"주먹이 쥐어졌다. 무기를 쥔 손에 땀이 스쳤다. '덜컹' 하고 활주로에 수송기가 닿았다…숨이 탁 막혔다. 이윽고 문이 열렸다. 드디어 내 차례가 왔다. 몸을 날렸다. 아, 그때 그 바람 냄새, 그 공기의 열기, 아른대는 포플러와 아지랑이, 그리고는 순간적이었지만 아무것도 보이지 아니했다…우리 주위엔 돌격태세에 착검을 한 일본군이 완전 포위를 하고 있었다…."

　　대한민국임시정부의 한국광복군 국내정진대(挺進隊) 대원 장준하(張俊河)의 회고다. 일제가 무조건 항복을 선언한 직후인 1945년 8월 18일, 이범석(李範奭)·장준하·신일(申日)·노능서(魯能瑞) 등 광복군 4명과 미군 첩보장교 18명은 낮 12시가 가까운 시각 미군 수송기를 타고 여의도에 착륙했다. 아직 일

일제의 항복 직후인 1945년 8월 18일 여의도에 진입했다가 일본군의 저항에 부딪혀 중국으로 되돌아온 미군 수송기와 한미 연합군. 가솔린이 부족해 산동성 유현(濰縣)에 불시착한 모습이다.

본군이 한반도에서 철수하지 않고 있을 때였다. 장준하는 당시 상황을 회고록 〈돌베개〉에 상세히 소개했다.

"18일 낮 12시가 가까운 시간의 그 뜨거운 여의도의 열기가 우리를 더욱 긴장시켰다…기막힌 침묵이 10여 분이나 지났다. '무슨 일로 왔소? 도쿄대본영으로부터 아무런 지시도 받은 바 없으니 더 이상 머물지 말고 돌아가 주었으면 좋겠소.' '일본 천황이 이미 연합군에게 무조건 항복한 사실을 모르느냐? 이제부터는 도쿄의 지시가 필요 없다는 것을 알아야 한다.'…우리는 사격거리를 유지하면서 기관단총을 앞으로 했다. 한 손으로는 권총의 안전장치도 풀었다…."

일촉즉발의 대치상황은 미군사령부의 철수지시로 종결됐다.

미군 OSS(Office of Strategic Service·육군전략처·중앙정보국 전신) 요원들과 함께 한 여의도 진입작전은 "휴전조약이 체결된 뒤 다시 오라"는 일본군의 요구에 미군이 양보함으로써 중단됐다. 미군 수송기는 이튿날 다시 이륙, 중국으로 되돌아갈 수밖에 없었다. 정진대의 국내 진입작전은 일제의 급작스러운 항복 선언으로 소위 '독수리작전'이 무산된 직후 우리 임정의 마지막 국내 진입 시도였다. '독수리작전'은 광복군 대원들이 미군 항공기나 잠수함으로 한반도에 침투해 있다가 미군의 공습에 맞춰 일제히 공격에 나서는 시나리오였다.

광복군 국내정진대를 이끌고 여의도에 내렸던 이범석 장군은 중국 서안(西安·시안)을 떠나 여의도로 향하는 군용기 안에서 격정적인 시를 썼다. 망명 30년 만의 고국행이니 감격할 만했다.

보았노라, 우리 연해의 섬들을.

왜놈의 포화 빗발친다 해도,

비행기 부서지고 이 몸 찢기어도,

찢긴 몸이 연안에 떨어져 물고기 밥이 되어도,

원통치 않으리.

우리 연해의 물을 마시고 자란 고기들,

그 물고기들 살찌게 될지니….

안타깝게도 이범석의 꿈은 미군의 작전중단 명령으로 무산되었다. 대한민국임시정부의 항일투쟁 중 두드러진 것은 이봉창·윤봉길 두 의사의 의거 정도다. 임정의 이동 경로 자체가 일제를 피해 달아나는 도피의 경로였다. 그러나 광복에 임박해 그 열악한 상황에서 어떻게든 국내에 먼저 진입해보려 했던 피나는 노력들은 잊지 말아야 한다. 국내에 하루빨리 진입하려 한 것은 우리가 해방정국을 주도하겠다는 열정 때문이었다.

1940년 9월 15일 대한민국임시정부의 김구 주석은 중국 중경(重慶·충칭)에서 역사적인 한국광복군 창건을 발표했다. 이틀 뒤 시내 가릉빈관에서 창건식이 열렸다. 광복군은 지청천(池靑天)이 총사령을 맡고 김원봉(金元鳳)이 부사령, 이범석(李範奭)이 참모장을 맡았다. 3개 지대를 두었는데 제1지대장은 김원봉, 제2지대장은 이범석, 제3지대장은 김학규(金學奎)가 맡았다.

광복군 창건식에 중국국민당 측에서는 손과(孫科) 입법원장과 오철성(吳鐵城) 중앙조직지도부장 등이, 중국공산당 측에서는 후에 중화인민공화국 초대 총리가 되는 주은래(周恩來·저우언라이)와 동필무(董必武)가 참석했다. 백범은 한국광복군 창건에 대해 "한국 혁명사에 획기적인 큰 사건이다"라고 평가했다. 광복군은 어느 한 당이나 파벌의 군대가 아니라 한국의 국군이었다. 한국광복군은 광복 후 환국 전야에 1,021명(중국 군사위 자료)이 있었다.

광복군을 창건한 임정은 이듬해 대일(對日) 선전포고를 발한

김구 주석과 미군 OSS 책임자 도노반 소장의 만남

다. 임정은 선전포고문에서 "왜구를 한국과 중국 및 서태평양에서 완전히 구축하기 위하여 최후의 승리까지 혈전(血戰)한다"라고 하였다. 이에 따라 광복군은 1943년 8월 인도파견공작대 9명을 인도 콜카타에 파병하였다. 이들의 대일 선전공작은 일본군에게 심리적으로 타격을 줘 영국군의 대일작전 수행에 크게 기여한 것으로 평가된다.

광복군은 인도·버마전선에서 대일전에 참전한 데 이어 미군 OSS와 공동작전을 준비한다. 당시 중국에서 활동하고 있던 OSS는 한반도의 전략적 가치를 중시해 이 지역 첩보활동에 한국인을 적극 활용하려 했고, 임정과 광복군은 OSS와의 공동작전을 통해 우리나라를 연합국의 일원으로 인정받게 하려 했다. 광복군은 OSS로부터 독도법, 무전법, 사격술, 폭파술, 교량건설법 등 강도 높은 교육훈련을 받았다.

윤경빈 전 광복회장은 광복군 OSS 요원들에 대해 "전멸을 각오 한 특수요원들이었다"라고 회고했다. 그는 "요원들은 야간에 연합군 상륙예정지역 후방에 낙하하여 기지와 기상, 기타 제반사항을 15분 이내에 무전연락한 뒤 딴 지점으로 이동해야 했고 정보수집, 시설파괴, 상륙지점연락, 선동공작 등 다양한 적 후방 파괴활동을 해야 했기 때문에 거의 전원이 전사하게 될 것임을 잘 알고 있었다"라고 말했다.

광복군 OSS 제1기생 50명의 3개월 훈련과정이 끝난 것은 1945년 8월 4일. 사흘 뒤인 7일 임정의 김구 주석은 광복군의 지청천 총사령과 이범석 참모장을 대동하고 OSS 총책임자인 윌리엄 도노반(Donovan) 소장을 만나 한·미 공동작전을 위한 작전회의를 개최한다. 이 자리에서 도노반 소장은 "오늘부터 미국과 임정 사이에 적 일본에 항거하는 비밀공작이 시작된다"고 선언하였다. 이에 광복군은 연합군의 일원으로서 공식 참전할 날만 손꼽아 기다리고 있었다.

한·미간의 공동작전 형태는 OSS 훈련을 받은 광복군 대원들을 한반도에 침투시켜 OSS와의 연계 아래 적의 후방을 공격하는 것이었다. 이를 위해 광복군은 국내 각 도 단위로 활동구역을 정하여 공작반을 편성했다. 평안도·황해도·경기도를 관할하는 제1지구 구대장은 안중근 의사의 5촌 조카 안춘생이 맡고, 충청도·전라도를 관할하는 제2지구 구대장은 노백린 장군의 차남 노태준이 맡았다.

하지만 광복군은 참전명령보다 일제의 항복소식을 먼저 들어야 했다. 일제가 8월 10일 일본군의 무조건 항복을 요구하는 포츠담선언을 수용하겠다고 연합국에 통보했다는 소식이 날아들었기 때문이다.

백범은 일제의 항복소식을 듣고 하늘이 무너지는 것 같았다고 회고했다. "광복군을 비밀리에 본국으로 파견할 준비가 된 때에 나는 미군 작전부장 도노반 장군과 군사협의를 하기 위하여 서안으로 갔다…이틀 뒤(8월 10일) 축 주석(축소주·祝紹周 섬서성 주석)과 만찬을 마치고 객실에 돌아와 수박을 먹으며 담화를 하는 중에 문득 전령이 울었다. 축 주석은 전화실로 가더니 잠시 후에 뛰어나오며 '왜적이 항복한다!' 하였다. '아! 왜적이 항복!' 이것은 내게는 기쁜 소식이라기보다는 하늘이 무너지는 듯한 일이었다." 백범은 "일제의 항복이 일주일만 늦었거나 빨랐다면…"이라며 탄식했다. 일주일 늦었다면 한반도에 광복군이 투입됐을 것이고 일주일 빨랐다면 소련이 북한에 진주하지 않은 상태에서 광복을 맞았을 것이라는 안타까움 때문이다. 일제의 급작스러운 항복은 다음해 일본 본토 공격계획까지 세워놓았던 미국도 예상 못한 일이었다.

무산됐지만, 일제의 항복소식이 전해지기 직전 임시정부는 제주도 진입작전도 추진했다. 백범은 미군사령관 웨드마이어에게 "미군이 제주도를 점령해주면 임시정부가 그곳에 들어가 전 한국인을 영도하며 미군의 작전을 돕겠다"는 제안을 했다.

상해 임시정부의 고문을 지낸 김가진 선생의 손자 김자동 선생은 백범이 독립세력을 규합해 대대적인 국내 진공작전을 계획했다고 말했다. "백범은 다른 지역과도 연계해 항일세력의 통합을 기반으로 조국광복을 맞으려 하였다. 미주 지역은 이승만 박사에게 대표부의 책임을 맡겨 대미(對美) 외교활동과 더불어 동포들을 임정 산하에 뭉치도록 하는 임무를 위임했다. 임정 국무위원인 장건상 선생을 극비리에 조선독립동맹이 있는 중국 연안에 파견했다. 그리고 만주유격대의 근거지로 이근모 선생을 밀파했다…"

한국광복군의 마지막 국내 진공과 진입 노력은 결과적으로 좌절됐다. 그러나 이런 노력들은 조국독립과 민족해방을 자주적으로 쟁취하려는 강한 의지의 표현이었기 때문에 가시적인 성과가 없었더라도 대단히 소중한 것이다. 미군과의 국내진공작전이 성공했다면 해방 후 남북한 분단 등 여러 모순들은 발생하지 않았거나 다른 양상으로 전개됐을 가능성이 높다.

독립운동단체 더 알아보기 – 한국광복군

1940년 김구와 지청천은 만주와 시베리아에서 항전한 신흥무관학교 출신의 독립군 등 여러 독립군들을 통합하여 중경에서 한국광복군을 창건하였다.

*한국광복군의 활동
–1941 대일·대독 선전포고 : 태평양전쟁 이후 임시정부는 대일·대독 선전포고문을 발표하였고 연합군의 일원으로 참전하였다.
–1942 조선의용대 합류 : 조선의용대가 합류하여 전투력이 강화되었으며 김원봉이 부사령에 취임하였다.
–1943 미얀마·인도전선 참가 : 인도와 미얀마 전선에 참가, 영국군과 연합해 포로 심문과 암호문 변경 등 작전을 수행하였다.
–1945 국내진입작전 시도 : 미군 육군전략처(OSS)와 합작하여 국내에 침투하는 '독수리 작전'을 추진하였다. 하지만 일본의 조기 패망으로 국내 실전투입은 성사되지 못했다.

일제가 두려워한 '투명인간' 김원봉의 비극

김원봉 (경남 밀양, 1898년 9월 28일 ~ 1958년 11월)

약산 김원봉은 의열단을 조직하여 국내의 일제수탈기관을 파괴하고 요인을 암살하는 등 무정부
주의적 투쟁을 전개한 독립운동가다. 황포군관학교를 졸업하고 조선민족혁명당을 지도하면서 중
국 관내지역 민족해방운동을 주도했다. 1938년 중국국민당의 동의를 얻어 한국인으로 구성된 조
선의용대를 조직하여 항일투쟁을 전개하였다. 그후 한국광복군 부사령에 취임하였으며, 대한민
국임시정부의 국무위원 및 군무부장을 지내다가 8.15광복 후 환국하였다. 1948년 남북협상 때
월북하여 그해 8월 북한 최고인민회의 제1기 대의원이 된 데 이어 9월 국가검열상에 오른다. 이
어 노동상과 당 중앙위원회 중앙위원, 최고인민회의 상임위원회 부위원장 등을 지냈으나 1958
년 11월 김일성을 비판한 연안파가 제거될 때 함께 숙청된 것으로 알려졌다.

05

"상대방이 말을 안 들으면 두드려야 한다"

-김원봉-

1921년 9월 12일 오전 10시 20분. 어깨에 가방을 둘러맨 한 사내가 서울의 조선총독부 정문을 통과해 건물 2층으로 올라갔다. 첫째 방 인사계실의 문을 열고 가방에서 폭탄을 꺼내 힘껏 내던졌다. 그러나 불발. 사내는 둘째 방 회계과의 문을 열어젖혀 남은 폭탄 한 개를 던져 넣었다. 폭탄은 유리에 맞아 큰 폭음과 함께 폭발, 방에 있던 수십 명 관원이 비명을 지르며 쓰러졌다(사망자는 없었다)… 일경은 병력 1,000여 명을 동원해 검거망을 펼쳤으나 사내의 행적은 오리무중. 그는 의열단원 김익상(金益相)이었다.

6개월이 지난 1922년 3월 28일, 중국 상해 부두에 김익상이 또 나타났다. 이번 목표물은 일본 육군대장 다나카 기이치. 다나카가 부두에 내렸다. 의열단 제1 공격수 오성륜이 권총을 꺼내

조선의용대 대장 시절 김원봉

다나카를 향해 세 발을 쐈다. 하지만 총탄은 다나카 앞에 있던 한 금발 여인의 가슴에 박혔다. 이어 제2 공격수 김익상이 권총 두 발을 발사했지만 총탄은 다나카의 모자만 꿰뚫었다. 이어 그가 던진 폭탄도 불발. 제3 공격수 이종암이 군중을 헤치며 뛰어나와 차를 향해 마지막 폭탄을 던졌지만 그마저도 불발. 김익상과 오성륜은 상해 시내를 휘저으며 도주극을 벌였으나 사천로 부근에서 결국 체포됐다.

어느 날 한 영국청년이 이들을 면회하러 왔다. 오성륜의 총탄에 사망한 여성의 남편이었다. 그는 조선의 젊은 혁명가들이 조국해방투쟁 과정에서 본의 아니게 아내를 숨지게 했다는 얘기를 듣고 찾아온 것이다. "사랑하는 아내를 잃고 나는 불행합니다. 그러나 나는 그대들을 존경합니다. 앞으로 힘이 닿는 한 그대들의 해

방운동을 돕고 싶습니다⋯."(박태원의 〈약산과 의열단〉 중에서)

영화 같은 이 이야기는 김익상 등 의열단원들의 치열했던 의열투쟁 사례다. 당시 상해 황포탄 부근에서 이들의 거사를 기다리던 한 인물이 있었다. 거사를 기획하고 지휘한 의열단 지도자 약산(若山) 김원봉(金元鳳·1898~1958)이었다. 2015년 국내에서 개봉돼 관객 1,200만 명 이상을 끌어들인 영화 '암살'에서 "나 밀양 사람 김원봉이오" 하며 등장하는 그 인물이다. 약산은 그날 동지들의 탈주를 돕기 위해 자전거를 준비한 채 기다리고 있었다. 안타깝게도 거사는 실패했고, 저승행을 면한 다나카는 후에 총리대신까지 된다.

1919년 11월 9일 밤, 중국 길림성(吉林省) 파호문(把虎門) 밖 중국인 반(潘)모씨가 운영하는 화성(華盛)여관. 김원봉, 윤세주, 이성우, 곽재기, 강세우, 이종암, 한봉근, 한봉인, 김상윤, 신철휴, 배동선, 서상락, 권준 등 13명의 동지가 모였다. 이들은 밤늦은 토론 끝에 이튿날 새벽 의열단을 출범시킨다. 일제 시설의 폭파와 요인 암살을 결행하는 비밀결사였다. 단장인 '의백(義伯)'에는 김원봉이 추대됐다. 21세 때였다. 의열단에 가입하면 단원들끼리 의형제 관계를 맺는데 의백이란 '의형제 중 맏이'라는 뜻이다. 김원봉을 비롯한 단원들 거의 대부분이 만주에 설립된 우리의 신흥무관학교 출신이었다. 고향도 김원봉과 같은 경남 밀양인 사람이 거의 절반이었으며 이들은 상당수가 김원봉이 다닌 밀양 동화(同和)중학 동창이었다.

참석자들은 '하나는 아홉을 위하여, 아홉은 하나를 위하여' '언제 어디서나 부름에 응한다' 등 공약 10개를 정했다. 또 암살대상으로 '조선총독 이하 고관' '친일파 거두' 등 '7가살(七可殺·7가지 살해대상)'과, 폭파대상으로 '조선총독부', '각 경찰서' 등 '5파괴(五破壞·5가지 파괴대상)'를 정했다. 유명한 저항시인 이육사도 1925년 의열단원이 된 뒤 1927년 조선은행 대구지점 폭파사건으로 투옥됐다.

   의열단을 위해 단재 신채호 선생은 1923년 '조선혁명선언(일명 의열단선언)'을 지었다. 단재는 김원봉의 부탁을 받고 한 달 이상 상해의 여관에 머물며 선언문 작성에 몰두했다. 의열단의 행동강령과 투쟁목표를 제시하고 의열투쟁과 민중의 직접혁명을 촉구하는 6,400여 자의 이 장문의 선언문은 많은 조선 젊은이의 피를 끓게 했다. 선언문을 읽고 의열단에 가입하겠다며 찾아오는 이들이 크게 늘면서 의열단원 수는 순식간에 200명에 육박했다고 한다.

   김원봉은 3·1만세운동 소식을 접한 뒤 독립선언서를 구해 읽었는데 그곳에 천명된 비폭력·무저항주의에 크게 실망했다. 그는 당장의 무장투쟁을 원했다. "일본 침략자를 몰아내는 가장 유효한 방법은 무장투쟁이다. 상대방이 말로 듣지 않을 때는 두드리는 수밖에 없다"는 것이 그의 일관된 소신이었다. 결과적으로 실패했지만, 김원봉은 의열단을 결성하기 전에도 파리강화회의에 참석하는 일본 대표를 암살하기 위해 김철성이라는 지인을

의열단의 독립운동 이념이 담긴 신채호의 《조선혁명선언서》

파리에 파견한 적이 있다. 그는 파리회의에 모이는 나라들은 다 전승국의 오만에 젖어 있어 전승국도 아닌 우리의 주장을 들어 줄 리가 없다며 애초부터 회의 자체에 기대를 걸지 않았다. 한국의 독립을 주장하기 위해 파리강화회의에 간 김규식 등과는 근본적으로 생각이 달랐던 것이다.

세상에 널리 알려진 의열단의 의거는 다음과 같다. ▲밀양 폭탄반입 시도 ▲부산경찰서 폭파 ▲밀양경찰서 폭파 ▲종로경찰서 폭파 ▲육군대장 다나카 암살 시도 ▲총기와 폭탄 국내 대량반입 시도 ▲관동지진 때의 한인 학살에 대한 보복으로 국내 폭동 시도 ▲일제 밀정 김달하 처단 ▲경북 의열단의 무기 반입·거사 시도 ▲나석주 의사의 동양척식회사와 조선식산은행 공격

의열단의 거사 배후에는 늘 김원봉이 있었다. 치열했던 의열

단 단원 김익상도 북경에서 김원봉을 만나 감화된 뒤 목숨을 걸고 투쟁에 나섰다. 우리 독립운동을 적극 지원해 '파란 눈의 독립운동가'로 불린 아일랜드 출신 조지 쇼도 김원봉이 부탁한 무기운송 등의 지원을 아끼지 않았다.

일제는 의열단과 김원봉을 두려워했다. 한 연구자는 "의열단의 활동으로 인해 조선에는 웃지 못할 사건까지 발생하고 있다고 한다. 강도들이 재물을 빼앗으면서 '나는 의열단원인데 군자금으로 가져가니 그리 알라'고 했는가 하면, 충청도 어느 지역에서는 좀도둑이 경찰서에 잡혀와 '나는 의열단'이라고 하자 순경들이 놀라 도망을 갔다는 얘기가 당시 신문에 보도되었을 정도였다"라고 했다.

좌파 항일운동가 김산은 영국 언론인 님 웨일즈와 인터뷰하면서 "의열단원들은 마치 특별한 신도처럼 생활했고 수영, 테니스, 그 밖의 운동을 통해 항상 최상의 컨디션을 유지하도록 했다…독서도 했고 쾌활함을 유지하고 자기들의 특별한 임무에 알맞는 심리상태를 유지하기 위해 오락도 했다…언제나 죽음을 눈앞에 두고 있었으므로 생명이 지속되는 한 마음껏 생활했던 것이다"라고 말했다. 의열단은 이후 중국공산당이 주도한 1927년의 광주봉기에 참가했다가 장개석의 국민당군에게 진압되는 과정에서 상당수가 희생되었다.

김원봉은 본명 외에 김약산, 김약삼, 최림, 진국빈, 김국빈, 이충, 김세량, 왕세덕, 암일, 왕석, 운봉, 진충 등 많은 가명을 번갈아 사용했다. 이를 보면 그가 얼마나 주도면밀하게 일제와 싸웠는지 알 수 있다. 그는 일제에 한 번도 체포되지 않았다.

일제 공안당국의 보고엔 다음과 같은 내용이 들어 있었다. "중국에 있는 한인 독립운동가들은 거의 전부가 의열단원인 것으로 고찰되나 일면으로 보면 김원봉 1인의 의열단이라고 말할 수 있다. 의열단은 김원봉이라는 인물을 중심으로 모인 불평배의 집단으로, 그 진상을 아는 자는 김원봉 한 사람뿐이다." 북경에서 의열단 투쟁에 참가했던 김성숙은 김원봉에 대해 "동지들에 대해 굉장히 뜨거운 사람이었다. 자기가 만난 사람을 설복시키고 설득시켜 자기 동지로 만들겠다고 결심하면 며칠을 두고 싸워서라도 뜻을 이루었다…그것이 김원봉의 가장 큰 능력이었다. 그 점에서 김구와 닮았다"라고 평했다.

상해에서 김원봉과 만났던 김산은 "김원봉은 친구에게는 지극히 점잖고 친절했지만 적에게는 지극히 잔인하기도 했다…그는 고전적 의미의 테러리스트로, 냉정하고 두려움을 모르는 개인주의적 사람이었다. 그는 언제나 조용했고 육체운동에 참여하지 않았다. 그는 거의 말이 없었고, 웃는 법이 없었으며, 도서관에서 독서로 시간을 보냈다. 그는 투르게네프의 〈아버지와 아들〉을 좋아했으며 톨스토이의 글을 모조리 읽었다"라고 회고했다. 또 "아가씨들은 모두 멀리서 그를 동경하였다. 그가 대단한 미남이었고 로맨틱한 용모를 갖고 있었기 때문이다"라고 말했다. 일제 경찰과 정보기관의 평가도 이와 비슷하다. "보기에는 우유부단한 것 같으나 성질이 극히 사납고 또 치밀하여 어떤 상황에서도 굴하지 않는 기백을 가졌고, 행동도 극히 경묘하여 신출귀몰한 특기를 가졌다."

김원봉은 항일투쟁을 위해서는 어떤 단체나 국가와도 연대할 수 있다고 생각했다. 의열단을 이끌면서 거사자금으로 레닌의 돈을 받았고 공산당과 협력관계를 유지했다. 그러나 그의 진정한 이념 성향은 공산주의보다 민족주의 좌파에 가깝다고 보는 사람들이 많다. 허무주의적 아나키즘 성향의 민족주의자라는 평도 있다.

밀양에서 태어난 김원봉은 어릴 때 서당에서 한문을 배우다가 열 살 때 보통학교 2학년에 편입하였으며, 이후 동화중학 2학년으로 들어갔다. 11살 때 일왕 생일축하연에 쓸 일장기를 변소에 집어넣어 학교에서 퇴학당하는 등 민족의식이 남달랐다. 1916년 독립투쟁에 독일의 선진 군사학이 필요하다고 생각해 중국 천진(天津·톈진)으로 건너가 잠시 독일어를 배웠다.

1918년 김원봉은 친구이자 동지였던 김약수, 이여성 등과 남경(南京·난징)의 금릉(金陵)대학에 입학하면서 본격적인 중국 망명생활을 시작하였다. 1919년 11월 의열단을 조직하고 의백에 선출된 뒤 일제 경찰서 폭파, 요인 암살 등을 기획·지휘하면서 의열투쟁을 펼쳐나갔다. 그는 6년간의 의열투쟁 후 1925년 말 중국 혁명지도자 손문(孫文)의 권유로 황포(黃埔)군관학교에 입소하면서 투쟁 방식을 연합·조직투쟁으로 전환했다. 개

중국 산서성 운두저촌(雲頭低村)의 마을 어귀에 적힌 조선의용군의 벽글씨. "왜놈의 상관 놈들을 쏴 죽이고 총을 메고 조선의용군을 찾아오시오"라고 쓰여 있다.

별적 폭파·암살이라는 의열단의 투쟁방식을 포기한 것이다. 그간의 의열투쟁이 대부분 실패했고 성과에 비해 희생이 너무 컸기 때문이다. 그는 황포군관학교에 있으면서 풍부한 투쟁 경력을 바탕으로 중국국민당 지도자 장개석(蔣介石·장제스)과 회견하고 공산당 지도자 주은래(周恩來·저우언라이)와도 관계를 맺었다. 이런 인맥은 후에 그가 중국에서 항일투쟁을 하는 데 큰 자산이 되었다.

　김원봉은 1935년 한국독립단, 조선혁명당, 의열단, 신한독립당, 미주대한인독립단 등을 합쳐 한국민족혁명당을 조직하고 자신이 서기장을 맡아 당을 실질적으로 이끌었다. 당시 김규식이 국민부장, 김두봉이 조직부장, 지청천이 군무부장을 맡았으니 그의 위상을 가늠할 수 있다. 김원봉은 1937년엔 한국

1938년 10월 중일전쟁 당시 중국 한구에서 창립된 조선의용대

민족혁명당을 조선민족혁명당으로 개칭하고 이듬해 그 군사조직으로 조선의용대를 창설했다. 장개석과 중국국민당의 지원으로 출범한 이 부대는 비전투부대였지만 1941년 임시정부의 한국광복군에 편입될 때까지 대적(對敵) 선전활동 등 다양한 활동을 펼쳤다.

 김원봉은 한국광복군의 부사령 및 제1지대장과 임시정부의 군무부장을 지내다가 광복과 함께 환국하였다. 1948년 봄 그가 28년 만에 고향 밀양을 찾았을 때 밀양초등학교 운동장에서 열린 환영식은 열기가 대단했다고 한다. 사촌동생 태근 씨의 증언에 따르면 환영인파로 운동장이 인산인해를 이룬 가운데 그가 걸어오는 길엔 광목 카펫이 깔렸다. 또 읍내 한양극장에서는 조선의용대의 활약상을 담은 다큐멘터리 영화가 상영돼 큰 인기를 끌었다.

　미국 시카고 선지(紙)의 마크 게인 기자는 1946년 10월 19일 김원봉을 만난 뒤 저서 〈일본일기〉에 다음과 같이 기록했다. "그는 준엄한 얼굴과 놀랍도록 튼튼한 목과 어깨를 가진 사람이었다. 그는 부드러운 말투로 이야기하였다. 그 부드러운 태도는 그의 튼튼한 두 손, 격렬한 투쟁 이야기와 대조돼 기이하게 보일 정도였다." 아나키스트 항일운동가 정화암은 김원봉에 대해 "식견은 특별한 게 없고 머리가 빨리 돌아가는 사람은 아니었지만 폭이 넓고 포용력이 풍부했다"며, "막판이 닥쳐와도 끝까지 몰고 가는 것이 그 사람 성격이었다"라고 회고했다. 또 다른 항일운동가 김성숙은 그에 대해 "능력은 별로 없는 사람이지만 사람은 굉장히 좋다. 혁명지조가 있는 사람이고, 그러나 학식은 없고"라고 평했다.

　김원봉은 환국 후 임시정부가 미군정의 자문기구로 전락했다며 임정 인사들이 참여한 '남조선대한민국대표민주의원'에서 탈퇴한 뒤 좌익계 정치단체인 민주주의민족전선(민전) 창립에 동참해 의장을 맡았다. 당시 민전의 의장단에는 여운형, 박헌영, 허헌, 백남운 등이 포진해 있었다. 김원봉은 그러나 좌익으로 몰려 친일경찰 출신에게 고문을 받는 수모를 당하기도 했다. 1946년 대구총파업 사건 조사에 참여한 것이 문제가 됐다. 일제로부터 훈장을 받은 친일경찰 노덕술에게 끌려가 3일 동안 고문을 당한 뒤 너무도 원통해 여러 날 울었다고 한다. 격렬한 좌·

우 이념 대결 와중에 발생한 어이없는 일이었다.

김원봉은 1948년 4월 9일 가족과 함께 38선을 넘어 월북한 뒤 북한정권에서 국가검열상과 노동상, 최고인민회의 상임위원회 부위원장 등을 지냈다. 김원봉이 월북한 열흘 뒤 평양에서 남북협상이 열렸을 때 현장을 취재했던 설국환 합동통신 기자는 다음과 같은 증언을 남겼다. "나는 김원봉과 서울서부터 아는 처지였다. 그에게 '공산당의 선전도구가 되어서는 안 된다. 차라리 은퇴하라'고 충고했더니 그는 '설형의 충고는 가장 가치가 있는 것이지만 정치한다는 사람은 때로 자기 뜻대로 못할 때가 있다'라고 말했다."

김원봉이 월북한 것은 남한 정치권에서 좌파가 설 공간이 좁아짐에 따라 불가피한 측면이 있었다는 분석이 있다. 그는 북한으로 떠나기 전 과거 중국에서 자신의 비서를 지낸 중국인 사마로(司馬璐)에게 편지를 보내 "북한은 그리 가고 싶지 않은 곳이지만 남한의 정세가 너무 나쁘고 심지어 나를 위협하여 살 수가 없다"라고 했다. 그는 실제로 1947년 몽양 여운형이 정치적으로 암살되자 여운형과 가까웠던 자신도 암살 위협을 느낀 것으로 알려졌다. 또 다른 월북 배경으로는 북한 최고지도부에 이미 자리를 잡은 최용건과의 밀접한 관계가 꼽힌다. 김원봉은 황포군관학교를 다닐 때 학교 교관으로 있던 최용건과 친분을 쌓은 것으로 알려졌다. 또 당시 북한 최고지도부엔 김원봉의 첫 부인 박차정의 외당숙인 김두봉도 자리를 잡고 있었다. 김원봉은 중경 임시정부에 합류한 뒤에도 북부 연안(延安)에서 중국공산당과 함께 항일투쟁을 하던 김두봉과 연락을 주고받았다. 하지만 김원봉의 정확한 월북 이유는 본인만이 알 것이다.

김원봉은 1958년 9월 북한의 모든 공직에서 물러나 정치무대에서 사라졌다. 국제간첩이라는 죄목으로 김일성에게 숙청된 것으로 알려졌으나 최후의 모습은 확인되지 않고 있다. 독립동지회장을 지낸 김승곤 선생은 항일운동가 출신 작가 김학철 선생의 말을 인용, "김원봉은 장개석의 스파이로 몰려 수감됐다가 옥중에서 스스로 목숨을 끊었다"라고 말했다. 아나키스트 항일지사 유자명은 해방 후 중국에서 대학교수로 있으면서 김학철에게 다음과 같은 편지를 보냈다. "…1972년 주중 북한대사관에서 토론할 기회가 있었다. 그때 대사관의 2등비서인 김영진 동지의 말에 의하면 김두봉과 김원봉은 북한의 사회주의 건설 계획을 반대하는 엄중한 착오를 범하였기 때문에 법률에 의하여 엄격한 형벌을 받게 되었다." 밀양에서 어릴 때부터 김원봉과 알고 지냈던 황용주 전 MBC 사장은 "김원봉은 김일성의 항일투쟁을 전혀 인정하지 않는다는 말을 하곤 했다"라고 전했다.

김원봉은 비운의 항일운동가로 자주 거론된다. 민족주의·아나키즘·공산주의 등 상이한 이념 경계를 넘나들면서 치열한 의열투쟁을 벌였고, 자신이 이끌던 조선의용대를 임시정부의 광복군에 편입시키면서 통합광복군을 출범시켰다. 그는 당초 "임정의 광복군이 조선의용대에 편입되어야 한다"고 주장했으나, "광복군은 대한민국정부가 조직한 것으로 일개 당파의 군대가 아닌 한국의 국군"이라는 김구의 주장을 받아들였다. 김원봉이 임정 쪽으로 기운 데는 중국국민당의 강력한 통합 요구가 있었고, 자신이 이끌던 조선의용대 내 좌파 성향을 띤 약 80%가 중국공산당의 항일전선에 합류함으로써 스스로의 지도력이 타격을 입은 것도 한 원인이라는 분석이 있다.

김원봉과 결별하고 북상한 조선의용대 대원들은 나중에 섬서성(陝西省) 연안(延安) 부근 태항산에서 대규모 공세에 나선 일본군과 사투를 벌였다. 이 전투에서 윤세주(尹世胄·1901~1942) 등 지도부 다수가 전사했으나 이들의 희생에 힘입어 등소평(鄧少平·덩샤오핑)과 팽덕회(彭德懷·펑더화이) 등 중국공산당 간부들은 탈출에 성공한다. 당시 이 두 사람이 전사했다면 중국공산당과 중국의 운명이 달라졌을지 모른다. 어린 시절 김원봉과 한 집 건너 이웃이었던 윤세주는 항일투쟁의 뜻을 김원봉과 함께 세웠으나 막판에 걸은 길은 달랐다.

김원봉은 젊은 시절 북경에서 레닌간부학교를 운영하고 조선공산당재건동맹 중앙위원으로 활동하면서 마르크시즘에 경도됐지만 코민테른엔 맹종하지 않는 독자적인 모습도 보였다. 또 그가 결혼할 때 반공주의자 백범이 주례를 서기도 했다. 하지만 두 사람의 관계는 이념과 노선의 화해까지 나아가진 못했다. 김원봉이 임시정부에 합류한 뒤에도 두 사람 사이엔 투쟁 방식과 이념을 둘러싼 견제와 갈등이 계속됐다. 임정 요인들 중엔 김원봉을 두고 공산주의자라고 쑥덕대는 사람들이 많았다. 백범의 비서실장을 지낸 민필호와 광복군 출신 장준하는 그를 공산주의자라고 단언했다. 이런 상황에서 김원봉은 임정의 주도세력에 끼어들 수가 없었다. 1943년엔 그가 이끄는 조선민족혁명당의 황민 등 청년 10여 명이 김구와 조완구 등 임정 국무위원 5명을 암살하려 한 사건까지 발생, 사태를 악화시켰다.

김원봉이 이끄는 항일세력은 한때 임시정부와 함께 양대 세력을 형성했다. 중국국민당도 김구와 김원봉을 각기 별도로 지원했다. 김원봉은 중국국민당과의 공조를 통해 수백 명의 독립군을 길러냈다. 1943년 인도에 병력을 파견해 영국군과 대일전선에 공조를 펼친 것도 조선민족혁명당 총서기 명의의 김원봉이 주도한 것이다.

김원봉이 펼친 항일투쟁의 치열함을 의심하는 사람은 없다. 하지만 월북한 뒤 북한정권 수립에 기여한 데다 6·25전쟁 때 고위직인 국가검열상과 노동상으로 있으면서 남침과 전쟁 수행에 어떤 역할을 했는지 확인되지 않았다. 한때 그가 이끌었던 조선의용대(후에 조선의용군)는 1948년 11월 북한으로 들어간 뒤 김일성에 의해 6·25남침의 선봉에 선다. 전투경험이 많은 조선의용군은 소련에서 들어온 김일성 부대보다 규모가 훨씬 크고 교육수준도 높았다. 그러나 6·25전쟁 때 남한에 있던 김원봉의 친동생 4명과 사촌동생 5명은 반공교화단체인 보도연맹(保導聯盟) 사건으로 처형됐고, 아버지 김주익은 외딴 곳에 유폐됐다가 굶어 죽었다. 김원봉은 북한에서 우파 장개석의 스파이로 몰렸고 가족들은 남한에서 좌파 빨갱이로 몰린 것이다. 김원봉의 비극이자 분단의 고통이자 우리 역사의 아이러니다.

한국광복군을 이끈 만주호랑이들 지청천과 이범석

지청천 (서울, 1888년 2월 15일 ~ 1957년 1월 15일)

지청천 장군은 배재학당과 한국무관학교를 거쳐 일본에서 육군사관학교를 졸업했다. 근대적인 군사지식을 습득한 지휘관이었다. 3.1운동 발발 후 본격적으로 독립운동에 뛰어들어 신흥무관학 교에서 독립군을 양성했으며 이후 일제의 독립군 말살징책이 본격화하자 서로군정서를 지휘하며 최전선에서 싸웠다. 1921년 자유시참변이 일어난 후 고려혁명군과 대한통군부를 조직하여 이끌 었으며, 한국독립당 창당에 참여하여 군사위원장이 되었다. 독립군의 총사령관이기도 했던 그는 1933년 항일지하운동을 지휘하고 한·중연합군의 총참모장이 된다. 이어 새로운 근거지를 찾던 중 대전자령에 주둔하고 있던 일본군을 기습 공격, 4시간의 격전 끝에 대승리를 거두었다. 그 후 1940년에는 임시정부의 한국광복군 창건에 참여하였고, 광복군의 총사령을 맡으면서 한국군을 대표하는 주역으로 활동하였다.

"총이 없으면 주먹으로라도 때려 눕히겠다"
-지청천-

한국 개화기 때 유명한 지(池)씨 형제가 있었다. 지운영과 지석영이다. 지운영은 서화가, 시인, 서예가, 사진가로서 고종의 지시로 김옥균 암살을 기도하기도 한 난사람이었다. 지석영은 우리나라에 종두법을 전파하고 근대적 옥편을 처음 만든 선각자였다. 이들이 바로 한국광복군 총사령 지청천의 재종숙(7촌 숙부)이었는데 두 사람은 지청천의 어린 시절에도 큰 영향을 미쳤다. 소년 지청천의 어머니를 설득해 서당에 다니던 지청천을 소학교로 보내 신학문을 배우게 한 것이다. 지청천은 이에 따라 교동소학교 4학년에 편입했다. 신학문을 접한 지청천은 세상을 보는 시야가 트였고, 미국인 아펜젤러가 세운 배재학당에 들어갈 결심을 하게 된다.

지청천은 배재학당에서 황성기독교청년회에 참가했다. 1905

년 청년들의 비밀회합에서 그는 역설했다. "우리는 조선의 청년들이다. 최후까지 뭉쳐 조선사람을 위해 싸우자." 그는 선생들에게 일본과 싸울 총을 달라고 했다가 거절당하자 울면서 "총이 없으면 두 주먹으로라도 한 놈 한 놈 때려 눕히겠다"고 말했다고 한다. 이 이야기가 그의 어머니 귀에 들어가면서 그는 학교를 그만두어야 했다.

배재학당을 자퇴한 지청천은 군인이 되기로 결심했다. 장교양성기관이던 대한제국 육군무관학교는 1907년 여름 군대해산 때 간신히 폐교를 면하고 축소 운영되고 있었다. 지청천은 어머니가 집안사람을 통해 궁궐에 청을 넣어 만 20세에 가까스로 입교할 수 있었다.

지청천은 무관학교에 다니는 동안 강연회 등을 통해 민족의 진로에 대해 동료들에게 열변을 토하곤 했다. 1909년 육군무관학교가 문을 닫자 일본정부는 무관학교 1~2학년 재학생 약 50명을 국비유학생 자격으로 받아들여 일본의 군사교육기관에 위탁교육하기로 했다. 이에 지청천은 동료들과 함께 일본 육군사관학교의 예비학교에 해당하는 동경 소재 중앙유년학교에 편입했다.

1년 뒤 한국이 일제에 합병되자 동경의 한국유학생들은 아오야마(靑山) 공동묘지에 모여 대책을 논의했다. 이때 유학생들은 "당분간 보다 많은 실무와 실전을 경험하여 자신(自信)이 붙을 때까지 은인자중하다가 기회를 보아 일을 도모하자"는 데 합의

앞줄 가운데가 지청천 장군. 뒷줄 왼쪽에서 두 번째가 엄항섭 선생, 맨 오른쪽 끝이 이범석 장군

했다. 이른바 '아오야마의 맹세'였다. 참석자 중엔 지청천, 이 갑, 이응준, 김경천, 김석원, 홍사익 등이 있었다. 이 가운데 먼 저 졸업해 일본군 장교로 있었던 이갑은 그날을 계기로 망명하 여 항일운동에 나섰고, 몇 년 뒤 중위가 된 지청천과 김경천이 그 뒤를 따랐다.

'아오야마 동지들' 가운데 김경천(金擎天)과 홍사익(洪思翊) 은 설명이 필요하다. 본명이 김광서(金光瑞)인 김경천은 1920 년대 초 시베리아와 만주 일대에서 백마를 타고 항일부대를 지 휘하면서 일본군을 연이어 격파, 전설적인 장군으로 널리 알 려졌다. 일본육사 기병과를 수석 졸업한 그는 후에 소련당국에 의해 시베리아에 유배됐다가 별세했으나 북한 김일성이 그의 별명을 사칭했다는 설이 오랫동안 나돌았다. 하지만 김경천은 김일성이라는 별명을 사용한 적이 없는 것으로 알려져 있다. 홍사익은 왕족이 아닌 일반 조선인으로는 유일하게 일본 육군 대학을 나와 일본군 중장까지 올라갔으나 종전 후 전범재판을 받고 교수형에 처해졌다. 그는 아오야마 맹세를 제의한 당사자 이면서도, 만주 광복군으로 와 달라는 지청천의 요청을 여러 차례 거부했다. 그는 또 1943년 남태평양 전선에 부임하기 직 전 매일신보 도쿄특파원이 "일본군을 탈출하는 것이 어떠냐" 고 묻자 "한국인이 수십만 명이나 동원돼 있는데 명색이 최고 지위에 있는 내가 배신을 한다면 그들이 보복을 받을 것이다" 라며 거절했다. 그는 그러나 창씨개명을 거부했고 지청천과 김 경천 등 독립지사들의 가족을 위한 모금운동을 벌여 친일 개념 에 대한 논란을 불러일으켰다.

지청천은 1912년 12월 동경 육군사관학교에 입교했다. 그는 이곳에서 전술학·병기학 등 군사학과 실전 군사훈련을 습득했 다. 이런 교육은 그가 후에 만주로 망명한 뒤 독립군을 이끌며 일본군과 항전하는 데 유용하게 활용되었다. 그는 1914년 일본 육사를 졸업하고 일본 육군소위로 임관하였다. 이후 1918년 중 위로 진급한 그는 아오야마의 맹세대로 일본군 탈출 기회를 노 리던 중 1919년 2월 의암 손병희가 보낸 밀사를 만난다. 밀사 는 3월 1일을 기해 서울에서 독립선언서를 발표한다고 전했다. 이에 지청천은 일본 탈출을 행동에 옮긴다.

지청천은 일부러 연일 술을 마시고 식사를 걸러 목에서 피가 나오게 하여 급성폐렴에 걸린 것처럼 가장해 연대장한테서 1년 간의 임시 귀국을 허락받았다. 1919년 5월 마침내 귀국한 뒤 얼마 지나지 않아 김경천과 함께 만주로 망명했다. 그는 망명하면서 부인에게 다음과 같이 말했다고 한다. "나는 국가와 민족을 위한 독립전쟁에 몸을 바칠 것이오. 이제 앞으로 다시는 못 보게 될지도 모르오…헌병과 형사가 와서 나의 소식을 탐문하면 '아무 말 없이 집을 나섰으니 어디 있는지 모른다'고만 대답하시오…." 지청천과 김경천의 망명은 일본군과 조선총독부에 큰 충격을 주었다. 일본 헌병대는 그들에게 5만 엔(1500엔 설도 있음)의 현상금을 걸었다. 두 사람의 망명은 3·1 운동 후 많은 한인청년들이 만주로 망명하는 도화선이 됐다.

지청천은 김경천과 함께 만주 신흥무관학교로 가 교관이 된다. 그는 이때부터 이청천이라는 이름을 썼다. 신흥무관학교는 이회영, 이시영, 이동녕, 이상룡 등 지사들이 독립군 간부를 양성하기 위해 설립·운영한 학교였다. 일본 육사에서 최신의 군사지식을 배운 장교들이 교관을 맡았다는 소문이 나면서 만주지역 동포들이 이 학교로 몰려들었다. 지청천과 김경천 두 사람 외에도 대한제국 육군무관학교를 졸업한 신동천(신팔균)이 교관으로 초빙됐다. 이들은 이름이나 호에 모두 '천'자가 있어 '남만주 삼천'으로 불렸다. 이때 중국 운남성(雲南省) 운남육군강무학교 출신의 이범석도 교관단에 합류했다. 신흥무관학교는 1920년 한때 한 기의 생도 수가 600여 명에 이를 정도로 번창했다.

광복군 총사령 시절의 지청천　　　광복군 창건식을 마친 김구와 지청천

　신흥무관학교 교성대장이던 지청천은 서로군정서 사령관을 맡았다. 청산리 대첩 직후 지청천 부대 400여 명이 홍범도 부대 600여 명과 통합하면서 홍범도가 총사령관을 맡고 지청천은 부사령관을 맡았다. 이후 지청천은 일제의 추격을 피해 자유시로 갔다가 독립군이 대거 학살되는 '자유시 참변'을 겪은 뒤 1922년 상해에서 열린 국민대표회의 참석차 상해로 갔다. 그러나 임시정부 재편과 해산 등 방안을 둘러싸고 격한 내분이 일자 다시 남만주로 향했다. 무장투쟁을 재개하기 위해서였다.

　지청천은 홍범도 부대와 통합한 한국독립군을 이끌며 만주에서 10년간 무장항일투쟁을 하였다. 한국독립군은 1932년 초부터 약 2년간 경박호전투, 사도하자전투, 동경성전투, 대전자령전투 등 수많은 전투를 치렀다. 특히 중국항일의용군과 공조한 대전자령(大甸子嶺)전투는 한반도로 철수하던 일제의 간도파견군을 매복 공격해 적 2개 대대를 물리친 큰 승리였다. 이 승리는 만주지역 독립군의 3대 승리 중 하나로 꼽힌다.

1933년 11월 지청천은 상해 임시정부 김구 주석의 요청으로 낙양(洛陽)군관학교로 가면서 만주를 떠났다. 지청천은 임시정부가 중국국민당의 지원으로 개설한 낙양군관학교 한인특별반의 총책임자로서 군사훈련을 지도했다. 한인특별반 졸업생들은 후에 조선의용대와 한국광복군이 창건될 때 주축이 된다. 이 특별반이 계파 갈등으로 해체된 뒤 지청천은 중국 관내 독립운동 진영의 단일당으로 결성된 민족혁명당의 군사부 책임을 맡았으나 김원봉의 좌파적 노선에 반발해 탈당한 뒤 조선혁명당을 창당했다.

지청천은 임시정부의 한국광복군 창건 계획을 수립하는 등 광복군 창설에 주도적인 역할을 했다. 1940년 8월 임정 국무회의의 결정에 따라 지청천이 광복군의 총사령, 이범석이 참모장을 맡았다. 그해 9월 15일 광복군 창건이 공식적으로 선언됐는데, 총사령부는 주로 지청천과 함께 만주에서 독립군으로 활약한 인사들로 구성됐다. 지청천은 중국국민당을 상대로 협상을 벌여 광복군이 중국군의 관할에서 벗어나 명실상부한 임정의 군대가 되도록 하는 데 기여했다.

지 장군의 아들과 딸도 광복군에서 활약했다. 장남 달수는 광복군 제2지대 간부로, 딸 복영은 징모 6분처에서 활동했다. 지복영 여사는 생전에 "평소 아버지로부터 '대한의 잔다르크가 되라'라는 말을 들었다. 광복군에 지원하겠다고 했을 때 아버지가

'남의 자식도 보내는데 내 자식이라고 못 보내겠느냐. 잘 생각했다'며 승낙하셨다"라고 말했다.

지청천은 미국 OSS(육군전략처)와 국내 진공작전을 추진했으나 일본군의 조기 항복으로 무산됐다. 광복 후 환국한 뒤 반공청년단체인 대동청년단을 조직했으며 국회의원 선거에 나서 전국 최다득표로 당선되기도 했다. 수년간의 와병 끝에 1957년 별세했다.

신흥무관학교

신흥무관학교는 항일독립운동 기지 건설을 위해 서간도에 설립된 독립군 양성 학교이다. 1911년 6월 10일 이회영, 이시영, 이동녕, 이상룡 등이 중국 길림성 유하현 삼원보에 설립한 신흥강습소에서 출발했다. 기본적으로 무관학교였으므로 수업은 군사교육 위주로 이루어졌다. 이때 사용된 병서들은 일본군의 병서와 중국군의 병서를 바탕으로 우리 실정에 맞게 새로 제작한 것이었다.

신흥무관학교에서는 군사교육뿐만 아니라 학생들의 민족정신 함양에도 많은 노력을 기울였다. 투철한 민족의식을 가진 인재를 양성하는 것이 일제를 물리칠 수 있는 효과적인 방법이라고 생각했기 때문이다. 그 방편으로 우리나라의 국어, 국사, 지리교육을 강조해서 교육했다.

신흥무관학교는 1920년까지 3,500여 명의 졸업생을 배출했다. 그들은 홍범도의 대한의용군과 김좌진의 북로군정서 등에서 중심적인 역할을 했다. 그 결과 1920년 6월 홍범도가 이끄는 대한군북로독군부의 군대는 봉오동전투에서 큰 승리를 거둔다. 이에 일본군은 보복에 나선다. 그 결과 신흥무관학교의 교관과 학생들은 모두 피신할 수밖에 없었다. 결국 1920년 7월 학교는 폐교되었으며, 300여 명의 신흥무관학교 졸업생과 생도들은 김좌진 장군이 이끄는 북로군정서에 참여한다. 이들은 그해 10월 청산리전투에서 큰 공을 세운다. 그 뒤 만주지역에서는 졸업생들을 중심으로 신흥무관학교를 계승하기 위한 노력이 계속되었으나 성공하지 못했다. 해방 후 국내로 돌아온 이시영은 '신흥무관학교 부활위원회'를 조직해 1947년 2월 신흥전문학원을 설립했다. 이 학교는 이후 경영난으로 조영식에게 인수되었다가, 1960년 경희대학교로 명칭이 바뀌었다.

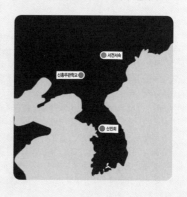

이범석 (서울, 1900년 10월 20일 ~ 1972년 5월 11일)

독립운동가이며 정치가이자 군인이다. 16세가 되던 해 중국에서 독립투쟁을 하기로 결심하고 망명한다. 여운형의 안내로 신의주에서 압록강 철교를 건너 상해로 이동, 혁명지도자 신규식을 만나 독립투쟁 결의를 다진다. 1919년 만주 신흥무관학교의 교관으로 독립군 양성에 주력하다 1920년에 북로군정서 총사령관 김좌진의 부름을 받고 북로군정서 연성대장이 된다. 그해 10월 20일, 청산리전투가 벌어진다. 이때 백운평에서 일본군과 하루 종일 격전을 벌인 그는 일본군의 선봉부대를 섬멸한 뒤 그 다음 날부터 23일까지 천수동, 어랑촌, 만록구 등으로 이동하면서 일본군 주력부대를 타격했다. 이 전투에서 그는 많은 일본군 사상자를 내게 한 큰 전과를 올렸다. 1923년 5월에는 김규식 등과 함께 보다 진보적 이념을 가진 고려혁명군을 조직했다. 1940년 9월 17일 한국광복군이 창건될 때 참모장을 맡았고 광복을 맞이할 때까지 항일투쟁을 계속하다 환국했다. 광복 후 초대 국무총리를 지냈다.

"제군들의 죽을 자리를 내가 마련해 주겠다"

-이범석-

"조국! 너무나 흔하게 쓰이는 말이고, 또 생각 없이 불리며 일컬어지는 단어다. 그러나 이 말처럼 온 인류 각 민족에게 강력한 감동과 영향을 주는 말은 없으리라 본다. 아니 그렇게 믿는다…." 철기 이범석 장군의 회고록 〈우둥불(모닥불의 옛말)〉에 나오는 말이다. 김좌진 장군과 함께 청산리전투의 영웅으로 꼽히는 그는 철저한 민족주의자이면서 뛰어난 인문적 소양을 갖춘 무장(武將)이었다.

이범석은 어렸을 때 대단한 개구쟁이였다. 뱀을 잡아서 동네 소들을 쫓아다니며 항문 등을 통해 몸속에 집어넣는 바람에 소가 죽었다. 주민들의 항의를 받고 화가 난 부친이 아들에게 도끼를 집어던졌는데, 도끼는 공교롭게도 계모 무릎에 맞아 계모를 평생 절름발이로 만들었다. 부친은 구한말 농상공부 참의와 궁

경호견인 셰퍼드와 함께한 이범석

내부 참사관 등을 지낸 관리였다.

이범석의 집안에 힘이 장사인 정태규라는 종이 있었다. 그는 이범석 부친의 소개로 대한제국군 시위대(侍衛隊·황제호위대) 1대대에서 복무하게 된다. 그러나 1907년 일제가 대한제국군을 해산하자 정태규는 동료들과 함께 일본군에 맞서 시가전을 벌이다 부상을 입고 이범석의 집 앞에 와서 숨졌다. 후에 이범석은 그때 일제에 대해 큰 분노를 느꼈다며 그 사건이 자신의 일생을 결정하는 분수령이 되었다고 회고했다.

이범석은 경성제일고보 3학년일 때 한강에 수영을 하러 갔다가 역시 수영을 하러 나온 14살 위의 몽양 여운형을 알게 된다. 독립운동을 할 청년학생을 모집 중이던 몽양은 이범석에게 애국심을 불어넣어 주었고, 이범석은 몽양의 말에 감화를 받아 몰래 만주 심양(瀋陽·선양)으로 갔다. 15세 때였다. 그곳에서 몽양과 만난 그는 큰누나의 남편 신석우가 상해에 있다는 얘기를 듣고 다시 상해로 간다. 신석우는 상해 임시정부가 출범할 때 국호(國號)를 '대한민국'으로 하자고 발안한 독립운동가이다.

상해에 간 이범석은 몽양의 주선으로 상해의 터줏대감 신규식의 집에 머물면서 조소앙과 신채호를 만났다. 이후 신규식의 주선으로 군관예비학교 격인 항주(杭州)체육학교에서 6개월간 공부한 뒤 남쪽 곤명(昆明)의 운남육군강무학교에 입학했다. 이 학교로 가는 데는 자신을 직접 면담해준 중국국민당 총통 손문의 소개가 있었다. 그는 입학할 때 나이가 어려 본 나이보다 2살이나 올려 입학했으나 졸업할 때는 기병과 수석으로 졸업하였다. 수석졸업을 기념하여 기병과의 교관 서가기(徐家驥)는 이범석에게 자신의 이름자 중 '천리마 기(驥)'자를 넣어 '철기(鐵驥)'라는 호를 지어주었다. '철(鐵)'자는 독일 '철혈 재상' 비스마르크의 강인함을 흠모해 골랐다고 한다.

3·1운동이 일어나자 이범석은 이동녕과 이시영의 주선으로 만주의 신흥무관학교 교관으로 취임, 독립군 사관 양성에 주력한다. 지청천이 당시 그곳 교성대(教成隊)의 대장이었다. 교성대는 이듬해 3·1운동 1주년을 기해 국내로 진공해 재차 만세시위운동을 불러일으킬 계획을 세웠다. 그러나 무기구입 계획 등에 차질이 생겨 국내 진공은 시도조차 못했다. 이범석은 이에 혈기를 못 이겨 아편가루 2온스를 중국술에 타 마시고 음독자살을

기도했다고 한다. 응급조치 결과 다행히 목숨은 건졌다. 힘든 시기를 지내던 이범석은 때마침 북로군정서 사령관 김좌진 장군이 북로군정서로 와 달라고 제의하자 이에 응해 북로군정서의 연성대 교관과 연성대장을 함께 맡았다.

3·1운동을 전후한 시기, 중국 동북부 연변(延邊)지역의 서부 및 북부에는 50여 개의 독립군단이 있었다. 1개 독립군단의 독립군 수는 대개 400명 이상이었으나 적게는 100여 명도 있었다. 독립군단 중 서로군정서와 대한청년단연합회, 대한독립군비단, 민국독립단, 북로군정서 등은 상해 임시정부를 지지하는 단체였다. 이범석은 이 가운데 북로군정서로 간 것이다. 북로군정서와 서로군정서는 훈련과 무기구입 등에 공조하는 협약을 체결한 협력관계였다.

그 직후 봉오통전투가 벌어져 홍범도 군대가 일본군을 대파했다는 소식이 전해졌다. 이어 보복에 나선 일본군이 대대적인 독립군 토벌작전에 나서면서 유명한 청산리전투가 벌어진다. 이범석은 북로군정서 약 600명의 휘하 부대원을 이끌고 청산리로 갔고, 인근에 홍범도 부대 약 300명을 포함해 총 1,800여 명의 독립군이 집결했다. 당시 북로군정서 부대는 23개 제대(梯隊)로 이루어져 있었는데 제1제대는 김좌진, 제2제대는 이범석이 지휘했다. 일본군은 청산리 골짜기를 지나다가 이범석의 매복군에 걸려 초반 전투에서 대패했다. 이후 김좌진 총대장 및 홍범도가 이끄는 병력과 공조해 여러 차례 전투를 벌이면서 일본군을 궤멸시켰다. 임시정부의 자료에 따르면 일본군은 전사자 1,200여 명에 부상자 2,100여 명이었고, 독립군은 전사자 130여 명에 부상자 220여 명이었다. 청산리 전투의 전과에 대해서는 '일본군 사망자 400~500명 설' 등 여러 이설이 있다.

이범석은 김좌진과 함께 청산리대첩의 영웅으로 떠오르면서 만주 한인사회에서 명성이 자자했다. 독립지사 박찬익의 아들이자 광복군 출신인 박영준의 회고에 의하면, 한인 청년들은 "철기 장군, 철기 장군"하면서 그를 거의 신적인 존재로 추앙했다고 한다. 그의 나이 불과 20세 때였다. 지금도 중국 동북지방에는 김좌진과 이범석의 이름을 기억하는 중국인들이 많다.

이범석은 만주에서 무장투쟁을 계속하면서 이마에 총탄을 맞아 사경을 헤맨 적도 있다. 그는 자신이 존경하던 김좌진 장군이 공산주의자한테 암살되고, 소련 적군(赤軍)에 의해 한국독립군이 학살된 '자유시 참변'에 이어 본인 스스로 적군에게 8개월간 억류되면서 철저한 반공주의자가 된다. "공산주의자들을 절대 믿지 말라"는 말을 그는 입버릇처럼 했다. 1925년 가을 그는 러시아 교포 항일운동가 김마리아(뮤샤)와 결혼했다.

이범석은 이후 김구 주석의 요청으로 지청천과 함께 낙양군관학교의 한인특별반 교관으로 근무하다가 중국군에 편입됐다. 1940년 초 장개석이 단장인 국민당 중앙훈련단의 중대장을 맡았고, 중국군과 협력해 항일전을 수행했다. 그는 중국어를 워낙 유창하게 해 장개석도 그를 중국인으로 알았고, 일본군 사령관과 담판을 하는 자리에 나가 술로써 일본군을 제압했다는 일화도 있다. 중국국민당 정부와 이동하면서 중경(重慶·충칭)에 도착한 이범석은 그곳에 와 있던 임시정부 요인들과 재회했다.

이범석은 김구 주석을 도와 지청천, 유동열 등과 함께 한국광복군 창건을 준비하는 실무를 맡았다. 광복군이 출범하면서 그는 참모장을 맡아 광복군의 자주성 회복에 노력했다.

이범석은 공사(公私) 구분이 엄격하기로 유명했다. 광복군 창건 당시 4살이던 5대 독자 아들이 폐렴에 걸려 사경을 헤맬 때 부인이 병원에 데리고 가겠다고 하자 이를 막았다. 그 얼마 전 부하의 어린 아들이 죽는데도 아무런 도움을 주지 못했기 때문이다. 이범석은 "부하들에 대한 양심과 동지들에 대한 신뢰로 차마 그렇게 할 수가 없다"라고 했다. 그의 아들은 이범석의 중국인 친구가 지어준 약을 먹고 소생했으나 끝내 병원에는 못 갔다고 한다.

"그는 입이 험했고, 웬만해서는 남을 존경하지 않고, 임시정부 요인들에 대해서도 바보니 주정뱅이니 쥐새끼니 하면서 신랄하게 비판하였지마는 신규식과 김좌진에 대해서만은 말이 모자라서 칭찬을 다 못한다는 태도였다…그는 음악을 좋아했고 붓글씨도 훌륭했으며 어학 재간도 뛰어나 중국어·러시아어·일본어를 유창하게 구사했다. 그런데다 OSS와 합작한 다음부터는 또 영어공부에 열중하였다. 그는 술, 담배와 차를 남달리 즐겼으며 중국요리 만드는 솜씨도 일류였다…여성들과의 로맨스를 하나도

이범석 장군은 OSS와 함께 국내진공 계획을 세웠다. (맨 앞줄 가운데가 이범석 장군)

감추지 않고 모두 나에게 말해주었다…나는 철기의 일생이야말로 전쟁(war)과 술(wine)과 여인(woman)으로 수놓은 '3W'의 전형으로 느꼈다….”(김준엽의 〈장정〉 중에서)

이범석은 광복군 시절 항상 서랍에 시집을 넣어두고 시를 애송했으며 직접 소설을 쓰기도 했다. 자전 소설 〈북극 풍경화〉는 대만에서 영화로 제작되기도 했다. 또 베토벤, 드뷔시, 차이코프스키의 음악과 독일 가곡을 좋아했고 승마를 즐겼다.

이범석은 무엇보다도 호탕하고 씩씩한 무인이었다. 그의 부관을 지냈던 김준엽 선생은 “김학규, 이청천, 유동열, 조성환, 황학수, 김원봉, 최용덕 장군 등 왜군과 싸운 군인투사들을 많이 만나 보았지만 정말로 군인다운 군인은 철기뿐인 것 같았다”라고 회상했다.

이범석은 미군과의 공조로 광복군을 훈련시켜 국내로 진입시키는 국내 진공작전을 추진했다. 하지만 일본의 조기 항복으로 작전이 무산되자 선발대 격으로 미리 국내에 들어갈 국내정진대를 결성한 뒤 스스로 대장을 맡았다. 국내정진대의 일원으로 이범석과 함께 여의도에 착륙했던 장준하는 "'제군들의 죽을 자리를 내가 마련해 주겠다'는 철기의 연설은 광복군 훈련생들의 힘을 솟구치게 했고 모두 감격의 눈물을 떨구었다"라고 회고했다. 이범석은 미군과 함께 8월 18일 여의도에 착륙했지만 일본군의 저항과 미군의 회군명령으로 중국에 되돌아갈 수밖에 없었다.

중국OSS 책임자 홀리웰 대령은 이범석에게 보낸 편지에서 "전쟁이 몇 달 더 지속되었더라면 우리의 공동 노력은 적의 패배와 한반도의 해방에 상당히 기여하였을 것이라고 확신한다"라고 말했다.

이범석은 광복 후 환국해 미군정의 지원 아래 우익청년단인 조선민족청년단(족청)을 창설했다. 족청은 100만 명의 회원을 거느리는 거대 조직으로 성장, 그의 정치적 기반이 됐다. 그는 대한민국정부의 초대 총리와 초대 국방장관, 주중대사를 지냈다. 부통령에 2번 출마했으나 모두 패하였다.

"윤봉길 핏값으로 옷을 사?"…'임정 어머니' 곽 여사의 분노

곽낙원 (황해도, 1859년 2월 26일 ~ 1939년 4월 26일)

백범 김구의 어머니이다. 아들 김구에게 천자문을 가르치고 동몽선습과 사서삼경 등을 읽히는 등 아들 교육에 헌신적으로 노력하였다. 명성황후 시해 사건에 격분한 김구가 치하포에서 일본인을 살해한 혐의로 체포되어 인천형무소 등지로 전전할 때, 매일같이 면회를 가 아들을 격려했다. 김구가 탈옥하자 남편과 같이 체포되어 인천형무소에 3개월간 투옥되기도 했다. 1910년 일제에 국권이 빼앗기고 남편의 죽음으로 집안 형편이 어려워지자 삯바느질과 가정부 일을 하였다. 대한민국임시정부가 있는 상해로 아들을 따라 갔다가 며느리가 작고한 뒤 귀국하였다. 1934년 다시 중국으로 가서 아들 김구의 독립투쟁을 격려하였다. 주위에서 마련한 생일축하 비용을 전액 무기구입 자금으로 돌렸으며 찬거리를 줄여 군자금으로 충당하기도 하였다. 82세를 일기로 중국 사천성에서 별세하였다.

07

"나는 일본 놈들이 빨리 망하라고 기도한다"

-곽낙원-

1920년대 초, 중국 상해 영경방(융칭팡·永慶坊) 10호 골목 뒤와 인근 시장통의 쓰레기장. 한 작달막한 60대 노파가 밤이 되면 이 쓰레기장들을 뒤졌다. 노파가 수집하는 물건은 배추껍질 등 중국 사람들이 먹고 버린 채소였다. 노파는 쓰레기장에서 모은 채소로 소금에 절인 음식을 만들거나 시래깃국처럼 끓여 죽을 만들었다. 이 음식은 대한민국임시정부 요인들의 식탁에 올랐다. 상해 임정은 당시 자금이 바닥나 백범 김구 등 요인들은 굶기를 밥 먹듯 했다. 이들의 배를 채워주기 위해 쓰레기통을 뒤진 사람은 백범의 어머니 곽낙원(郭樂園·1859~1939) 여사였다. 곽 여사가 해가 떨어진 밤에 '활동'한 것은 중국인 등 외국인들의 눈에 띄지 않기 위해서였다.

후에 백범은 일지에 "(어머니가 귀국하신 뒤) 나는 인이를 데

김구와 어머니 곽낙원 여사

리고 여반로(呂班路) 단층집을 세내어 석오 이동녕 선생과 윤기섭, 조완구 등 몇 분 동지들과 같이 살며 어머님께서 담가주신 우거지김치를 오래 두고 먹었다"라고 적었다.

곽 여사는 한국독립의 영웅 백범을 낳아 가르쳤고 '임시정부의 어머니'로 불린 우리 독립운동사의 또 다른 영웅이었다. 곽 여사는 배운 것 없는 조선말의 전형적인 시골 아낙이었으나 애국심과 민족의식은 누구보다도 강했다.

백범과 임정 요인들이 일제의 추적을 피해 남경(南京·난징)에서 생활할 때였다. 곽 여사의 생일을 앞두고 임정 요인들과 청년단 단원들이 생일상을 차릴 돈을 모으고 있었다. 이를 눈치 챈 곽 여사는 모은 돈을 갖고 있던 엄항섭 선생을 불러 돈을 달라고 했다. 그 돈으로 먹고 싶은 것을 직접 만들어 먹겠다는 것이었다. 생일날, 곽 여사는 임정 요인과 청년들을 자기 셋방으로 초대한 뒤 식탁 위에 물건을 싼 보자기를 내놓았다. 보자기 안에는 권총 두 자루가 들어 있었다. 여사는 "독립운동하는 사람들이 생일은 무슨 생일인가"라고 꾸짖은 뒤 "이 총으로 왜놈을 한 놈이라도 더 죽여라"고 말했다. 여사는 받은 돈으로 총을 산 것이다.

이에 앞서 여사가 가흥(嘉興·자싱)에서 생일을 맞을 때도 임정 요인 부인들이 옷을 선물했다가 혼쭐이 났다. 여사는 "난 평생

비단을 몸에 걸쳐 본 일이 없네. 우리가 지금 이나마 밥술이라도 넘기고 있는 것은 온전히 윤봉길 의사의 핏값이야! 윤 의사 피 팔아서 옷 사 입을 수 있나!"라고 호통쳤다. 당시 윤봉길 의사의 홍구공원 의거로 외부의 자금지원이 적지 않을 때였는데 여사는 옷 산 돈을 윤 의사의 핏값으로 비유한 것이다. 여사는 급기야 선물을 모두 밖으로 집어던졌다고 한다. 그 무렵 한 젊은 임정 인사가 "돼지고기라도 좀 사서 구워 먹었으면…" 하면서 입맛을 다시자 여사는 "동지의 핏값으로 고기를 구워 먹자니 독립군 자격이 없는 놈이다. 종아리를 걷어라!"라며 회초리를 들었다. 실제로 이 인사는 종아리에 피가 나도록 맞았다고 한다.

종아리를 맞은 것은 백범도 마찬가지다. 한번은 백범의 제자였던 나석주 의사가 상해에서 백범과 함께 지낼 때 백범 생일날 자신의 옷을 저당 잡혀 고기와 반찬거리를 사왔다. 나 의사가 동양척식회사에 폭탄을 던지고 자결하기 직전의 일이다. 곽 여사는 이때도 백범의 종아리를 쳤다. 생일 같은 사소한 일을 알려 동지의 옷을 저당잡히게 했다는 질책이었다.

백범은 윤봉길 의거 직후 상해 부근 가흥(嘉興·자싱)으로 피신한 뒤 일제의 눈의 피하기 위해 젊은 중국 여자 뱃사공과 은거했다. 한때 백범과 의열투쟁을 같이 한 정화암은 이와 관련, "백범이 오죽해야 자기가 비록 잠시라도 중국 여자를 데리고 사는 것을 어머님께 말씀드리지 못했겠습니까. 그 호랑이 같은 어머님한테 큰일이 나지요. 그러니까 절대로 말 안했지요"라고 회고했다.

백범은 나이 50이 넘어서도 어머니에게 종아리를 맞다가 군관학교를 설립하고 청년들을 가르치는 신분이 됐을 때에야 어머니의 '회초리 훈도'에서 벗어날 수 있었다. 남의 스승이 됐으니 이제 체면을 세워주겠다며 여사가 회초리를 거두어들인 것이다.

1938년 장사(長沙·창사)에서 백범이 조선혁명당 당원 이운한(李雲漢)의 총격을 받아 죽다가 살아났을 때도 여사에게 야단을 맞았다. "죽으려면 왜놈 총에 맞아 죽어야지 뭘 잘못했기에 동포 총에 맞았느냐"는 꾸지람이었다. 임정의 어른이었던 이동녕 선생과 이시영 선생도 여사 앞에서는 꼼짝을 못했다. 이들이 젊은 사람들 일에 잔소리를 하면 "영감들, 그만 입 다물고 나가시오. 뭣 때문에 이러쿵저러쿵 간섭을 하는 거요"라며 면박을 주었다.

여사는 배포가 아들 백범 못지 않았다. 여사는 1924년 며느리 최준례 여사가 상해에서 산후조리 중 숨지자 어린 손자를 데리고 황해도 고향으로 돌아갔다. 손자들이 먹지를 못해 영양실조에 걸린 데다 아들의 독립운동에 지장을 주지 않기 위해서였다. 이후 손자들이 어느 정도 성장하자 여사는 중국으로 다시 가려고 했으나 조선총독부가 출국 허가를 내주지 않았다. 이에 여사는 젊은 남성도 하기 힘든 대담한 탈출극을 벌인다.

일제 경찰들이 집을 못 떠나도록 감시하자 곽 여사는 집을 떠나지 않는다는 것을 과시하기 위해 목수를 불러 집을 수리하고 가재도구를 새로 마련했다. 경찰이 물어도 "그렇게 말썽 많은 길은 떠나지 않는다"라며 안심시켰다. 이후 몇 달이 지나 경찰의 경계가 느슨해지자 여사는 동생을 만나러 간다고 해놓고선 두 손자를 데리고 평양을 거쳐 중국으로 빠져나갔다. 곳곳의 검문 검색을 피해가며 말도 안 통하는 중국 땅 수만 리 길을 헤쳐 나가 마침내 가흥에 도착, 백범과 9년 만에 상봉한다. 이때 여사의 나이가 75세였다.

곽 여사 일행의 극적인 탈출에 대해 신용하 서울대 명예교수는 "여사의 치밀하고 정확한 판단과 여걸다운 담대한 행동으로 일제의 철통같은 감시망을 뚫고 고향을 탈출해 중국 망명에 성공했다"라며 높이 평가했다. 일제의 조선통치사료엔 당시 곽 여사의 탈출로 조선총독부 경무국이 발칵 뒤집혔고 일제는 중국 내 상해·천진·청도영사관 등에 곽 여사를 잡아들이라는 지시를 내렸다고 적혀 있다.

여사는 1859년 황해도 장연의 평범한 농민의 딸로 태어나 14세에 해주의 농촌 청년 김순영에게 시집갔다. 여사는 17세에 1주일 진통을 겪은 뒤 외아들 백범을 낳았다. 집안이 극도로 가난해 낮에는 품삯 농사일, 밤에는 품삯 바느질을 해 생계를 꾸려갔다. 집이 얼마나 가난했던지 백범은 후에 "옷을 해입지 못하고 14살이 될 때까지 바지를 입지 못한 채…할아버지의 커다란 저고리를 저고리 겸 바지 겸 외투로 입고 다녔다"라고 회상했다. 그런 상황에서도 여사는 백범을 서당에 보냈다.

그러던 어느 날 남편이 뇌일혈로 쓰러져 전신불수가 됐다. 간절한 병구완 끝에 반신불수로 회복됐지만 여사는 여기에 만족하지 않고 집과 가재도구를 팔아 여비를 마련한 뒤 남편을 데리고 전국을 돌며 명의를 찾아다녔다. 남편을 살리겠다는 여사의 굳은 의지는 수년 뒤 결국 남편의 건강을 회복시킨다. 아무나 할 수 있는 일이 아니었다.

백범이 안악군 치하포(鴟崖浦)에서 일본인을 살해하고 감옥에 갇혀 사형집행을 기다리고 있을 때 여사는 아들이 수감된 인천으로 따라간다. 인천항 물상객주 집을 찾아가 바느질과 밥 짓는 일을 해주며 그 대가로 감옥에 매일 사식(私食)을 넣는 등 정성을 다해 옥바라지를 했다. 백범은 후에 고종의 명령으로 사형집행이 정지되지만 당시 언제 죽을지 모르는 아들을 생각하며 옥바라지를 한 여사의 심정엔 찢어지는 아픔이 있었을 것이다.

백범이 1910년 105인 사건으로 일제에 다시 체포돼 서울 감옥에 갇혔을 때 여사는 아들에게 "애야! 나는 네가 경기감사를 한 것보다 더 기쁘게 생각한다"라며 아들을 격려했다. 백범은〈백범일지〉에서 "우리 어머니는 참말 갸륵하셨다! 17년 징역을 받은 아들을 대할 때에 어쩌면 저렇게 태연하실 수가 있었으랴. 그러나 면회를 마치고 돌아가실 때에는 눈물이 앞을 가려서 발부리가 아니 보이셨을 것이다"라고 당시를 회상했다. 여사는 인천과 서울에서 아들 옥바라지를 하면서 본인 스스로 항일투사로 변해갔다.

손자 김신의 기억에도 할머니의 항일의식은 대단했다. 그는 할머니와 고향에 돌아와 어린 시절을 보낼 때를 회상하며 다음과 같이 말했다. "일본 경축일에는 집집마다 일장기를 달아야 했다. 그러나 우리 집은 달지 않았다. 일본 경찰이 '다른 집은 다 국기를 달잖아요? 할머님도 달아야 합니다'라며 닦달을 했다. 한두 번도 아니고 계속 그렇게 와서 괴롭히니 어느 날 할머니가 나에게 말씀하셨다. '너 신문지에다가 먹으로 동그랗게 해가지고 대문에 붙여라.' 일본 경찰이 그걸 보고는 자신들이 직접 일장기를 가져와 달아놓았다." 여사는 독실한 기독교 신자였다. 어느 날 손자가 "할머니는 어떤 기도를 하세요"라고 묻자 "일본 놈들이 빨리 망해서 우리나라가 독립할 수 있도록 도와달라고 기도한다"라고 대답했다.

곽 여사는 손자의 교육에도 남달랐다. 김신이 학교에서 무슨 일로 종아리를 맞고 오면 선생에게 항의하는 것이 아니라 오히려 "병신 안 될 정도로만 때려서라도 우리 애들 사람 좀 만들어달라"고 신신당부했다. 이 때문에 김신은 학교에서 다른 아이들이 한 대 맞을 일로 두세 대씩 맞았다고 한다.

인천대공원과 서울의 백범김구기념관에 곽낙원 여사의 동상이 있다. 밥그릇을 든 비루한 행색이다. 이 동상은 백범이 치하포 사건으로 인천감옥에 갇혔을 때 여사가 힘든 일을 하고 얻은 찬밥을 들고 아들 면회를 가는 모습이다. 동상은 키가 작고 얼굴도 볼품이 없다. 중국에서 여사와 같이 생활했던 정정화 여사는 "백범의 어머님은 키가 유난히 작았다. 게다가 얼굴이 빡빡 얽어서 언뜻 보기에는 세상에 못나기로 그렇게 못난 여자가 없을 듯 싶었다"라고 회고했다. 하지만 "평상시에 한마디씩 건네주는 말 속에, 때로는 눈물이 찔끔거리도록 매섭게 꾸짖는 말 속에 그분의 소박하되 의기 서린 인품이 고스란히 배어나오곤 했다. 곽 여사는 쉬운 한글 몇 자와 아라비아 숫자만 읽을 정도로 배운 것이 없었지만 많은 교육을 받은 어느 지식인 못지않게 침착하고 대범하고 경우가 밝은 분이었다"라며 곽 여사의 기상과 인품을 높이 평가했다.

1939년 4월 24일 중경(重慶·충칭). 여사는 아들 백범을 불렀다. 살 날이 며칠 남지 않았다는 것을 알고 있었다. "창수(백범의 본명)야! 네가 열심히 노력해서 하루라도 빨리 나라의 독립을 실현해다오. 에미는 그날을 볼 수 없겠지만 네가 성공해서 돌아가는 날 나와 아이들 어미(최준례 여사)의 유골을 갖고 돌아가 고국 땅에 묻어다오." 여사는 이틀 뒤 파란만장한 80생애를 마감했다. 백범은 "이 불효자 때문에 어머니가 평생 고생만 하시다 이렇게 돌아가셨다"라며 땅을 치고 통곡했다. 여사의 유해는 중경 인근 화상산(和尙山)에 묻혔다가 광복 후 1948년 손자 김신의 손에 의해 한국으로 반장됐다.

"동성연애하나?"…절친 '임정 지킴이' 이시영과 이동녕

이시영 (서울, 1869년 12월 3일 ~ 1953년 4월 17일)

본관은 경주이고 호는 성재(省齋)·시림산인(始林山人). 1910년 일본에 국권을 빼앗기자 만주로 망명하여 유하현에서 신흥강습소를 설립, 독립군 양성에 힘쓰다가 1919년 4월 상해에 수립된 임시정부에서 법무총장·재무총장을 맡았다. 1929년에는 한국독립당 창당에 참가하여 초대 감찰위원장에 선출되었고, 1933년 임시정부 직제 개정 때 국무위원 겸 법무위원이 되어 독립운동을 계속하다가 1945년 8·15광복과 더불어 환국했다.

그 뒤 대한독립촉성회 위원장으로 활약하다가 1948년 대한민국정부가 수립된 뒤 제헌국회에서 초대 부통령에 당선되었다. 새로운 국가 건설을 위해 헌신하다가 정국이 혼란해지자 국회에 〈국민에게 고한다〉라는 성명서를 전하고 부통령직을 사임했다. 이후 한동안 정계를 떠나 있다가 1952년 5월 민주국민당의 거듭된 요청으로 제2대 대통령 선거에 출마했으나 10.9%의 득표로 이승만(74.6%)·조봉암(11.4%)에 이어 3위로 낙선하였다. 1953년 피란지인 부산에서 노환으로 별세하였다.

08

"대신(大臣)으로서 결사 반대하고 국시(國是)를 엄수하라"

-이시영-

성재(省齋) 이시영(李始榮·1869~1953)과 석오(石吾) 이동녕(李東寧·1869~1940)은 이름이 비슷한 것 외에도 비슷한 점이 많다.

모두 1869년 생으로 나이가 같았고 상해의 대한민국임시정부에 초기부터 합류해 요직을 맡으며 임정의 지도자이자 원로 역할을 했다. 많은 독립지사들이 임정을 '드나들었지만' 성재와 석오는 시종일관 임정을 떠나지 않았다. 특히 1920년대부터 두 원로는 백범 김구를 중심으로 힘을 합쳐 다 쓰러져가는 임정의 버팀목 역할을 해냈다. 초기 상해 임정의 삼두마차는 대통령 이승만과 국무총리 이동휘(李東輝), 노동국총판 안창호였으나 1920년대를 거치면서 임정이 명맥을 유지할 수 있었던 것은 김구, 이동녕, 이시영 세 사람에 힘입은 바 크다.

성재와 석오는 만주로 망명할 때도 안동 유림인 석주 이상룡(李相龍) 집안과 협의해 함께 망명을 결심한다. 성재의 비서였던 박창화(朴昌和) 선생의 〈이시영 소전〉에는 망명을 떠날 때의 모습을 다음과 같이 적고 있다. "음력 12월 경에 가족 50~60명을 6, 7대로 분산 편성하여 각각 남대문, 용산과 장단(長湍) 등 여러 곳에서 차례로 차를 타도록 했다. 선생은 마지막으로 남대문을 나설 때 다짐하였다. '내가 이 문을 나선 시각으로부터 별별 고초와 역경을 당하더라도 하늘을 원망하거나 사람을 탓하지(怨天尤人) 아니 하리라.'" 성재는 형 우당 이회영(李會榮), 이동녕, 이상룡 등과 함께 만주 길림성(吉林省·지린성)에 신흥(新興)강습소를 설립하고 운영했다. 후에 신흥무관학교가 되는 이 학교는 1920년 폐교될 때까지 졸업생 3,500여 명을 배출했다. 이 학교 졸업생들은 홍범도 장군의 봉오동전투와 김좌진 장군의 청산리전투에 참가해 항일투쟁사에 굵은 획을 그었고, 1940년 임시정부가 창건한 한국광복군의 주력이 된다.

　　성재와 석오는 1919년 상해 임시정부가 출범할 때부터 임정에 동참했다. 성재는 임정 초대 법무총장을, 석오는 임시의정원 초대 의장을 맡았다. 백범은 임정의 큰 일을 결정할 때 항상 두 선배의 의견을 미리 물어봤다. 성재의 손녀 이재원 씨는 두 사람의 관계에 대해 "두 분이 키와 외모도 비슷하고 성격이나 생각도 비슷해서 얘기가 가장 잘 통하고 제일 친했다고 들었다. 늘 붙어 다니셔서 당시 두 분이 동성연애한다는 말까지 나왔을 정도라고 한다"라고 전했다.

성재는 소위 '삼한갑족(三韓甲族)'의 후손이다. 삼한갑족이란 사전적 의미로 '신라, 고려, 조선 등 세 왕조를 거치면서 꾸준히 유지돼온 명문세가'를 일컫는다. 성재는 조선조 영의정을 지낸 백사 이항복의 11대 후손인데 조상 중 고관들이 무수히 많았다. 백사의 증손자들은 2명이 증(추증)영의정, 고손자들은 영의정과 증영의정, 고손자의 아들 현손자들도 영의정과 증영의정, 그들의 아랫대도 좌의정을 지냈다. 성재의 부친 이유승도 고종 때 이조판서를 지낸 고관이었고, 성재의 장인은 갑오경장을 이끈 풍운의 개혁가 김홍집이었다.

이시영은 16세 약관의 나이에 사마시(司馬試)에 급제해 벼슬길에 나선다. 부승지와 우승지를 거쳐 궁내부 수석 참의가 됐다. 하지만 1896년 장인 김홍집이 이끌던 내각이 붕괴되면서 장인이 광화문 앞에서 군중들에게 타살되자 관직에서 물러났다. 이시영을 아꼈던 고종은 1905년 이시영을 다시 외부(외교부) 교섭국장으로 임명한다.

당시 러·일전쟁에서 승리한 일본은 대한제국과 조약을 체결해 합법적으로 조선 땅을 지배하려 하였다. 1905년 1월 이토 히로부미는 일본의 특별대사로 고종을 만나 조약체결을 요구했다. 이때 을사오적의 한 명인 외부대신 박제순이 일본영사관으로부터 조약 초안을 받아오자 성재가 격분했다. 그는 "이 조약은 우리 국가의 주권을 없애는 것이며 망국멸족의 장본이라. 큰 재앙이 닥쳐올 것이니 외부대신으로서 마땅히 결사적으로 이를 반대하고 국시(國是)를 엄수하여야 될 것이다. 만약 일시적으로 자신의 이해관계를 고려하여 국가대사를 그르친다면 이는 만세 죄역(萬世罪逆)이 될 것이다"라고 준엄히 경고했다.

하지만 11월 17일 박제순이 결국 을사늑약에 조인하자 성재는 이튿날 바로 사표를 던졌다. 선생은 당시 자신의 조카와 박제순의 딸이 약혼해 있었는데 이도 파약했다. 이후 동료들과 고종에게 상소를 올리고 덕수궁 앞에 무릎을 꿇고 하명을 기다리다 일본 군인들에게 끌려나왔다. 하지만 성재는 완전히 관직을 떠나지는 않았다. 1906년부터 평남관찰사와 한성재판소장, 법부 민사국장 등 관직에 계속 머물렀다. 관직에 있으면서 항일동지들을 규합하는 것이 일제의 눈을 피하기 좋았기 때문이다. 이때 교류한 동지들이 전덕기, 이승훈, 안창호 등이었는데 석오 이동녕도 이미 긴밀한 동지였다.

성재 이시영 집안은 삼한갑족에 그치지 않고 일제 침략이라는 국난을 맞아 '노블레스 오블리주(지도층의 사회적 책무)'를 실천한 가문으로 더 유명하다. 성재의 남자 형제는 성재를 포함해 모두 6명이었는데 1910년 일제에 나라가 망하자 6형제가 모두 독립운동을 하기 위해 만주로 망명한다. 형제들은 전 재산을 처분해 현재 가치로 약 600억 원의 큰 자금을 마련한 뒤 가족 60여 명을 이끌고 12월 북풍한설을 헤치며 '독립대장정'을 떠난다.

만주에 도착한 성재는 형 이회영의 자금 지원으로 유하현(柳

河縣)에 신흥강습소를 설립해 독립군을 양성했다. 이후 이 학교 출신들이 대거 만주독립운동의 간부들로 성장하자 일본 언론은 성재를 가리켜 '동삼성(東三省)의 무관왕(無冠王)', '강도의 두령'이라 불렀다. 선생의 두 번째 부인 박씨는 만주 망명 후 신흥학교 식솔들을 뒷바라지하느라 온갖 고초를 겪다가 1916년 세상을 떴다. 이후 선생이 봉천(奉天·현재의 심양)에 머물 때 혼자 생활하는 것을 안타깝게 여긴 청년 동지들이 한 여인을 소개해 이사를 오게 했으나 선생은 그 여인과 칸막이 하나를 격해 약 5일을 지내면서도 끝내 그 여인을 받아들이지 않았다. 여인은 울면서 소동을 피운 뒤 떠났다고 한다.

성재는 1919년 4월 갓 수립된 상해 임시정부의 법무총장과 재무총장을 차례로 맡았다. 임정 출범 초기 국무위원은 사실상 성재 혼자였다. 이승만과 안창호는 미주에, 김규식은 파리강화회의에, 이동휘는 러시아에 가 있었고 신규식은 투병 중이었다. 정부를 성재 혼자 떠받치고 있었던 셈이다.

그는 합리적이되 엄정했다. 임정의 재정을 책임지는 재무총장으로 있을 때 허리에 전대를 차고는 허름한 여관에서 칼잠을 자곤 했다. 숙박비를 한 푼이라도 아끼기 위해서였다고 한다. 성재는 상해에서 오랫동안 독신생활을 했다. 그는 수년간 재무총장으로 있으면서 임시정부의 경비를 조달하느라 말할 수 없는 고충을 겪었다. 때로 국내에 청년 지사를 밀파해 자금을 모으다가 인명이 희생되면 속으로 피눈물을 흘렸다. 이상룡 선생의 손

1950년 10월 24일 유엔의 날 기념식에서 만세삼창을 하고 있는 이시영 부통령

자며느리이자 의병장 허위(許蔿) 선생의 집안 손녀인 허은(許銀) 여사는 성재에 대해 "똑똑할뿐더러 곧고 강직한 성격에 오로지 구국일념에만 차 있던 분이었다"라고 회고했다. 성재는 고집도 대단했다. 고종조차도 "성재의 고집은 꺾을 사람이 없다. 이런 귀한 인재를 만난 것은 짐의 행운이다"라고 말한 적이 있다.

선생은 임정이 일제의 탄압을 피해 상해를 떠나 중국 7개 도시를 떠도는 동안 임정 곁을 떠나지 않았다. 그의 형 우당 이회영도 임정이 출범할 때 임시국회 격인 임시의정원에 가담했으나 "정부라는 행정적인 조직은 권력 분규를 몰고 올 수밖에 없다"며 임정을 거부하고 북경으로 가버렸다. 그는 정부 대신 각지의 독립운동 세력을 연락하고 조정하는 자유연합적 독립운동 지도부를 구성하자고 제안했으나 받아들여지지 않은 것이다. 이 문제를 놓고 우당은 동생 성재, 평생 동지 이동녕 등과 밤늦도록 책상을 치며 격론을 벌였으나 뜻을 합치지 못했다. 우당은 그후 러시아 볼셰비즘에도 실망한 뒤 아나키즘(무정부주의) 이념을 받아들이고 무장·의열투쟁을 추구하면서 동생과는 끝까지 다른 길을 걷게 된다. 함께 죽음을 맹세하고 독립운동에 나섰던 형제가 이념의 차이로 이렇게 갈라지다니, 이념이 무엇인가.

성재는 1929년 한국독립당 창당에 참가하여 초대 감찰위원장에 선출되었고, 1933년 임정 직제 개정 때 국무위원 겸 법무위원이 되었다. 이후 1945년 광복과 함께 환국하였다. 그의 형제 6명 중 광복 후 환국한 사람은 다섯째인 성재 한 사람뿐이었다. 맏형 이건영은 1940년에 사망했고, 둘째 이석영은 1934년 상해에서 굶어죽었으며, 셋째 이철영은 1925년 병사했고, 넷째 이회영은 1932년 여순감옥에서 순국했으며, 여섯째 이호영은 항일비밀결사 다물단(多勿團) 단원으로서 만주에서 독립투쟁을 하다 1933년 일제에 의해 부부와 자식들이 모두 살해되었다. 조국독립을 위해 모든 것을 헌신한 노블레스 오블리주 실천 가문의 전형이었다.

성재는 환국한 뒤 대한민국정부 수립 때 이승만 대통령과 함께 출마해 초대 부통령이 되었다. 하지만 국정 혼란과 부패상을 탄식하며 부통령직을 자진 사퇴했다. 조선왕조 고관, 대한제국 고관, 임시정부 요인, 대한민국 부통령 등 네 시대를 거치며 주된 역할을 한 인물은 성재 한 사람뿐이었다.

이동녕 (충남 천안, 1869년 2월17일 ~ 1940년 3월13일)

계몽운동가이자 언론인이자 일제강점기의 독립운동가. 1904년 제1차 한일협약 체결로 국권이 위축되자 전덕기·양기탁 등과 상동청년회를 조직하고 계몽운동을 벌였다. 1905년 을사늑약이 체결되자 늑약폐기운동을 벌이다 체포됐으며, 그해 北간도 용정으로 가 이상설·여준 등과 서전 서숙을 설립하고 교포 교육에 힘썼다.

1907년 귀국 후에는 안창호·김구 등과 신민회를 조직하고, 청년학우회 총무로 활약했다. 1910 년에는 신흥강습소를 설립하고 1911년 블라디보스토크에서 권업회를 조직했다. 또 대동신문과 해조신문을 발행했다. 1919년부터 임시정부에 참여하여 의정원 의장과 내무총장, 국무총리서리 를 역임했다. 파벌싸움으로 임시정부가 위기에 놓이자 안창호, 여운형 등과 시사책진회를 조직하 여 단결을 도모했다. 1924년 재차 국무총리가 되어 군무총장을 겸직하고 이어 대통령대리가 되 었으며 1926년 국무령, 1927년 주석이 되었다. 1929년에는 김구 등과 한국독립당을 창당하고 1935년에는 한국국민당을 조직했다. 김구와 전시내각을 구성하며 광복을 위해 마지막까지 분투 하다가 1940년 사천성에서 별세하였다.

08-1

"우리는 이제 민주공화국의 자유국민이 됐습니다"
-이동녕-

        석오 이동녕 선생은 대한민국임시정부 탄생의
핵심 산파였다. 1919년 4월 11일 상해 프랑스 조계의 김신부
로 22호. 자그마한 50세 중년 남성이 눈물 속에 떨리는 목소리
로 선언했다. "친애하는 애국동지 여러분, 지금부터 우리나라는
고종·순종이 최고지도자였던 대한제국에서 우리 같은 '국민'이
나라의 주인이 되는 '대한민국'이 탄생하는 순간입니다. 우리는
이제 제국의 신민이 아니고 민주공화국의 자유국민이 되는 것입
니다…우리 국민이 나라의 주인이고 모든 권력은 국민의 마음속
으로부터 울려 퍼져 나오게 되어 있습니다." 제1회 대한민국임
시의정원 회의에서 의장(국회의장 격)으로 선출된 석오 이동녕
선생이었다. 석오는 이틀 뒤인 13일 오전 역사적인 대한민국임
시정부 수립을 공식 선포하였다.

이동녕 선생은 충남 천안에서 의성군수 등을 지낸 교육자 이병옥의 장남으로 태어났다. 일찍부터 개화사상과 사회현실에 눈을 떠 20세 때 독립협회에 참여했으며 1905년 을사늑약이 체결되자 이상설 등과 함께 만주 용정(龍井)촌으로 망명해 서전서숙(瑞甸書塾)을 설립, 청년인재를 양성했다. 1907년에 귀국해 안창호, 양기탁 등과 함께 항일비밀결사인 신민회를 조직한 뒤 1910년 다시 만주로 망명해 이시영 등과 신흥무관학교를 설립하고 초대 교장을 맡았다. 1919년 상해 임시정부 수립에 참여하면서부터 1940년 중국 사천성에서 숨질 때까지 평생을 임정과 함께했다.

석오는 임정의 원로로서 후배 독립운동가들을 두루 보살폈지만 특히 백범 김구의 강력한 후원자이자 대부 역할을 했다. 백범은 사실상 석오가 발탁한 사람이다. 1907년 백범이 서울에서 신민회에 가입하려 할 때 어렵사리 가입시켜준 사람도 석오였다. 당시 신민회 동지들이 석오에게 "김구는 인상이 좋지 않으니 가입을 재고해보시라"고 하자 석오는 "사람을 어떻게 겉으로만 평가하는가. 그는 쓸 만한 인재요. 내가 책임질 테니 이 회에 넣어봅시다"라고 우겼다. 그런 인연 때문에 백범이 상해에 망명해 가장 먼저 찾은 사람이 석오였다. 백범이 상해에 도착한 날은 석오가 임정의 출범을 공식 선언한 바로 그날, 4월 13일이었다. 백범은 석오의 주선으로 즉시 의정원 의원이 되었고 9명의 내무위원 중 한 명으로 뽑혔다.

1935년 가흥 피난 시기의 임정 국무위원들. 이들은 진강으로 옮겨 가 제4차 내각을 구성했다. 앞줄 왼쪽부터 조완구·이동녕·이시영, 뒷줄 왼쪽부터 송병조·김구·조성환·차리석

　백범은 자서전 〈백범일지〉에 다음과 같이 썼다. "내가 선생을 처음 만난 것은 30여 년 전의 일이다. 을사늑약 때 경성의 상동(尙洞) 예수교단에서 상봉하여 같이 상소운동에 참가하였다…그 후 기미년 상해에서 또다시 상봉하여 20여 년 고초도 같이 겪고 사업도 함께 해오면서 한마음 한뜻으로 지냈다. 선생은 재덕이 출중하나 일생을 자기만 못한 동지를 도와서 선두에 내세우고, 스스로는 남의 부족을 보충하고 고쳐 인도하는 일이 일생의 미덕이었다. 최후의 한 순간까지 선생의 애호를 받은 사람은 오직

나 한 사람이었다." 백범이 가장 존경한 선배가 석오였고, 석오는 임정에 내분이 있을 때마다 늘 백범 편에 섰다.

석오는 임시정부가 계파 분열을 돌파할 수 있는 국무령 감을 구하지 못하자 자신보다 일곱 살이나 어린 백범을 국무령으로 추대하였다. 백범은 자신의 출신이 미천하고 능력이 부족하다는 이유로 사양했지만 석오는 재삼 권유해 그를 국무령에 취임시켰다. 백범은 석오에 비해 집안배경은 물론이고 학식이나 항일경력 면에서도 크게 못 미쳤지만 석오는 백범을 앞세우고 자신은 뒤로 물러났다. 이후 백범은 임정에 무슨 큰 일이 있을 때면 꼭 석오를 먼저 찾아가 상의했다. 이봉창·윤봉길 의거도 사실은 두 사람이 긴밀히 협의해 추진한 거사다. 당시 임정 주석이 석오였다. 독립지사 이강훈은 "임시정부의 국맥을 이어온 사람은 이동녕과 김구"라며 "이동녕 선생이나 이시영 선생한테는 지방 파벌 소리를 못 들었다. 큰 그릇이었다. 민족정신이 뛰어났다"라고 말했다.

아나키스트 항일지사 정화암도 석오를 대단히 높이 평가했다. "그 어른은 머리가 굉장히 좋았습니다. 임정에서는 일을 늘 그 어른이 중심이 되어 꾸몄어요. 백범도 그 어른 앞에 가면 그 어른이 시키는 대로 했습니다. 윤기섭과 조완구와 이시영도 그 어른의 의사를 존중했습니다. 그분이 모사와 외교에 능해 그분 손에서 이루어진 것이 많은데 세상이 그걸 잘 모릅니다. 백범을 보고 욕하고 이시영을 보고 욕하고 조완구를 보고 욕해도 이동녕

을 보고 욕하는 사람은 없었어요."(이정식의 〈혁명가들의 항일 회상〉 중에서)

선생은 1929년 백범 등과 한국독립당을 창당해 이사장에 선출됐고, 같은 해 재차 의정원 의장이 되었으며, 임시정부 주석을 계속 역임하였다. 1935년엔 한국국민당을 조직해 당수가 되었다. 1937년 중·일전쟁이 일어나자 한국광복진선(陣線)에 가담한 데 이어 1939년 백범과 전시내각을 구성, 광복을 위하여 힘쓰다가 이듬해 사천성(四川省) 기강(綦江·치장)에서 별세하였다.

백범의 회고처럼 석오는 대단히 겸손한 사람이었다. 24세 때 진사과에 급제했을 때 지은 호(號) '석오(石吾)'도 '스스로를 돌로 생각한다'라는 겸손의 뜻이다. '임정의 며느리' 정정화 여사는 선생을 추모하며 "석오장(石吾丈)은 나 한 개인에게뿐만 아니라 우리 임정의 큰 인물이었다. 지도자다운 지도자였다. 깔끔한 용모답게 공적인 일이든 사적인 일이든 간에 너저분한 것을 용납하지 못했고, 무슨 일을 처리하든지 공정했다. 주의나 주장이 확고하면서도 언제나 말수가 적고 청렴했기 때문에 그와 정치적으로 대립한 이들도 선생을 존경하고 흠모하기를 마다하지 않았다"라고 평가했다. 임시의정원 의원을 지낸 독립운동가 한기악(韓基岳) 선생은 잡지 〈개벽〉에 '관후장자(寬厚長子)의 이동녕씨'라는 글을 실었다. "은근하고도 심중(深重)한 태도, 강직하고도 혼후(渾厚)한 성격, 광채 있는 안광, 우렁찬 음성…고집이 대단하고 생핀잔 잘 주기로 유명하지만 통어력이 있어 한 번 본이에게는 호감을 주는 것이 특색이라 할 것이다."

석오가 눈을 감았을 때 성재는 3일간 절식하고 애도의 뜻을 표하였다. 이승만은 미국에서 "…오호라 이제 이 작고로 인하야 광복의 성공을 보지 못하게 됨은 과연 '장사영웅누만금(長使英雄淚滿襟)'이로다"라는 추도문을 보냈다. '장사영웅누만금'은 중국 시인 두보(杜甫)의 시구절로서, "길이 영웅들로 하여금 눈물로 옷깃을 적시게 한다"라는 뜻이다. 두 사람은 과거 한성감옥의 감옥 동지였다. 석오는 상해 임시정부 초대 국무총리를 선출할 때 이승만에게 불과 2표차로 졌다.

백범은 해방 후 중국에 있던 선생의 유해를 봉환해 효창공원에 안장했다. 백범은 선생의 묘소 발치 아래 자신의 묏자리로 한 자리를 남겨두었으니 그가 얼마나 선생을 추존했는지 알 수 있다. 이 묏자리엔 백범보다 1년 먼저 세상을 뜬 조성환 선생이 묻혔다. 석오 선생의 고결한 뜻은 서울 여의도 국회의사당 중앙 홀의 흉상으로 남았다. 선생은 자랑스러운 대한민국 임시의정원의 초대 의장이었다.

이완용을 개 취급한 '독립 광인(狂人)' 노백린

노백린 (황해도, 1875년 2월 15일 ～ 1926년 1월 22일)

대한제국의 군인, 계몽사상가이자 일제강점기의 독립운동가. 임시정부의 각료로 활동하며 교통
총장, 군무총장, 국무총리 등을 역임했다. 관비유학생으로 일본에 유학, 게이오의숙과 성성학교
를 거쳐 일본 육군사관학교 단기과정을 졸업했다. 그 뒤 일본군 육군 소위로 임관되고 1900년
10월 귀국하여 윤치성, 이갑, 유동열 등과 육군 참위가 된다. 1907년 일제에 의해 대한제국군이
해산되자 안창호, 윤치호 등과 신민회를 조직해 활동하였고 1910년 하와이로 건너가 박용만 등
과 국민군단을 창설하여 비행사 훈련을 했다. 3·1운동 이후 상해의 대한민국 임시의정원 의원
과 임시정부의 군무총장으로 선출되었고, 그해 9월 통합임시정부 수립 후에도 군무총장에 유임
되었다. 1920년 미국 캘리포니아에서 비행사를 양성하다 상해로 건너가 임시정부의 국무총리대
리와 국무총리를 역임했다.

09

"죽을진대 한번 독립전쟁을 하고 죽읍시다"

-노백린-

1906년 3월 일제의 초대 조선통감 이토 히로부미(伊藤博文)가 한국에 부임한 직후의 이야기다. 이토는 조선의 고관들을 초청해 큰 잔치를 열었다. 을사5적의 하나인 이완용과 친일파 송병준 등도 참석했다. 이때 30대의 한 군인이 그들 앞으로 다가가 "워리, 워리"하며 개를 부르듯 불렀다. 일제에 나라를 팔아먹은 개 같은 인간들이니 개처럼 취급한다는 조롱이었다. 이를 본 한국주차군 사령관 하세가와 요시미치가 칼을 빼들어 젊은 군인에게 덤비려 하자 젊은 군인도 지지 않고 칼을 빼 대결하려 하였다. 깜짝 놀란 이토가 하세가와를 급히 만류해 겨우 진정됐지만 잔치는 이미 흥이 깨진 뒤였다. 젊은 군인은 노백린이었다. 그는 조선총독 데라우치의 밥상 위에다 대변을 봐놓고 유유히 사라졌다는 믿기 어려운 일화도 전해진다.

대한민국임시정부의 초대 군무총장을 지낸 계원(桂園) 노백린(盧伯麟·1875~1926) 장군은 피가 뜨거운 사람이었다. 1907년 서울 시내 남대문 부근에서 시가전이 벌어졌다. 대한제국군 시위대(侍衛隊·황제호위대) 제1대대장 박승환(朴昇煥)이 일제의 군대해산 조치에 항의하며 자결하자 분노한 시위대 2개 대대가 일본군과 4시간 동안 격렬한 총격전을 벌인 것이다. 이와 관련, 훗날 조선일보에는 계원의 기질을 보여주는 다음과 같은 글이 실렸다.

'나라의 군대들이 무더기로 죽어 넘어짐을 보고서도 구할 길이 막연한 그들의 장관(행정책임자)이 되었던 뜻있는 사관들, 그의 심사와 지경이야 어찌 말해 무엇하리…눈이 빨갛게 상혈이 된 얼굴로 구리개(을지로와 명동 일대) 네거리에 서서 송장 구루마를 보고 연방 경례를 하면서 혼잣말 "용서를 하여 주시오. 언제든지 여러분의 갸륵한 희생을 위하여 일하여 주리라"하고 끓어오르는 더운 피를 가라 앉히고 있는 이, 곧 예관(倪觀) 신규식(申圭植) 씨였고, 두 다리를 쭉 뻗은 채로 털썩 드러누워 하늘을 우러러 긴 한숨을 쉬며 "오냐, 지금은 할 수 없다. 어디 두고 보자"하던 이는 곧 계원 노백린 씨 그분이셨다.'

노백린 장군은 독립운동에 투신한 뒤 놀라운 계획을 추진했다. 항공편대를 몰고 가 일제를 폭격함으로써 독립을 쟁취하겠다는 것이다. 당시 일반인은 비행기로 항일전을 펼친다는 생각은 꿈도 꾸지 못할 때였다.

월로스 비행학교 교관과 학생들

　장군의 계획은 실제로 추진됐다. 그가 미국 본토로 건너가 독립을 위한 무력전쟁이 필요하다며 '독립전쟁론'을 설파할 때, 김종림(金鐘林)이라는 교민이 비행사를 양성하자고 제의해온 것이다. 김종림은 벼농사를 지어 미국동포 최초로 백만장자가 된 사람이다.

　당시 임시정부 군무총장이던 장군은 이 제의를 받아들여 1920년 2월 미국 캘리포니아 주에 한인 비행학교인 월로스(Willows) 비행학교를 세우고 우리 비행사를 양성하기 시작했다. 영국에서 세계 최초의 독립 공군이 창설된 것이 이보다 불과 2년 전인 1918년이었으니 월로스 비행학교는 창설 자체가 대단히 선진적이었다. 이 학교는 1923년까지 총 77명의 졸업생을 배출했다. 월로스에 비행사 양성을 위한 학교를 설립할 수 있었던 것은 독립전쟁에 대한 장군의 강한 호소와 여기에 호응한 김

1920년 호놀룰루에서 이승만과 노백린

종림 등 재미 한인들의 열망이 합쳐졌기 때문이다. 김종림은 태평양전쟁이 일어나자 환갑을 앞둔 나이에도 불구하고 캘리포니아주 방위군에 입대했으며, 두 아들도 미국 해군으로서 태평양전선에 나서 일본군과 싸운 대단한 지사들이었다.

미국 현지 윌로스데일리저널은 1920년 3월 1일자에 노백린 장군의 인터뷰 기사를 실었다. "'한국인들에 의해 이곳에 설립될 비행학교는 1년 전 시작된 독립운동(3·1운동)의 연장선에 있으며, 궁극적으로는 일본과의 전쟁에 참가할 수도 있는 조종사들을 훈련시킬 목적으로 운영될 것'이라고 한국 군인이자 애국자인 파린 K. 로(Palin K. Law·노백린) 대령이 말했다….." 당시 신한민보는 사설을 통해 '공군력이야말로 근대 군사학 중에서 가장 필요한 것 중 하나이며, 현재 일제의 공군력은 미약한 편이므로 우리가 먼저 비행가를 양성하면 독립전쟁에서 승리하게 될 것'이라고 희망찬 전망을 했다.

비행사 양성학교는 미국인 교관 브라이언트와 이용선·오림하 등 한인 교관 7명, 학생 30명으로 구성돼 훈련이 진행됐다. 하지만 윌로스 비행학교는 노백린 장군이 임시정부의 업무를 수행하기 위해 상해로 돌아간 뒤 비행훈련 중 추락사고가 발생하고 자금난이 겹치는 바람에 아쉽게도 문을 닫고 말았다. 배출된 졸업생들은 후에 임시정부의 육군비행병과 만주 군벌 장작림 부대의 항공병 등으로 활약했다.

장군은 해외경험이 풍부한 독립운동가였다. 일본유학파인데다 러·일전쟁을 참관했고 중국을 여행했다. 또 하와이로 건너가 국민군단을 창설해 독립군 300여 명을 양성한 데 이어 미국 중동부와 서부를 돌며 독립정신을 고취했다. 그는 1919년 상해 임정의 첫 군무총장이 되었으나 임정으로 가서 업무를 시작한 것은 1921년 2월이었다. 상해에 도착한 장군은 한인 동포 300여 명의 뜨거운 환영을 받았다. 3·1운동 직후에 국내외에 선포된 8곳의 임시정부 중 4곳 이상이 노백린 장군을 군무 책임자로 임명한 데서 알 수 있듯, 장군의 명성은 이미 널리 알려져 있었다. 당시 임정의 기관지 독립신문은 "총장은 과연 대장군의 기상이 있어 한번 호령하매 가히 만군을 동(動)하고 한번 휘검(揮劍)하매 족히 적중(敵衆)을 멸하겠도다"라고 보도했다.

임정에서 군무를 보던 장군은 1925년 이승만 대통령이 임시의정원의 결의로 탄핵·면직된 뒤 박은식 선생이 제2대 대통령이 되자 국무총리로 임명됐다. 장군은 군무총장과 교통총장까지 겸했다. 초기 상해 임정의 군사정책을 총지휘한 인물이 장군이었다. 임정이 문치파와 무력파로 양분되었을 때 선생은 무력파에 속하여 이동휘, 유동열, 신채호, 박용만 등과 함께하였으며 무관학교 출신자를 주축으로 무력증진을 도모하였다.

노백린 장군은 황해도 풍천군(豊川郡)에서 태어났다. 호 계원(桂園)은 훗날 그가 서울 계동(桂洞) 1번지에 거주한 데서 연유한 것이라고 한다. 부친 노병균은 향리에서 전통 한학을 공부한 농민이었고, 어머니는 여중호걸로 불릴 정도로 활달하였다. 어머니를 닮은 장군은 어릴 때부터 대단히 총명했다고 한다. 후에 전국에서 관비 유학생을 선발할 때 황해도에서는 장군 한 사람만 선발된 것을 봐도 알 수 있다.

역시 독립운동을 했던 장남 노선경 지사는 부친에 대해 다음과 같이 적었다. "어려서부터 씩씩한 기풍과 순수함이 장래에 영걸이 될 것을 짐작하게끔 영장(英將)한 기개와 늠름한 인품이 가히 장수지재(將帥之材)를 뵈었다. 세인이 신동이라 하였으니, 6세에 글방에서 한학을 공부, 14세에 한문을 통달하였다. 세인들이 '해동 항우(海東 項羽)'가 났다 하였다."

장군은 1895년 정부의 관비 유학생으로 뽑혀 일본 게이오의숙(慶應義塾)에서 공부했다. 1899년 일본 육사 제11기로 졸업한 뒤 1901년 대한제국 무관학교의 교관이 되었다. 같은 해 육군훈련소 격인 연성학교의 교관을 거쳐 1907년엔 무관학교 교장이 되었다. 장군은 교장을 맡은 지 8~9개월 뒤 사임했는데 민족주의 교육에 대한 일제의 압력이 있었던 것으로 추정된다. 이후 유길준에 의해 보성중학 교장에 임명됐으나 학생들의 동맹휴학으로 또다시 사퇴하고 4~5년간 기업을 운영하기도 하였다. 1916년 장군은 일찍이 교류가 있었던 김좌진, 윤치성, 유장렬, 채기중 등과 함께 대한광복단을 부흥시켰다. 이후 국외로 망명해 독립운동을 펼치기로 결심하고 만주와 상해를 거쳐 하와이로 갔다.

장군은 미국 시카고에 들렀을 때 눈물을 흘리며 일본과의 일대 결전을 호소했다. "그런즉 죽을진대 한번 용맹스럽게 독립전쟁을 하고 죽읍시다…우리가 생각할 때에 왜(倭) 원수는 해군, 육군과 군기가 많고 우리는 아무 것도 없으니 전쟁을 하여 무엇하리오 하지만, 이는 결코 뜻 없고 지식 없는 말이라…지금 형편을 보아도 중국의 전 민족과 러시아의 3분의 2 이상 인민 또는 미국의 전 국민이 모두 우리 편인즉 우리는 4,500만 되는 왜를 두려워 맙시다…."

몸집이 크고 체중이 상당했던 장군은 먹성이 좋아 식사량이 보통사람의 3배나 됐다고 한다. 그와 가깝게 지냈던 독립운동가 권동진(權東鎭) 선생은 회고담에서 "그는 술도 맥주 같은 것은 한꺼번에 3,4 다스는 예사로 마시고 양요리, 일본요리, 조선요리 할 것 없이 특히 요리 먹기를 좋아했다"라고 말했다. 이시영 선생의 비서였던 박창화 선생도 장군에 대해 "일생을 살아가는 동안 시간 관념과 공사 구분에 절도가 있고 규율을 엄정히 지켰다. 그러다가도 사나이다운 기운이 발동하고 흥에 겨워 술자리에라도 앉으면 통음하기를 사양치 않아 맥주 12병을 앉은 자리에서 마셨다"라고 회고했다. 하지만 그는 상해에 있을 때 늘 주린 배를 안고 생활해야 했다. "정 먹을 게 없으면 중국인 집에 가서 먹다 남은 찌꺼기라도 먹고 기운을 차려야 왜놈하고 싸울 수 있소. 속히 그자들을 쫓쳐 물고를 내야 빼앗긴 조국을 찾고 그리운 서울로 갈 것이 아니오. 설마 산 입에 거미줄 치겠소." 그는 줄곧 낙천적인 기질을 잃지 않았지만 말년엔 정신이상이 왔다.

영양실조 때문이었다고 한다.

장군은 평소 "말 타고 군복 입고 남대문에 입성하면 참 좋겠다"는 말을 노래처럼 했다. 상해에서 장군의 옆집에 살았던 김명수 전 서울대 교수에 따르면, 그는 별세하기 직전 거의 매일 밤 집 지붕 위에 올라가 말달리는 시늉을 하면서 "서울로 가자! 나의 보금자리!"라며 미친 듯이 외쳐 중국 사람들을 놀라게 했다. 그의 마지막 길은 쓸쓸했다. 당시 동아일보는 별세하기 직전 그의 참담한 건강상태를 다음과 같이 보도했다.

"6년 전에 미국에서 상해로 건너온 이래 여섯 해 동안 정신상으로나 혹은 물질상으로 무수한 고통을 받고 지내던 계원 노백린 씨는 작년 겨울 이래로 우연히 병을 얻어 일시는 위독하다고까지 전하여 오더니 최근에 이르러 그의 병세는 이상하게 변하여 실진(失眞)이 되는 동시에 상해의 어떤 정신병원에 입원치료 중이라는데 위문가는 사람의 얼굴도 몰라보고 늦은 가을 쓸쓸한 바람에 형용이 초췌하여 백발을 휘날리며 종일토록 무슨 말을 중얼거리면서 별안간 울다가 또 별안간 웃기도 한다는 바…."
장군은 1926년 1월 22일 상해에서 영면하였다.

장군의 독립 의지는 후대로 이어졌다. 장남 노선경 지사는 만주 신흥학교를 졸업한 뒤 대한독립단에 가입해 활동했고, 둘째 아들 노태준 지사는 광복군 구대장(區隊長)으로 항일전선에 나섰다. 딸 노순경 지사는 3·1운동에 참가해 유관순 열사와 함께 서대문형무소에서 옥고를 치른 뒤 중국에서 독립군을 지원했다. 노순경 지사의 남편 박정식 지사는 세브란스병원 의사로 있을 때 독립군에 군자금을 댔고, 중국 하얼빈으로 건너가 직접 독립군을 치료했다. 노백린 장군의 사위인 이 박정식 지사가 바로 대한제국군 해산에 항거하며 권총자살을 했던 박승환 지사의 아들이다.

30세 때 미국 대통령 만난 이승만 카리스마의 비밀

이승만 (황해도 평산, 1875.3.26. ~ 1965.7.19.)

대한민국의 정치인, 제1·2·3대 대통령을 지냈다. 미국 프린스턴대에서 국제정치학 박사학위를 받았다. 임시정부의 초대 대통령이었으나 국제연맹에 위임통치를 건의한 것 등을 계기로 임시 의정원에 의해 탄핵·파면되었다. 1919년 대한민국임시정부의 초대 국무총리를 거쳐 1919년 9월부터 1925년 3월까지 대한민국임시정부 대통령을 역임했고, 대한민국임시정부 구미외교위원부 위원장과 국무위원회 외교위원 등을 지냈다. 주로 미국에서 외교중심의 독립운동을 벌였으며 일제강점기 중반에는 스위스 등을 상대로 조선의 독립을 호소하는 한편 일본의 미국 침략을 경고했다. 태평양 전쟁 이후 미군 OSS와 임시정부 간의 연결을 주선했다. 광복 후 1945년 12월부터 김구, 조소앙, 김성수 등과 함께 신탁통치 반대운동을 주관했으며 남한단독정부 수립을 추진했다. 1952년 부산정치파동에 따른 발췌개헌과 1954년의 사사오입 개헌으로 헌법을 두 차례 개정하여 1,2,3대 대통령을 연임했다. 1960년 3·15 부정선거를 통해 4대 대통령으로 선출되었다가 4·19 혁명에 의해 대통령직에서 물러났다. 미국 하와이로 망명하여 그곳에서 운명하였다.

10

"작정하고 동원령을 내릴 날이 있으리이다"
-이승만-

"국민아, 우리 임시대통령 이승만 각하가 상해에 오시도다. 국민아, 우리의 대통령을 따라 광복의 대업을 완성하기에 일신하자."

임시정부 기관지 독립신문은 1921년 1월 1일 신년호에 임정 초대 대통령 우남(雩南) 이승만(李承晩·1875~1865) 박사의 상해 도착 소식을 감격에 찬 어조로 보도했다.

이승만은 상해에 오기 전 임시정부 대통령이면서도 줄곧 미국에서 외교독립운동을 해왔다. 이에 대해 임정이 있는 상해로 조속히 부임해야 한다는 여론이 거세게 일자 이승만은 상해로 출발했다. 일제가 그에게 30만 달러의 현상금을 걸었기 때문에 비밀리에 움직였다.

상해로 가는 길은 험난했다. 미국 여권이나 비자가 없었던

이승만은 하와이 호놀룰루로 가 장의사를 하는 친구 보스윅
(William Borthwick)을 찾았다. 배편을 부탁하기 위해서였다.
그 무렵 호놀룰루에서 극동으로 가는 거의 모든 배는 첫 기착지
가 일본 항구였다. 일제가 손을 써놓은 것이다. 일본 항구를 거
치면 검문을 피할 수가 없다. 이에 보스윅은 상해 직항 네덜란드
국적 화물선의 이등항해사를 600달러의 돈을 주고 매수해 이승
만이 승선할 수 있도록 했다. 중국옷을 입고 중국 노동자로 변
장한 이승만은 선박의 철제 창고 속으로 들어가 궤짝 위에 누웠
다. 궤짝들은 시신을 담은 관이었다. 통풍장치가 거의 없는 이
창고 속에서 하룻밤을 지샌 이승만은 배가 하와이 영해를 벗어
났을 때 비로소 갑판 위로 올라갈 수 있었다. 뒤늦게 밀항자를
발견한 선장은 다행히 눈을 감아주었다. 이승만은 1920년 11
월 16일 하와이를 출발해 12월 5일 상해 황포강 부두에 내렸다.

12월 28일 상해교민단 사무소에서 열린 환영회에 임정 요인
들이 모두 참석했다. 장내 정면엔 금 글자로 '환영, 대통령 이승
만 박사'라고 쓰인 한글 편액이 걸렸다. 안창호는 "우리 국가를
건설한 이승만 박사에게 복종하여 전진하자"고 했고, 박은식은
"더 한층 노력하여 서울에서 이승만 박사를 환영하자"라고 했다.
이승만은 "오래지 않아 기회가 옵니다…어느 곳에서 작정하고
동원령을 내릴 날이 있으리이다"라고 화답했다. 이승만은 임시
육군무관학교 졸업식에 참석해 훈시하는 것을 시작으로 5월 28
일 상해를 떠날 때까지 6개월 가까이 대통령 직무를 수행했다.

워싱턴에 마련한 구미위원부 건물 앞에서(왼쪽 뒷줄부터 서재필, 정한경, 앞줄 왼쪽 이승만)

이승만이 대통령일 때 백범 김구는 임정의 경무국장이었다. 경무국장은 내무총장 아래 직위였으니 두 사람의 지위엔 큰 차이가 있었다. 이승만은 백범이 이끄는 경호원들의 호위를 받았다. 백범은 이승만이 떠난 뒤 임정의 상황에 대해 "이승만 대통령이 취임·시무할 때에는 중국 인사는 물론이고 영국·프랑스·미국 친구들이 임시정부를 방문하였다. 그런데 이제 임정에 서양인이라고는 프랑스 경찰이 왜놈을 대동하고 사람을 잡으러 오는 이 외에는 없다"라고 한탄했다.

백범은 해방 후에도 한 살 위인 이승만에 대해 깍듯이 "형님"이라는 호칭을 사용했다. 해방 후 백범이 지방을 순시할 때 어느 지역에서 환영의 뜻으로 현수막에 '환영, 국부(國父) 김구 주석'이라고 써놓았다. 이를 본 백범은 "국부는 한 나라에 한 분, 이승만 박사뿐이니 내 이름 앞에 붙인 국부라는 말은 떼어내라"고 하였다. 이는 백범의 겸손한 인품을 보여줌과 동시에 이승만의 카리스마도 대변하고 있다. 백범은 "앞으로 통일된 대한민국의 초대 대통령은 이승만 박사가 되어야 한다"고 말한 바 있다.

하지만 이승만은 처음 상해에 갔을 때 각종 계파로 갈라진 임정 요인들로부터 온갖 비판과 사임압력을 받았다. 이동휘와 노백린, 김규식은 노골적으로 사임을 요구했고 안창호, 박은식과도 긴장관계였다. 표면적으로는 이승만이 윌슨 미 대통령에게 국제연맹에 의한 한국 위임통치를 청원한 사실 등에 대한 비판이었으나, 임정의 주도권을 둘러싼 파벌 간의 치열한 다툼이기도 했다. 이승만은 상해로 출발하면서부터 상해 반대파들의 극심한 비판이 쏟아지리라 충분히 예상하고 있었다.

수많은 비판에도 불구하고 이승만은 남이 흉내 내지 못하는 대단한 카리스마를 갖고 있었다. 그가 1925년 임시의정원에서 탄핵·면직됐을 때 그의 후임으로 제2대 대통령이 된 백암 박은식 선생은 다음과 같은 깍듯한 편지를 보냈다. "'제가 이미 태좌(台座·재상을 뜻함·이승만)가 의정원에서 탄핵을 받으셨다는 사실을 전보로 알려드렸습니다. 선생의 높으신 인격으로는 이런 것들을 마음에 담아두시지 않을지 모르겠습니다만 저는 몹시 불안하여 몸 둘 바를 모르겠습니다. 저는 한갓 보잘것없는 유생일 뿐입니다…." 또 이승만이 상해에 도착한 직후 조선조의 고관을 지낸 동농 김가진 선생은 대한제국의 관복을 입고 이승만을 찾아가 큰 절을 했다. 그는 "각하에 대한 존경의 표시로 옛 황제 앞에서 입었던 이 관복을 입고 왔다"라고 했다. 백암은 이승만보다 16살이나 많았고, 동농은 29살이나 많았다.

1919년 3·1독립운동이 일어난 직후 국내외에서 선포된 임시정부는 모두 8개였다. 그중 실체가 있었던 3곳에서 이승만은 사실상의 행정부 수반으로 선출됐다. 블라디보스토크에서 결성된 노령(露領) 임시정부는 대통령에 손병희, 국무총리에 이승만을 선출했고 13도 대표가 한성에서 모여 준비한 한성 임시정부는 집정관총재에 이승만을 뽑았다. 또 상해 임시정부도 국무총리에 이승만을 선출했다. 그해 9월 11일 세 임시정부를 통합해 출범한 상해 통합임시정부도 이승만을 임시대통령에 선출했다. 여기엔 이승만이 통합임정 출범 이전에 한성 임정의 집정관총재로 선출됐고, 망명정부의 국제적 승인을 위해 영어 잘하고 미국과 연계가 있는 이승만이 필요했고, 이승만이 국내에서 대중적 인기가 있었다는 점 등이 고려된 것으로 분석된다.

이승만은 큰 인물이었지만 과(過)도 뚜렷하다. 임시정부 시절만 따져도 미국에서의 외교활동만 고수하면서 이봉창·윤봉길 의사의 의열투쟁을 "일제의 탄압만 가중시키는 어리석은 행동"이라고 비판했다. 또 임정 대통령이면서도 상해에 오랫동안 부임하지 않았고 미주동포들로부터 거둔 세금을 임의로 자신이 이끄는 구미위원부(歐美委員部)의 활동자금으로 썼다는 이유 등으로 탄핵을 받고 대통령직에서 면직됐다. 태평양회의 참석 시도 등 그가 펼친 외교노력도 즉각적이고 가시적인 성과가 거의 없었고, 미국으로부터 끝내 임정에 대한 승인도 받아내지 못했다. 그럼에도 불구하고 해방 직후의 여론조사에서도 그는 백범 김구를 누르고 새 정부의 초대 대통령으로 가장 적합한 인물이라는 결과가 나왔다.

그의 이런 압도적인 권위는 어디에서 연유한 것일까? 임정 시기만 놓고 보면, 그가 최강국 미국의 요인들과 인맥이 있고 이것을 활용해 한국 독립과정에 미국의 지원을 얻을 수 있으리라는 기대가 작용한 것으로 전문가들은 분석한다.

미국 선교사들은 총명한 젊은이 이승만이 한국을 기독교 국가로 만드는 데 큰 기여를 할 것으로 기대하면서 그의 미국 정착과 독립외교를 적극 지원했다. 이승만은 1898년 한성감옥에서 기독교를 받아들인 뒤 한국 사람들에게 기독교를 전파하는 것을 생애 최고의 목표로 설정한 바 있다. 그는 한국을 기독교 민주주의 국가로 만들겠다고 말한 적이 있으며 한국을 아시아에 있는 '미국의 형제국'으로 지칭하기도 했다. 자신의 종교적 신념과 함께 미국을 이용해 독립을 이루겠다는 의도가 결합된 발언으로

1905년 8월 미국 대통령 시어도어 루스벨트를 만나기 위해 예복을 갖춰 입은 이승만 박사

1910년 프린스턴대학에서 윌슨 총장으로부터 박사학위를 수여받았을 때의 이승만

봐야 할 것이다. 이승만이 명성을 얻은 것은 국내외 기독교 세력의 지원과 함께 미주 교민사회 장악, 임정 내 기호파(경기·충청파)의 지원 등에 힘입은 바 크다. 여기에 정국을 꿰뚫어보는 안목과 언변, 사교술 등 그의 개인적 재능이 보태졌음을 물론이다.

이승만은 1904년 11월 고종의 최측근이던 민영환과 한규설의 요청을 받고 미국에 밀사로 건너가 실제로 자신의 미국 인맥을 입증하기도 했다. 이전부터 알고 지내던 딘스모어 하원의원 등의 주선으로 이듬해 헤이 국무장관과 루스벨트 대통령을 차례로 만나 "한미통상조약(1882)의 조항대로 일본의 침략을 저지해 달라"고 요청한 것이다. 앞서 워싱턴포스트에 찾아가 일제의 침략 야욕을 폭로하는 인터뷰를 한 기사가 신문에 실리기도

했다. 그의 나이 30세 때였다. 루스벨트 면담은 비록 성과가 없었지만 그의 행보는 많은 사람들의 기대를 모았다.

이후 이승만이 미국 최고 명문인 하버드와 프린스턴 대학에서 공부하고 한국인으로서는 첫 박사학위를 받은 최고 엘리트라는 인식과, 그가 프린스턴에 다닐 때 학교 총장이던 우드로 윌슨이 후에 미국 대통령이 되는 우연까지 겹쳐 그의 카리스마는 힘을 더했다. 3·1독립운동도 윌슨 대통령(재임 1913~1921)의 민족자결주의에 고무되어 촉발된 것이다.

이승만의 능력과 미국의 지원에 대한 기대가 과하기는 했지만 그렇다고 이승만의 권위가 완전히 허상이었던 것도 아니다. 이승만은 상해 임시정부가 출범하기 훨씬 이전부터 국내에서 저명 지도자로 인정받고 있었다. 그는 개화기에 대표적인 계몽선각자 역할을 했다. 1897년 배재학당 졸업식에서 졸업생을 대표해 한국의 독립을 주제로 연설을 했는데, 이것이 한국인 최초의 영어 연설이었다. 1890년대 후반부터 독립협회의 열성회원이었고 만민공동회의 인기 연사였으며 저명 언론인이었다. 1897년 고종이 독립협회 간부 17명에 대해 체포령을 내렸을 때 이승만은 단신으로 경무청에 가 체포령을 철회하라고 요구했다. 그때 수많은 군중이 그를 따르면서 그는 대단한 대중지도자로 명성을 얻었다.

이승만은 고종 폐위 음모사건에 연루돼 사형선고(후에 무기형)를 받고도 한성감옥에서 기독교를 전파하고 〈독립정신〉이라는 선구적인 책을 써냈다. 독립운동가 이원순은 저서 〈인간 이승만〉에서 "기도가 하루의 시종(始終)이 된 이 전 대통령의 습관은 이때 이룩됐다. 그의 성서 낭독과 기도로 40명 이상이 감옥에서 기독교로 개종했다. 간수까지 그의 설교를 들어 감옥이 교회 같았다"라고 했다. 그의 영향으로 감옥에서 개종한 사람 중엔 월남 이상재도 있었다. 이상재는 후에 이승만이 한성 임시정부의 집정관총재와 통합임시정부의 임시대통령으로 선출되는 데 큰 기여를 한다. 그는 한성 임정의 실질적인 지도자였다. 이승만이 석오 이동녕을 만나 평생 동지가 된 것도 감옥에서였다.

이승만은 상해 임정이 수립된 뒤 미국에서 구미위원부를 운영하며 다양한 외교활동을 펼쳤다. 파리강화회의와 태평양회의 등 국제회의에 참석해 한국의 독립을 호소하려 했으며, 미국 국무성 당국자들과의 개별 접촉을 통해 한국의 입장을 설명하고 한국독립에 대한 후원을 받아내기 위해 주력했다. 서재필, 김규식 등이 함께 한 구미위원부의 활동성과는 간접적으로 나타났다. 1919년 3월부터 1920년 9월까지 18개월간 미국 신문에 약 9,000회에 걸쳐 한국문제 관련 글이 게재됐는데, 이 중 약 50회만이 친일적인 글이었고 나머지는 대부분 한국에 대해 동정과 지지를 표시하는 글들이었다. 그동안 미국 상원과 하원에서 4차례에 걸쳐 한국문제가 상정되었다.

미국 여론을 한국 우호로 돌리게 하는 데 큰 기여를 한 것은 1919년 결성된 '한국친우회(The League of the Friends of

Korea)'이다. 이 단체는 처음 필라델피아에서 미국인 19명으로 결성됐으나 이후 미 전역에 19개 지부를 거느리는 큰 조직으로 성장해 구미위원부의 활동에 많은 도움을 주었다. 이 단체는 서재필이 주동이 돼 조직했으나 이승만도 미국 도시들을 순방하면서 한국 홍보와 회원 확대에 주력했다.

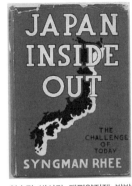

이승만 박사가 태평양전쟁 발발 전인 1941년 미국 워싱턴에서 펴 낸 저서 〈JAPAN INSIDE OUT〉

이승만은 한인자유대회를 열어 루스벨트 대통령에게 임정 승인과 무기 지원을 요청했다. 또 숱한 강연회와 저술 활동을 통해 한국의 독립 필요성에 대한 국제여론을 조성하려 했다. 그가 "일본이 미국을 공격할 것"이라는 예언을 담은 저서 〈일본 내막 해부(JAPAN INSIDE OUT)〉를 미국에서 출간한 지 몇 달 뒤 실제로 일제가 진주만 폭격을 감행하자 미국인들은 그의 혜안에 탄복했다. 결국 이승만의 예언대로 일본은 미국의 참전으로 패망했고 그 결과로 한국은 독립한 셈이다. 우당 이회영 선생의 손자인 이종찬 전 국정원장은 "이승만은 시대를 아주 멀리 내다본 탁월한 지도자였다"라고 평가했다. 이승만의 홍보자문역이었던 미국인 로버트 올리버는 "이승만은 역사의 길이라고 믿으면 주저 없이 나섰고, 뒤늦게 좇아오는 이들을 기다렸다. 그는 '위대한 정치적 예언자'로 역사에 남아야 할 인물이다"라고 말했다.

임시정부가 중경(重慶·충칭)으로 옮겨간 뒤 임정은 이승만 탄핵과 함께 폐지됐던 구미위원부를 주미외교위원부로 부활시킨 뒤 이승만을 다시 위원장에 임명, 외교성과를 기대했다. 이에 이승만은 연합국과 함께 공동전선에 나서지 않고는 우리의 독립을 보장받을 수 없다고 판단하고 그에 맞는 외교전을 펼쳐나갔다. 이런 활동은 대부분 중경에 있는 백범 김구와의 긴밀한 협의 아래 이루어진 것이다. 이승만은 우선 미국의 한족연합협회와 공조해 재미 한인 600여 명을 미군에 배속시켜 태평양전쟁에 참전케 했다. 나아가 미 OSS(육군전략처) 처장 윌리엄 도노반 소장과 협의해 한국인 요원을 양성하기로 합의하는 한편, 미 육군사령부와 협의해 한인 109명으로 편성된 한인국방경위대를 설립했다.

그는 또 1942년에 미국 정보기관의 요청으로 '미국의 소리(VOA)'라는 단파라디오방송을 시작하면서 국내에 자신의 존재감을 확인시켜 나갔다. 그는 이 방송을 통해 임시정부와 국내외 정세 등을 소개하고 일제 패망과 한국독립이 임박했다는 희망적인 메시지를 지속적으로 전파했다. 이 때문에 심지어 임시정부가 미국에 있고 이승만이 임시정부 대통령인 줄 잘못 알고 있는 사람들도 많았다. 이런 외교전과 방송활동으로 이승만은 임정 요인들에게도 자신이 미국에 여전히 영향력을 미칠 수 있는 실력자라는 인상을 심어줬다. 일제가 단파방송을 청취하는 한국인 150여 명을 체포하며 요란하게 대응한 것도 '이승만 신화'

에 살을 보탰다. 태평양전쟁이 일어나던 때만 해도 국내에서 이승만의 인지도는 높지 않았으나 VOA가 이승만의 위상을 바꾸어놓은 셈이다. 해방 후 정치무대에서 이승만과 김구의 위상이 1,2위로 설정된 것도 이 시기의 활동과 밀접한 관련이 있다고 보는 사람이 많다.

하지만 구미 외교활동의 가장 큰 목표인 임시정부 승인과 일제 패망 후 한국의 즉각적인 완전독립 약속을 받아내는 데는 실패했다. 주된 이유는 구미 열강이 자국의 이익을 고려해 일본과의 관계를 완전히 끊지 않은 데다 한국의 전략적 비중을 크게 보지 않은 데 있다. 이는 정부 요건을 갖추지 못한 데다 무장력이 없었던 우리 임시정부의 한계이기도 했고, 내부 분열을 극복하지 못한 우리 지도부의 부실한 역량의 문제이기도 했다.

임정 초기의 내부 분열상은 행정부 최고 책임자인 국무총리를 선임하는 데서도 극명하게 드러났다. 당시 신채호는 박용만을, 조소앙은 박영효를, 김동삼은 이상재를, 이영근은 김규식을, 현순은 조성환과 이회영을 후보로 추천했으나 모두 부결됐다. 후보로 가결된 안창호와 이동녕 두 사람에 이승만을 보태 세 사람을 두고 무기명 투표를 한 결과 간신히 이승만을 국무총리로 선출하였다.

이승만도 임정 초기부터 내부 분열의 핵심 당사자였기 때문에 임정의 대외 이미지에 부정적인 영향을 끼친 점은 부인할 수 없다. 그럼에도 불구하고 데이비드 필즈 미국 위스콘신대 연구원은 논문 〈이승만의 활동과 한반도의 분단〉에서 "제2차 세계대전 종전 후 한반도에 38선이 그어진 것은 미군 장교 두 명이 즉흥적으로 결정한 것이 아니다. 그대로 두었으면 한반도가 전부 소련의 수중에 넘어갔을지도 모르지만, 한국의 '상징적 중요성'에 대한 고려 때문에 그런 결정이 내려졌다. 한국의 '상징적 중요성'은 미국에서 이승만이 40년간 벌인 외교활동과 독립운동에 힘입은 것이었다"라고 평가했다. 이승만의 친미적 외교독립 노선은 1945년까지 미국의 호응을 얻어내지 못했기 때문에 단기적으로는 실패한 노선이지만 장기적으로는 성공한 방략이라는 평가다.

이승만에 대한 평가는 여전히 논란거리이다. 해방 후 그가 남한 단독정부를 수립한 것에 대해서도 공산주의의 본질과 국제정세를 간파해 남한의 적화를 막아낸 탁월한 선택이라는 상찬에서부터 한반도 분단고착화를 주도한 반민족적 행위라는 지탄에 이르기까지 평가가 다양하다. 그의 공(功)에 무게를 두는 쪽과 과(過)에 무게를 두는 쪽은 마치 다른 사람을 평가하는 것처럼 이견이 크다. 이승만 정권은 부패했지만 이승만 개인은 청빈했다. 그럼에도 불구하고 그는 독선적이고 분파적이고 권력지향적이었다는 부정적 이미지를 벗어나지 못하고 있다.

이승만에 대한 평가는 이런 그의 품성에 대한 평가와 활동 자체에 대한 평가가 뒤엉켜 있어 공정한 업적 평가를 더욱 어렵게 한다. 그에 대한 평가는 일제하 그가 펼친 독립운동에 대한 객관적인 분석과 함께, 광복 후 정부 수립과 대통령 직무 수행 과정에서의 역할을 종합해 이루어져야 할 것이다.

조선 제1의 명연설가 도산 안창호의 '작은 약속'

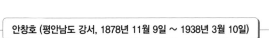

안창호 (평안남도 강서, 1878년 11월 9일 ~ 1938년 3월 10일)

호는 도산(島山), 종교는 개신교이다. 한말 만민공동회에서 강연활동을 했으나 일제의 영향력이 커지자 미국으로 망명했다. 이후 계속 미국에서 활동하며 교육을 통해 인재를 양성하고 실력을 키우는 것이 독립의 발판이라고 주장했다. 이른바 실력양성론이다. 도산은 그 일환으로 1899년 점진학교, 1908년 대성학교, 1926년 동명학원(중국 남경)을 설립했다. 그 밖에 흥사단과 대한인 국민회 등 재미한인단체를 조직했고, 1919년 4월부터 상해의 대한민국임시정부 수립에 참여했다. 1921년, 임시정부 내에서 창조론과 개조론이 맞설 때 개조론을 주장하였으며, 국민대표자회의가 강제 해산된 뒤 미국으로 건너가 독립운동을 했다. 미국 한인교포사회의 지도자였던 그는 박용만, 이승만, 서재필 등과 경쟁 및 갈등관계에 있었다. 1932년 윤봉길 의거에 따른 일제검거령에 걸려 서대문형무소에 투옥됐다. 그때의 고문 후유증으로 소화불량과 간경화, 폐질환을 비롯한 여러 질병의 합병증을 앓게 됐다. 이후 동우회 사건으로 다시 투옥됐다가 병고로 숨졌다.

11

"조선은 조선인으로 하여금 혁신케 하라"

-안창호-

    1932년 4월 29일, 윤봉길 의사의 상해 '홍구(虹口)공원 의거'가 발생하자 대한민국임시정부가 있던 상해 프랑스 조계에 임정 요인들에 대한 일제검거령이 떨어졌다. 그날 저녁, 상해 교민단장 이유필(李裕弼)의 집에도 프랑스 조계 경찰이 들이닥쳤다. 이유필이 집에 없자 경찰은 실내에 잠복해 있었다. 이때 공교롭게도 도산(島山) 안창호(安昌浩·1878~1838)가 찾아왔다. 경찰은 이유필 대신 도산을 체포해 일본영사관으로 신병을 넘겼다. 백범 김구 등 다른 요인들은 홍구 의거 전후 신속히 피신한 뒤였다. 경찰들이 이유필의 집에 들이닥친 것은 체포된 윤봉길 의사가 조사받는 과정에서 그의 이름을 거론했기 때문인데, 왜 이유필의 이름을 거론했는지는 분명하지 않다.

    도산은 임정 요인들에 대해 검거령이 내린 것을 몰랐을까? 윤봉길 의거를 기획했던 김구는 〈백범일지〉에 "나는 그 길로 조상섭의 상점에서 편지 한 통을 써서 점원 김영린에게 주어 안창호 형에게 급히 보냈다. 그 내용은 '오늘 오전 10시경부터 댁에 계시지 마시오. 무슨 대사건이 일어날 듯 합니다'였다"라고 적었다. 도산이 조직한 흥사단의 단원이었던 시인 주요한(朱耀翰)도 도산이 비상시국임을 알면서도 이유필의 집을 찾아갔다고 말했다.

도산은 그날 저녁 한 소년과의 약속을 지키려다 체포됐다. 그 약속은 이틀 전 이유필의 아들 이만영에게 소년동맹단 기부금으로 2원을 주겠다고 한 약속이었다. 도산이 백범의 통지를 제때 받지 못했을 가능성도 있지만, 도산의 이 '작은 약속' 일화는 그의 고결한 인품을 보여주는 사례로 자주 언급된다. 프랑스 경찰에 체포된 도산은 일제에 신병이 넘겨진 뒤 4년형을 선고받고 복역하다 병이 악화돼 가출옥했으나 동우회 사건으로 재투옥돼 1938년 폐렴 등 합병증으로 세상을 떴다.

미국 캘리포니아 주 리버사이드 시 시청 앞 광장엔 동상 3개가 있다. 하나는 미국의 흑인 인권운동가 마틴 루서 킹의 동상이고, 다른 하나는 인도의 독립영웅 마하트마 간디의 동상이다. 그 사이에 한국의 도산 안창호 동상이 서 있다. 2001년 미주도산안창호기념사업회가 시에 건의하여 세운 것이다. 리버사이드는 도산이 미주에서 첫 한인커뮤니티를 만든 곳이다. 도산은 1904년부터 이곳에 머물면서 한인들을 조직해 독립운동을 했다. 1910

리버사이드 오렌지농장에서 오렌지를 따고 있는 안창호

년 도산이 "오렌지 한 개를 정성껏 따는 것이 나라를 위하는 길이다"라며 한국인 노동자들과 같이 오렌지 농장에서 일을 하였던 곳이기도 하다. 리버사이드 시는 도산의 생애가 마틴 루서 킹이나 마하트마 간디와 같이 시민들에게 모범이 된다고 판단, 세 인물의 동상을 시의 중심광장에 나란히 세웠다고 한다.

도산은 낮은 자세로, 생활 속에서 실천하는 독립운동가였다. 상해 임정에서 일할 때 대통령과 국무총리 같은 고위직은 이승

1935년 안창호 선생이 출옥한 후 기념촬영을 했다. 왼쪽은 여운형, 오른쪽은 조만식

만과 이동휘에게 양보하고 자신은 내무총장, 노동국총판 등 상대적으로 낮은 직책을 맡았다. 국내와 연계해 항일투쟁을 조직하고, 미주한인회 등을 통해 투쟁자금을 모으고, 다양한 임정 계파를 통합시키는 험난한 일들을 도맡았다. 미국에 있을 때는 동포들 집을 찾아가 화장실 청소와 화단 만드는 일을 기꺼이 도왔다. 인재를 양성해 실력을 길러야 독립을 이룰 수 있다고 생각한 도산은 '조직의 귀재'였다. 19세 때 독립협회 평양지회를 만든 것부터 시작해 만민공동회 관서지부, 재미(在美)한인친목회, 공립협회, 신민회, 청년학우회, 재미대한인국민회, 상해 통합임시정부, 대한적십자회, 흥사단, 한국독립당 등을 설립하거나 조직했다. 우리나라 최초의 남녀공학인 점진(漸進)학교와 대성학교, 동명학원 등 학교도 여럿 세웠고 서점과 도자기회사도 설립했다. 몇 사람이 해도 다 할 수 있을까 싶은 수많은 일을 그 혼

자 해낸 것이다.

구국을 위한 도산의 젊은 시절 여러 활동들이 알려지면서 도
산은 민중에게 큰 존경과 지지를 받았다. 당시 조선통감이었던
이토 히로부미는 조선병탄 계획을 추진하면서 도산에게 은밀히
'청년내각'을 조직하라고 제의하였다. 도산은 거절하였다. 흥사
단 아카데미 이사장을 지낸 주요한은 "29세의 젊은 나이에 도산
은 당시 일본의 최고통치자라 할 수 있는 이토 히로부미로부터
청년내각 조직을 제의받았으나 일본의 계략에 넘어가 이용당하
는 것이라 판단하여 이를 거절하였다"라고 전했다. 도산 외에
도 같은 제안을 받은 사람들이 있었다.

흥사단 출신인 이태복 교수의 〈도산 안창호 평전〉에 실린 도
산과 이토의 대화내용 일부다.

이토 : "그대가 한국 삼천리 남북을 두루 다니면서 연설을 하는데 그 목
적이 무엇인가."

도산 : "귀하가 50년 전 일본 강산에서 일본을 위해 하던 그런 사업을 나
는 오늘 조선에서 조선을 위하여 하려는 것이다."

이토 : "그대는 열렬한 애국자다…나는 일본 유신 공로자의 한 사람으로
서 조선도 훌륭한 나라로 만들려고 한다. 그러니 흉금을 열고 말하자."

도산 : "그대가 조선을 가장 잘 도울 방법이 있으니 그것을 아는가?"

이토 : "그 방법이 무엇인가."

도산 : "일본을 잘 만든 것이 일본인인 그대였던 것처럼 조선은 조선인으

로 하여금 혁신하게 하라. 만일 메이지유신을 미국이 와서 시켰다면 그대는 가만히 있었겠는가. 그뿐 아니라 유신 그것이 되지 못했을 것이다."

이토 : "….."

이토는 자기보다 37세나 연하인 도산의 날카로운 지적에 아무 말도 하지 못했다고 한다.

1937년 도산이 계몽독립운동단체 동우회(同友會) 사건으로 체포됐을 때 검사가 "민족운동을 그만둘 생각이 없는가"라고 묻자 도산은 "그만둘 수 없다. 나는 평생에 밥을 먹는 것도 민족을 위해서요, 잠을 자는 것도 민족을 위해서다. 나는 숨을 쉬는 한 민족운동을 하는 사람이다"라고 응대했다고 한다.

도산은 당대 최고의 연설가였다. 특히 '쾌재정(快哉亭) 연설'이 유명하다. 1897년 고종의 탄신일인 7월 25일(음력), 도산은 독립협회 관서지부 주최로 평양 쾌재정에서 만민공동회를 열었다. 현지 관리들과 군중 수천 명이 모였다. 연사는 약관 19세의 안창호. 그는 무명 두루마기를 입고 나와 18조목의 쾌재(快哉·즐거운 일)와 18조목의 불쾌(不快·즐겁지 않은 일)를 설파했다. 쾌재정이라는 정자의 이름에 빗댄 연설이었다. 안창호는 불쾌를 설파하면서 친일파 이완용의 처남인 평안감사 조민희 등 단상에 앉은 고관들의 실정을 규탄했다.

안창호의 쾌재정 연설은 그가 조선 제1의 명연설가로 이름을 날리는 계기가 되었다. 고당 조만식과 몽양 여운형도 도산의 연설에 감동을 받고 민족운동에 매진한 사람들이다. 조만식은 그의 강연을 찾아다니며 들었다고 한다. 남강 이승훈은 1906년 평양에서 14살 아래인 도산의 강연을 듣고 크게 감동, 오산학교를 설립하고 신학문과 애국사상을 가르치는 데 힘을 쏟았다.

쾌재정 연설을 할 때 도산의 학력은 대단하지 않았다. 평안남도 강서군에서 평범한 농사꾼의 아들로 태어났고 집안에 큰 벼슬을 한 조상도 없었다. 16세까지 서당 등을 다니며 한문과 한학을 배웠다. 혼란했던 구한말, 국가와 민족의 운명을 걱정하며 서울로 올라와 밀러학당(후에 구세학당)에서 3년간 공부했다. 이 정도 학력의 그가 쟁쟁한 식자층을 감동시키는 연설을 했다는 것은 그의 타고난 언변을 짐작케 한다. 그의 연설은 흔한 연설투가 아닌 논리정연한 강연식이었고 평범한 어휘와 구체적인 실례를 많이 사용했다고 한다. 도산을 존경했던 영문학자 피천득 선생은 "도산은 목소리도 아주 우렁찼는데 날카롭지 않고 청아하고 부드러운, 사람을 끌어당기는 그런 매력적인 목소리였다. 목소리 좋다는 미국 루스벨트 대통령 목소리도 들어봤는데 도산 선생에 못 미치더라"라고 말했다.

도산은 경청하는 훌륭한 습관도 갖고 있었다. 도산을 사표(師表)로 삼았던 작가 이광수는 "도산은 남의 말을 중간에 끊는 일이 없고, 또 산란한 마음으로 듣지 아니한다. 일언일구를 빼어놓지 아니하고 다 귀를 기울여서 듣는다. 그 지식인의 이론이 끝나기를 기다려 말한 사람에게 질문을 한다"라고 했다.

도산은 무엇보다 정직했다. 그가 미국에 있을 때 영어를 배우기 위해 초등학교에 입학하려 했으나 나이가 너무 많다는 이유로 거절당했다. 이를 안타깝게 여긴 하숙집 주인이 "당신은 동양 사람이므로 키도 작은데 정직하게 23세라고 하지 말고 17세라고 하라"고 충고하였다. 그러나 도산은 "입학을 못하면 못했지 나이를 속일 순 없다"라고 말해 주인을 놀라게 했다. 그가 1908년 평양에 설립한 대성학교의 교훈이 '정직하게 살자'였다. 도산은 학생들에게 역설했다. "거짓이여! 너는 내 나라를 죽인 원수로구나. 군부의 원수는 불공대천이라 했으니 내 평생에 다시는 거짓말을 아니하리라.", "농담으로라도 거짓말을 하지 마라. 꿈 속에서라도 성실을 잃었거든 뼈저리게 뉘우쳐라. 죽더라도 거짓이 있어서는 안 된다."

도산은 또 겸손했다. 상해에서 도산에게 무엇을 얻어먹으려면 도산 욕을 하면 된다는 말이 나돌았다고 아나키스트 항일투사 정화암은 말했다. "도산은 누가 자기를 비판하는 얘기가 들리면 일부러 찾아가서, 또는 만났을 때 더 겸손하고 친절하게 대화해요. '내 뜻은 이러이러했는데 오해가 있었던 모양이다'라며 차분히 납득을 시켜요…." 도산은 또 명분을 중시했다고 한다. 현장을 직접 목격했다는 정화암의 얘기다. 중국 혁명지도자 손문이 별세했을 때 각국 조문 사절들이 줄을 이었다. 마차를 타고 가던 도산이 일본 사절의 마차를 뒤따라가다가 '나 못 간다'며 버텼다. 일본 사람을 앞세우고는 갈 수 없다는 것이었다. 중국인들은

안창호 선생의 옥중 사진

결국 도산을 앞세워주었다고 한다.

도산의 고결한 인품을 엿볼 수 있는 일화가 있다. 상해 임정시절 어느 날 밤, 평소 도산을 흠모하던 여인이 그의 방에 들어왔다. 도산은 짐짓 여인에게 "무엇을 찾소? 책상 위에 초와 성냥이 있으니 불을 켜고 보오"라고 말해 내보냈다고 한다. 도산의 굳은 마음을 읽은 그 여인은 이후 "나는 조국을 애인으로 하고 조국을 남편으로 하겠습니다"라고 도산에게 맹세하고 유럽으로 유학을 떠났다고 소설가 이광수는 전했다. 이 여인은 도산의 비서였던 최영숙이었다. 도산은 한때 그의 구애 공세를 견디다 못해 권총을 주며 "네가 그럴진대 내 인간을 죽이려는 것이니 차라리 이 권총으로 나를 쏴라"라고 말하기도 했다. 5개 국어에 능통했던 최영숙은 후에 스웨덴에 유학해 한국 최초의 여성 경제학사가 되었다. 도산은 독립운동 동지 이갑(李甲)이 러시아에서 병으로 반신불수가 돼 신음할 때도 약값과 치료비 수천 달러를 대느라 수개월 동안 운하공사장의 인부로 일하기도 했다.

도산은 밀러학당 시절 기독교에 입문하면서 냉혹한 국제질서에 눈을 떴다. 그는 우리 민족이 살 수 있는 길은 인재양성과 실력배양밖에 없다고 생각했다. 도산은 독립협회가 강제 해산된 뒤 1899년 귀향해 근대학교인 점진학교를 세우고 교육구국운동에 뛰어들었다. 이어 3년 후 더 큰 공부를 하기 위해 결혼 후 넉달 뒤 미국 유학길에 올랐다.

미국에서 수년간 교민 계몽활동을 하다 귀국, 1907년 비밀결사인 신민회가 결성될 때 7인 발기인 중 1명으로 참여한다. 도산은 국권회복을 위하여 교육, 언론, 실업, 학회 등 각 방면에서 구국운동을 전개했다. 이후 다시 미국으로 건너가 '대한인국민회'를 설립하고 중앙총회장을 맡았다. 미국에서 3·1운동 소식을 들은 도산은 미주 동포들로부터 모금한 독립자금을 가지고 상해로 가 임시정부에 합류한다.

도산의 큰 업적 중 하나는 상해와 한성(서울), 러시아에 분립해 있던 임시정부 3개를 통합해 그해 9월에 상해 통합임시정부를 세운 것이다. 물론 혼자 한 일은 아니었으나 통합을 주도한 사람은 도산이었다. 그는 앞서 초대 내무총장에 취임한 뒤 곧바로 임정 산하에 교통국을 설치하고 연통제를 도입함으로써 임정이 실질적인 정부 역할을 할 수 있는 체제를 구축하려 했다. 교통국은 임시정부의 국내 지방행정조직이고 연통제는 국내외 통신과 정보수집 및 독립운동가 물색을 담당한 직제였다. 하지만 임정이 제대로 굴러가기도 전에 각 계파의 생각과 이념이 달라 분란이 끊이지 않았다. 도산이 무수히 통합을 외쳤지만 성과가 거의 없었다.

도산에게도 단점이 있었다. 보안의식이 철저하지 못했다는 것이다. 윤봉길 의거 당일 임정 요인 중 유독 그 혼자만 체포된 것에는 여러 가지 추측이 있다. 우당 이회영 선생의 손자인 이종찬 전 국정원장은 원로 독립운동가들한테서 들은 이야기라며 다음과 같이 전했다. "당시 도산이 이끌던 흥사단에 일제 밀정이 많이 들어와 있었는데, 백범은 도산에게 곧바로 도피 계획을 알리면 일제에 정보가 새나가 다른 임정 요인들이 도피할 시간을 벌지 못할 것 같아 일부러 도산에게 늦게 알려주었다." 사건의 진상은 확인할 수 없지만 그런 얘기가 나돌았다는 것은 사람 가리지 않고 응대해준 도산의 관대한 천품과도 연관이 있어 보인다. 훗날의 비판이지만, 도산의 실력양성론이 최남선과 이광수의 민족개조론으로 이어지면서 결국은 친일로 귀착됐다는 분석도 있다. 최남선과 이광수는 각각 3·1 독립선언서와 2·8 독립선언서를 기초한 뛰어난 문인학자이자 대중들에게 큰 영향력을 가진 인물들로서 훗날 친일로 돌아선다. 도산은 또 협상에는 소질이 없었고, 건강에 나쁜 것을 알면서도 담배만은 쉽게 끊지 못했다고 한다. 얘기를 할 때 담배를 입에 물고 얘기할 정도로 담배를 좋아했는데, 후에 감옥에 가서야 끊을 수 있었다. 술은 한두 잔 마시고 나면 얼굴이 빨개져 많이 마시지 못했다고 한다.

도산은 의열 투쟁에 반대해 백범 김구를 비롯한 임정의 일부 요인들과 입장이 달랐다. 또 그가 하와이 등 미주에서 모금한 약 2만 달러라는 거금을 이용해 서북파와 흥사단을 이끌며 초기 임정의 주도권을 장악한 데 대해서도 반대파들의 비판이 만만치 않았다. 도산에 대해 "지방열의 화신"이라는 악의적인 말이 나온 것도 이때였다. 임정 수립 직후 요인들 사이엔 내분이 극심했다. 서로 파벌을 이룰 땐 출신 지역이 큰 변수가 됐다. 당시 상해 유학생이자 동아일보 상해특파원이었던 우승규 선생은 〈나절로만필(漫筆)〉에 "분쟁을 단순히 정치적 이념의 갈등으로만 돌리는 사람이 없지 않으나 실상은 서북과 기호, 그리고 호남과 영남 등 간에 얽히고설킨 헤게모니의 지벌적(地閥的) 싸움이었다"라고 기록했다. 만주와 연해주에서도 지역 파벌 문제는 심각했다. 전설적인 독립군 지휘관 김경천은 일기인 〈경천아일록(擎天兒日錄)〉에서 다음과 같이 탄식했다 "지방 관념이 모두 있다. 북도(北道), 서도(西道), 서울…자기들끼리도 당파가 있다. 아아, 이것이 대한이 망한 이유가 아닌가?…서울 당은 간악하고 영리하다, 서당(西黨)은 차갑고 한마음을 가졌으며 비교적 일에 밝다, 북당(北黨)은 우직하다. 나는 어디까지나 중립한다." 안창호는 자신이 지역파벌 문제의 당사자라는 비판을 의식해 구한말의 정치가 윤치호를 만난 자리에서 "조선인에게 지역 적대감을 부추기느니 차라리 죽음을 택하겠다"라고 말한 적도 있다.

서북파로 분류된 도산은 임정 초기 기호파인 이승만과 경쟁관계였다. 이승만의 열렬한 지지자였던 미국 학자 로버트 올리버(Robert T. Oliver)는 도산에 대해 "시종일관 이승만의 정적(政敵)이었다"라고까지 표현했다. 안창호는 이승만의 외교독립론에 대해 "가만히 앉았다가 글 몇 줄로 독립을 찾겠다는 것은 이치에 맞지 않는 짓"이라고 비판했으며, 이승만은 안창호의 실력

양성론에 대해 "결국은 아무 것도 하지 말자는 주장"이라며 무시했다. 임정 초기 이동녕과 이시영은 기호파의 수장으로서 이승만을 지지하고 안창호파에 대항했다. 하지만 도산과 입장이 달랐던 사람들도 대부분 "그 사람처럼 뛰어난 인격자는 처음 보았다"며 도산의 인격에는 토를 달지 않았다.

도산이 그저 부드럽기만 한 것은 아니었다. 1930년대 중·후반으로 넘어가면서 이광수, 최남선 등 숱한 지도층 인사들이 전향서를 쓰거나 변절할 때 도산은 감옥 속에서도 지조를 잃지 않았다. 조선의 3대 천재라는 이광수·최남선·홍명희 중 두 사람이나 친일로 넘어간 우리의 비극적인 역사 속에서, 도산의 모습은 독보적이었다. 방대한 이광수 평전인 〈자유꽃이 피리라〉를 펴낸 김원모 단국대 명예교수는 저서에 다음과 같이 적었다. "도산은 1932년 윤봉길 의거 당시 구속되어 모진 고문과 옥고를 치르면서도 끝내 항복을 거부했고 동우회 사건 때도 온갖 회유를 물리치고 굳건히 독립지조를 지키다 옥고 끝에 순국한 것이다…국내 독립투사 중 완전무결한 사람은 도산뿐이었다."

김수환 추기경은 생전에 우리나라에서 가장 존경하는 분이 도산 안창호 선생이라 하였다. "도산 안창호 선생이 독립운동을 할 때에 그 독립운동은 아주 고귀한 목적이었습니다. 그러나 내가 그를 더욱 존경하게 된 것은 독립운동을 하면서 그가 취한 태도랄까, 철학적 자세에 있습니다. 그는 어디까지나 진실을 바탕으로 해서 민족의 독립과 자주를 차지해야 한다고 외쳤습니다. 독립투쟁을 한 분 중에서 안창호 선생 같은 분은 없다고 봅니다."

서재필은 도산의 서거 소식을 듣고 "안창호는 높은 도덕성을 가졌고, 조직화 업무에 탁월한 역량을 가진 사람이었다. 그는 항상 친구들과 우애가 깊었지만 그가 신성하다고 여기는 원칙들을 위반한 사람에게는 절대 참지 않았고, 착한 마음씨를 가졌지만 원칙과 타협하지 않았다"라고 평가했다.

한국 정치사상사에 정통한 신복룡 전 건국대 석좌교수는 "해방 직후 우리나라의 가장 바람직한 지도자가 누구였겠는가"라는 질문에 "일찍 죽지만 않았더라면 도산 안창호였을 것이다. 지혜를 갖춘 지도자였다"라고 답했다.

일본인이 되고 싶었던 '꽃미남 모던보이' 이봉창

이봉창(서울, 1900년 8월 10일 ~ 1932년 10월 10일)

한인애국단 등에서 활약한 독립운동가. 천도교가 세운 서울 용산문창보통학교를 졸업한 뒤 상급학교에 진학하지 못하고 한학 공부를 하다 14세에 일본인 과자점의 점원으로 들어간다. 약 4년간 일본인이 경영하는 상점의 점원으로 일하다가 해고당한 후 1920년에는 용산역 만선철도의 기차 운전연습소에서 일했다. 1924년 9월 자택에서 항일단체인 금정청년회를 조직해 총무를 맡았으며 1930년 12월 중국 상해로 가 임시정부의 비밀결사인 한인애국단 단원이 된다. 이어 일왕 폭살 계획을 추진한다. 수류탄 2개와 거사자금 300원을 가지고 안중근의 막내동생인 안공근의 집에서 선서식을 한 그는 1932년 1월 8일 도쿄에서 거사한다. 경시청 앞을 지나가는 일왕 히로히토를 향해 수류탄을 던졌으나 명중시키지 못하고 체포되어 도요다마 형무소에 수감되었다. 그해 10월 비공개 재판에서 사형선고를 받았고, 10일 이치가야 형무소에서 순국하였다.

12

"독립운동한다며 왜 일본천황 안 죽이오?"

-이봉창-

　　"나는 그날 밤에 이봉창을 그 여관으로 찾았다. 그는 상해에 온 뜻을 이렇게 말하였다. '제 나이가 이제 서른한 살입니다. 앞으로 서른한 해를 더 산다 하여도 지금까지보다 더 나은 재미는 없을 것입니다…이제부터는 영원한 쾌락을 위해서 독립사업에 몸을 바칠 목적으로 상해에 왔습니다.' 이 씨의 이 말에 내 눈에는 눈물이 찼다…."(김구의 〈백범일지〉 중에서)

　일왕 히로히토를 향해 폭탄을 던져 세상을 놀라게 한 이봉창(李奉昌·1900~1932) 의사는 개성이 강한 독특한 인물이었다. 당시 일왕을 직접 처단한다는 생각은 백범 김구도 하지 못한 생각이다.

　백범은 이봉창을 만난 일을 다음과 같이 회상했다. "하루는 어떤 청년 동지 한 사람이 거류민단으로 나를 찾아왔다. 그는 이봉창이라 하였다. 그는 말하기를 자기는 일본에서 노동을 하고 있는데 독립운동에 참예하고 싶어서 왔으니 자기와 같은 노동자도 노동을 하면서 독립운동을 할 수 있는가 하였다…며칠 후였다. 내가 민단 사무실에 있노라니 부엌에서 술 먹고 떠드는 소리가 들리는데 그 청년이 이런 소리를 하였다. '당신네들은 독립운동을 한다면서 왜 일본 천황을 안 죽이오?'….."

이봉창 의사는 1932년 1월 8일 도쿄에서 일본 왕의 행렬에 폭탄을 던졌으나 일왕 처단에 실패하고 형장의 이슬로 사라졌다. 거사는 비록 실패했지만 당시 간신히 명맥만 유지하던 상해 임시정부의 존재를 전 세계에 각인시킨 일대 쾌거였다. 쾌거는 석 달 남짓 뒤인 4월 29일 윤봉길 의사의 '홍구(虹口)의거' 성공으로 이어져 꺼져가던 임정의 불씨를 되살려 놓는다.

이봉창은 여느 독립운동가와는 달리 쾌활하고 발랄한 '모던 보이'였다. 떠벌리기 좋아하고 술과 음악, 여인도 좋아했다. "성행(性行)은 춘풍같이 화애(和靄)하지만 그 기개는 화염같이 강하다. 그러므로 대인담론(對人談論)에 극히 인자하고 호쾌하되 한번 진노하면 비수로 사람 찌르기는 다반사였다. 주(酒)는 무량(無量)이고 색(色)은 무제(無制)였다. 더구나 일본 가곡은 무불능통(無不能通)이었다."(김구의 〈동경작안(東京炸案)의 진상〉 중에서)

이봉창은 상해에서 술에 취하면 곧잘 일본 노래를 유창하게 부르며 호방하게 놀았다. 민단에 하오리(일본 겉옷)를 입고 게다(일본 나막신)를 신고 왔다가 중국인 경비원에게 쫓겨나기도 했다. 이봉창이 임정에 와서 어울리려 하자 이동녕 선생 등 임정 원로들은 일본 말을 하고 일본 복장을 하고 일본인들과 어울려 다니는 그를 믿을 수 없다며 백범에게 불만을 표시했다. 그러나 백범은 믿고 맡겨달라고 했다. 백범은 임정 사무원인 김동우를 시켜 이봉창을 면밀히 관찰한 결과 그가 단순한 건달이 아님을 간파하고 여러 차례 비밀 면담을 한다. 평소 사람을 너무 쉽게 믿고 사람 보는 눈이 정확하지 않다는 비판도 받고 있었던 백범은 이번엔 보는 눈이 정확했다.

▲1931.12.13

이봉창은 백범과 함께 안중근 의사의 아우인 안공근의 집으로 갔다. 그리고 태극기 앞에서 양 손에 수류탄을 든 채 선서를 하였다. "나는 적성(赤誠·참된 정성)으로서 조국의 독립과 자유를 회복하기 위하여 한인애국단의 일원이 되어 적국의 수괴를 도륙하기로 맹세하나이다." 임정의 비밀결사인 한인애국단은 그의 선서식과 더불어 실질적으로 결성됐다. 백범 역시 이봉창을 '본단(本團)에 가장 먼저 가입한 단원' '오단(吾團)의 최선봉장'이라고 언급한 바 있다. (한인애국단은 공식적으로는 임정 국무회의의 결정에 따라 1931년 11월 결성됐다. 전체 인원 80여 명 중 핵심단원은 10여 명이었다.)

백범의 회고다. "그 길로 나는 그를 안공근의 집으로 데리고 가서 선서식을 행하고 폭탄 두 개를 주고 다시 그에게 돈 300원을 주며 동경까지 가서 전보만 하면 곧 돈을 더 보내마고 말하였다. 그리고 기념사진을 찍을 때에 내 낯에는 처연한 빛이 있던 모양이어서 이 씨가 나를 돌아보고, '제가 영원한 쾌락을 얻으러 가는 길이니 기쁜 낯으로 사진을 박읍시다'하고 얼굴에 빙그레 웃음을 띄운다. 나도 그를 따라 웃으면서 사진을 찍었다."

▲1931.12.16

이봉창은 자신이 근무하던 상해 영창공사로 가서 짐을 정리하고 자신과 잘 알고 지내던 일본인들과 시간을 보냈다. 그리고 그날 저녁 중국 요리집에서 백범을 만나 함께 식사를 했다. 백범은 8원 80전을 주고 산 시계를 이봉창에게 주었다. 두 사람은 중흥여사(中興旅舍·여관)에서 마지막 밤을 함께 보냈다. 백범은 폭탄의 휴대법·사용법·성능 등에 대해 자세하게 설명해주고 "조선독립을 위한 제1의 희생자이므로 강한 애국심을 갖고 반드시 목적을 관철하라"고 격려하였다.

▲1931.12.17

한인애국단은 부두까지 나가 이봉창을 배웅했다. 백범이 먼곳에서 서서 그를 지켜봤고, 그는 일본 귀족아가씨와 함께 페리에 올랐다. 그는 갑판 위에서 손을 높이 들어 애국단 동지들을 향해 흔들었다. 부두에는 그를 하염없이 바라보며 눈물짓는 아녀자도 적지 아니하였고 배웅하러 나온 일본 경찰도 있었다. 여인들은 물론이고 일본 경찰들한테도 그는 인기가 있었다. (상해 주재 일본총영사관의 한 경찰간부는 일본 본토의 경찰서장에게 이봉창을 소개하는 소개장을 써주었다가 이봉창 의거 뒤 자살했다.)

▲1931.12.19

이봉창이 탄 우편선 고오리가와 마루(氷川丸)호가 고베에 도착했다.

▲1931.12.20

이봉창은 나라(奈良)로 가서 인옥잡화점 주인 딸에게 선물을 전해주었다. 그 후 오사카로 돌아와 영화를 보고 숙소에서 나와서 '수'라는 여자와 함께 지냈다.

▲상해 출발 10여 일 후

이봉창이 도쿄에서 백범에게 전보를 쳤다. 전문은 "물품을 1월 8일 방매(放賣)하겠습니다"라는 암호문이었다. 백범은 곧 200원을 전보환으로 부쳤다. 며칠 후 이봉창은 "미친 놈처럼 돈을 다 쓰고 여관비 밥값이 밀렸던 차에 200원 돈을 받아 주인의 빚을 청산하고도 돈이 남았습니다"라는 편지를 보내왔다.

▲1932.1.8

거삿날. 이봉창은 도쿄 경시청 앞에서 일왕 히로히토 행렬에 폭탄을 던졌다. 겨냥한 것은 두 번째 마차였다. 일왕은 첫 번째 마차에 타고 있었는데 그 마차엔 한 사람만 타고 있어 이봉창은 일왕이 아니라고 생각했다. 폭탄은 궁내부 대신이 타고 있던 두 번째 마차 뒤쪽의 마부가 서는 받침대 아래에 떨어져 터졌다. 그러나 수류탄의 성능이 약해서 마차 밑바닥과 바퀴의 타이어가 파손되었을 뿐 인명피해는 없었다. 사방에 있던 사람들이 흩어지고 제복을 입은 순사가 이봉창의 뒤에 있는 무명옷을 입은 사내를 체포해 연행하려 했다. 이봉창은 엉뚱한 사람이 잡혀가는 것을 보고 "아니다, 나다"라고 말하며 순사에게 자진 체포되었다. 체포는 곧 죽음을 의미했는데, 이런 즉각적인 행동은 평소 숭고한 정신이 없다면 결코 할 수 없는 행동이다. 어쨌든 거사는 실패했다.

하지만 이날 저녁 도쿄에서 발신된 통신이 전 세계로 퍼져나갔다. 일본의 심장부에서 일왕 암살 시도가 발생하자 일본 열도는 아연실색했다. 반면 일본의 침략을 받은 중국의 매체들은 흥분했다. 중국신문 중앙일보는 이봉창 의사를 '천하제일의 지사'로 추켜세웠다. 상해와 청도에서 발행되던 민국일보는 기사 부제목이 '일본 천황이 열병식을 마치고 도쿄로 돌아가다가 돌연 저격을 당했으나 폭탄은 불행히도 뒤따르던 마차에만 폭발했고

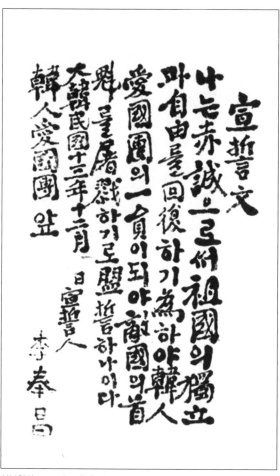

이봉창이 1931년 12월 한인애국단에 가입하면서 작성한 선서문

이봉창 의사가 일본 왕에게 폭탄을 던지기 전 태극기 앞에서 거사를 다짐하며 촬영한 사진. 독일 함부르크에서 입수돼 2016년 공개됐다.

범인은 즉시 체포되었다'였다. 중국국민당 기관지인 국민일보도 특호 활자로 '한국인 이봉창, 일본 천황을 저격했으나 불행히도 맞지 않아(韓國人李奉昌狙擊日皇不幸不中)'라고 보도했다. 이 보도들에서 "불행히도"라는 표현이 문제가 됐다. 격분한 일제는 민국일보를 폐간시켰고 청도의 중국국민당 건물을 파괴했다. 같은 이유로 장사(長沙) 등 중국의 다른 지역 신문사들도 습격해 간부들을 구타하고 윤전기에 모래를 뿌렸다.

이봉창 의거는 일왕을 처단하진 못했지만 일본이 조장한 '만보산(萬寶山)사건'으로 야기된 한·중 양국민의 감정 대립을 말

중국 상해와 청도에서 발행되던 민국일보의 이봉창 의거 관련 기사. 부제목에 '不幸(불행히도)'이라는 표현이 들어 있다.

끔히 해소하였다. 이봉창 의거 등으로 인해 '1·28 상해사변'이 일어났고 석 달 뒤인 4월 29일 천장절(天長節·일왕 생일)에 맞추어 전승기념식을 거행하던 상해 주둔 일본 수뇌부는 윤봉길 의거로 풍비박산이 난다. 이어 임정에 해외 한인 등 외부의 지원이 쇄도하면서 임정은 마침내 기사회생한다. 임시정부를 반대하던 동포들도 이제는 태도를 바꾸어 김구를 격려했다. 당시 상황을 김구는 "나를 격려하는 서신이 태평양 위로 눈꽃처럼 날아들었다"라고 묘사했다. 사실 이봉창 의사의 거사자금도 하와이 교민들이 모금해준 돈이었다. 교민들은 백인 농장주의 채찍과 일본인들의 텃세에 시달리면서도 피땀 흘려 모은 돈을 상해로 보낸 것이다. 눈물겹지 않을 수 없다.

일본 검찰은 이봉창 의사를 취조한 결과를 다음과 같이 적었다. "범인은 언어가 명석하여 일본인과 다름이 없고, 태도는 태연하여 처음부터 끝까지 미소를 띠고, 이런 중대한 범행을 저질렀음에도 불구하고 반성하는 관념은 털끝만큼도 없다. 1928년 11월에 거행된 (천황) 즉위식을 참관하기 위해 교토(京都)로 갔을 때 조선인이라는 이유로 무고하게 10일간이나 유치된 것에 분개하여 사상의 변화를 일으켰다." 이봉창은 일본 검찰의 조사를 받으면서 백범 김구를 만난 사실을 발설하지 않고 백정선이라는 인물의 지시를 받았다며 잡아뗐었다고 한다. 그러나 사건 주모자가 김구라는 사실은 취조과정에서 곧바로 밝혀졌다. 이봉창에 대한 일제의 마지막 신문조서인 9회 신문조서엔 이봉창이 "김구의 부추김에 놀아난 나 자신의 어리석음을 원망하고 있습니다"라고 진술한 것으로 기록돼 있지만, 많은 전문가들은 날조된 기록으로 보고 있다.

이봉창 의거로 일본 정부에 대한 탄핵안이 제기되면서 일본 정계는 파란에 휩싸였고, 곤경에 처한 이누카이 총리는 1932년 1월 22일 중의원(하원)을 해산시킨다. 군부 내에 극우적인 분위기가 크게 대두됐고, 1932년 5월 15일 해군의 극우 청년장교들이 이누카이 총리를 암살하였다. 이봉창 의거를 계기로 일본 정당정치가 사실상 붕괴한 것이다.

이봉창은 서울 용산구 원효로2가에서 태어났다. 그의 옥중수기에 따르면, 어린 시절 부유하게 자랐다. 그러나 토지가 총독부에 수용당하고 아버지가 병석에 눕자 가세가 기울었다. 4년제 용산 문창보통학교를 졸업한 뒤 곧바로 직장생활을 해야 했다. 일본인이 경영하는 제과점의 종업원으로 취직했으나 주인으로부터 학대를 받았고, 남만(南滿) 철도회사 용산정거장에서 운전견습을 했으나 역시 일본인 직원들로부터 '조센징(조선인을 비하하는 말)'이라 불리며 굴욕적인 수모와 설움을 당했다. 여기서 이봉창은 부모나 이웃, 그리고 자신이 받은 민족적인 수모와 설움이 모두 나라를 일본에 빼앗겼기 때문이라는 사실을 자각한다.

1925년 이봉창은 철도원 생활을 그만두고 일본으로 건너간다. 나고야·도쿄·요코하마 등을 전전하며 일본어를 익히는 한편, 상점 점원이나 철공소 직공·잡역부·날품팔이 등으로 직업을 바꾸면서 일본인처럼 생활하려 애썼다.

한때 일본인이 되고 싶어 조카딸과도 왕래를 끊었던 이봉창은 그러나 아무리 노력해도 일본인들에게 멸시당할 수밖에 없다는 사실을 깨닫고 조선인으로서의 민족의식을 갖게 된다. 이어 일왕에 대한 공격계획을 스스로 세워 임정을 찾아간다. 그는 백범을 처음 만난 날 "제가 천황에게 접근할 기회가 주어지면 그를 사살하고 싶으니 선생님께서 저를 도와주시기 바랍니다. 매년 1월 8일 천황은 도쿄 요요기(代代木) 광장에서 열병을 하는데 이

것은 제가 이용할 수 있는 아주 좋은 기회입니다"라고 거사 계획을 구체적으로 밝혔다.

이봉창의 바지에 폭탄을 넣을 속주머니를 만들어주었던 항일운동가 이화림은 이봉창에 대해 "얼굴도 잘 생기고 키도 컸으며, 얼굴은 붉은 오동색을 띠며 길고 넓었고, 눈썹은 진했고 눈은 빛났고, 일본어는 유창한 표준어를 구사해 누구도 그를 조선인으로 생각하지 않았다"라고 했다. 이봉창은 악기 연주에도 뛰어나 그가 연주한 연가(戀歌)는 많은 일본 여인의 마음을 사로잡았다. 이런 이봉창에게 어느 일본 귀족아가씨가 접근했다. 그는 이봉창이 일하던 상해의 악기점에 자주 들러 이봉창과 함께 슈베르트의 〈소야곡〉 같은 노래를 연주하곤 하더니 이봉창에게 사랑의 도피를 하자고 매달렸다. 이봉창은 모던보이였지만 헝가리 애국시인 페퇴피 산도르(1823~1849)의 시를 전해주면서 그녀의 제의를 뿌리쳤다.

사랑이여,
그대를 위해서라면
내 목숨마저 바치리.
그러나 사랑이여,
조국의 자유를 위해서라면
내 그대마저 바치리.

이봉창이 바지 속주머니에 폭탄을 숨기고 상해를 떠나 무사히 일본으로 잠입할 수 있었던 것은 그 일본 귀족아가씨가 동행했기 때문이라고 이화림은 말했다. 귀족아가씨가 동행했기 때문에 일본 경찰의 몸수색과 검문을 피할 수 있었다는 뜻이다.

독립운동단체 더 알아보기 - 의열단과 한인애국단

-의열단

3·1 운동이 일제의 무력탄압으로 진압되면서 무력투쟁의 필요성이 제기되었고, 이에 만주와 연해주에 많은 독립군 부대와 항일의열 단체가 조직되었다. 의열단은 김원봉이 중심이 되어 만주 길림성에서 1919년 비밀결사로 조직되었다. 이들은 조선총독부, 경찰서, 동양척식주식회사 등 식민지배기구 파괴와 조선총독부 고위 관리 및 친일파 우두머리 처단에 나섰다. 동포들의 애국심을 고취하고 민중봉기를 유발해 민중 직접혁명을 일으키려 하였다. 하지만 개별적인 폭력투쟁의 한계를 인식하고 1920년대 후반부터 조직적 무장투쟁으로 전환했다. 이후 중국 국민당정부의 지원 아래 조선혁명간부학교를 세워 운영했으며, 중국 지역 민족유일당 결성 운동을 전개하기도 했다. 후에 민족혁명당(1935) 결성을 주도하였다.

-한인애국단

1920년대 중반 이후 임시정부 활동이 침체되고, 만보산사건과 만주사변이 일어나면서 중국인들의 반한 감정이 고조되었다. 이에 백범 김구는 임시정부의 활로를 찾기 위해 한인애국단을 조직했다. 애국단원이었던 이봉창은 1932년 도쿄에서 일본 국왕에게 폭탄을 투척하는 의거활동으로 항일민족운동의 활력소가 되었고, 중·일 간의 적대감정을 해소하는 계기를 제공했다. 역시 단원이었던 윤봉길은 홍구공원 의거로 임시정부를 기사회생시켰다.

"내 무덤에 무궁화 꽃을…", '한국의 체 게바라' 백정기

백정기 (전라북도 정읍, 1896년 1월 19일 ~ 1934년 6월 5일)

일제강점기 아나키스트 계열의 독립운동가. 7살 때부터 한문을 공부했으며 1919년 3·1 운동이 일어나자 독립선언문과 전단을 가지고 고향 정읍에서 항일운동을 이끌었다. 그후 각지를 돌며 독립운동자금을 마련하여 중국 북경으로 망명, 일제 시설 파괴에 주력하였다. 1924년 일왕을 암살하려고 도쿄에 갔으나 실패했다. 같은 해 조선무정부주의자연맹 설립에 관여하면서 상해로 가 재중국 무정부주의자연맹을 결성하는 데 조선대표로 참가했다. 1932년 상해에서 자유혁명자연맹(후에 흑색공포단)을 조직하고 대일투쟁을 전개했다. 1933년 3월 상해 홍구지역에서 아나키스트 동지들과 중국 주재 일본공사 아리요시 아키라 등을 암살하려다 체포되었다. 이후 나가사키로 이송되어 나가사키 법원에서 무기징역을 선고받고 이사하야 감옥에서 복역하던 중 옥사했다.

13

"왜적 거두의 몰살은 내게 맡겨 주시오"
-백정기-

1933년 3월 5일 중국 상해. 한국의 아나키스트(무정부주의자) 항일투사들이 모였다. 백정기, 정화암, 이강훈, 엄형순, 원심창, 양여주(오면직) 등이었다. 전날 이들은 일본 요인 수십 명이 그달 중순 친일 중국정객들을 만나 한국독립운동을 척결할 방안을 모색할 것이라는 정보를 듣고 이들을 제거하기로 했다. 하지만 서로 거사를 떠맡겠다고 나서는 바람에 이날 다시 모여 제비뽑기를 하기로 한 것이다.

제비뽑기에서 한자 '有(유)'자가 적힌 제비를 뽑는 사람들이 거사를 맡기로 했다. 당시 모임에 참석했던 이강훈 의사는 "모두 여덟 명이 모였는데 백정기 동지와 나와 원심창 동지가 뽑혔다"라고 했다. 거사 계획은 현장에서 이 의사가 먼저 큰 폭탄을 투척하고 추격해오는 적에게는 백 의사가 수류탄을 던지고

백 의사가 의거 현장에서 소지하고 있었던 도시락폭탄과 권총

권총을 쏘는 것이었다. 일본어가 유창한 원심창 의사는 안내역을 맡았다.

이에 앞서 원심창은 평소 교류가 있던 오키라는 일본 아나키스트한테서 고급 정보를 받았다. 3월 17일 상해 고급 요정 육삼정(六三亭)에 중·일 요인들의 모임이 예정돼 있는데 일본 측에서는 육군대장 아라키 사다오와 일본공사 아리요시 아키라 등 거물들이 참석한다는 것이었다. 아라키는 일본 군부를 대표하는 육군대신으로서 당시 총리대신보다 더 실권이 있었고, 아리요시는 그동안 많은 한국 독립운동가들을 체포해 원성이 자자한 인물이었다. 백정기 의사 등은 이 육삼정 모임 정보를 접하고는 적들에게 한국 독립투사들의 의기를 보여줄 절호의 기회가 왔다고 생각했다.

거사를 위해 대형 폭탄 2개가 준비됐다. 이 폭탄은 백범 김구가 윤봉길 의거로 가흥(嘉興·자싱)으로 피신하면서 양여주에게 맡겨둔 것으로, 윤봉길이 의거 때 휴대했던 것과 똑같은 도시락형 폭탄이었다. 이 폭탄 외에 중국인 동지들한테서 받은 권총 2자루와 탄환 20발, 그리고 수류탄 1발도 준비됐다.

민족주의자 백범은 아나키스트들과 이념 노선이 달랐지만 항일투쟁에는 공조를 했다. 독립운동을 하다 일제 밀정으로 전락한 옥관빈을 처단할 때도 백범이 자금을 대고 정화암과 엄형순, 양여주 등 아나키스트들이 실행을 했다. 이 사건 이후 엄형순과 양여주는 아나키스트 단체인 남화한인청년연맹에서 백범의 한인애국단으로 이적을 한다. 정화암은 해방 후 인터뷰에서 "남화연맹 청년들이 직접 행동을 취한 것은 전부 백범과 연결이 되어 있었다. 구체적으로는 1932년 5월에 백범과 모의해서 남화연맹을 중심으로 서간단(鋤奸團)을 결성한 것이다. 반민족자, 즉 간(奸)을 죽여 없애는 단체이다…서간단에서 활동하다 적에게 잡혀 희생된 동지가 약 30명에 이른다"라고 회고했다.

육삼정 거사 실행자로 뽑힌 백정기 의사와 이강훈 의사는 거사에 실수가 없도록 폭탄투척 연습을 반복했다. 거사 예정시각은 육삼정에서 회합이 열리는 3월 17일 오후 9시부터 11시 사이.

거사일 오후 6시쯤 백정기·이강훈 두 의사는 유자명·양여주와 만나 "죽어 저승에서 보자"는 마지막 작별인사를 한 뒤 오후 8시쯤 현장 부근에 도착했다. 백 의사는 육삼정 건너편 중국음식점인 송강춘(松江春) 2층으로 올라갔고, 이 의사는 중국옷에 대형폭탄을 옆에 낀 채 절름발이 행세를 하며 주위를 살폈다. 백 의사는 자세한 현장 상황을 파악하기 위하여 일본인 오키를 만나기로 되어 있었다. 하지만 오키를 믿은 것이 큰 실수였다. 오키는 오지 않았고 대신 일본 경찰 등 10여 명의 체포대가 이들을 덮쳤다. 정보가 사전에 누설돼 일경들이 포위망을 치고 기다리고 있었던 것이다. 재판 결과 백정기 의사와 원심창 의사는 무기징역, 이강훈 의사는 징역 15년을 선고받았다. 백 의사는 결국 옥사했다.

백정기(白貞基·1896~1934) 의사는 열정적인 아나키스트였다. 아나키즘은 통상의 정부 형태를 포함해 일체의 지배적인 조직이나 기구를 인정하지 않는다. 분규와 갈등의 원인이 '두드러진 지배자'가 있기 때문이라는 논리에 따른 것이다. 백 의사는 그런 아나키즘을 신봉했지만 그의 의열투쟁은 이봉창·윤봉길 의사의 그것과 다를 바 없었다. 육삼정 의거가 성공했다면 의열투쟁이 계속 이어졌을 가능성이 높다.

백 의사는 이봉창·윤봉길 의사와 함께 '3의사'로 꼽히지만 상대적으로 덜 알려져 있다. 거사가 실패한 데다 아나키스트로서 임시정부의 존재를 인정하지 않은 탓도 있다. 하지만 그는 항일의지가 누구보다도 강했고, 의리를 목숨보다 중히 여긴 진정한 휴머니스트였다. 그는 육삼정 거사에 나서기 전 동지들에게 "나의 구국일념은 첫째, 강도 일제로부터 주권과 독립을 쟁취함이요, 둘째, 전 세계 독재자를 타도하여 자유와 평화 위에 세계일가(世界一家)의 인류공존을 이룩함이니 왜적 거두의 몰살은 나에게 맡겨 주시오"라고 장담했다.

백 의사는 전북 정읍의 농가에서 태어났다. 호는 구파(鷗波). 어릴 때 홀어머니 밑에서 낮에는 농사일을 돕고 밤에는 독학을 해 14세 무렵 사서삼경(四書三經)을 모두 익혔다고 한다.

그는 1919년 고향의 3개 마을을 다니며 3·1만세운동을 선도하였다. 그해 8월 동지 4명과 함께 상경해 서울과 인천 등지에서 일제기관의 파괴·방화와 침략 원흉의 처단, 보급로 차단 등 항일투쟁을 계획했으나 사전에 일경에 탐지되어 뜻을 이루지 못했다.

이후 항일운동에 투신하기 위해 '파란 눈의 독립운동가' 조지엘 쇼의 도움을 받아 중국 심양(瀋陽·선양)으로 간다. 거기서 훗날 육삼정 의거의 동지가 되는 이강훈 의사를 만나 인연을 맺었다. 백 의사는 1921년 말에 북경에 가 그곳에서 독립운동을 하고 있던 우당 이회영과 단재 신채호 선생을 자주 만나 아나키즘 사상을 받아들인다. 백 의사는 한때 우당 및 그의 아들 규창과 동거하기도 했다.

백 의사는 1924년에 일본 도쿄로 건너가 수력공사장을 폭파하려 했으나 실패하고 북경으로 돌아온 뒤 조선무정부주의자연맹을 결성하였다. 1930년엔 상해에서 일제의 밀정을 암살하는 아나키스트 항일조직 남화(南華)한인청년연맹을 창립하였다. 이어 중국 동북부 길림성(吉林省·지린성)으로 가 이강훈·김종진 등과 함께 김좌진·이을규 등이 조직한 한족총연합회에 가담, 혁명사상 고취에 힘쓰는 한편 반동분자 축출과 일제의 앞잡이 색출에 주력했다. 1925년 5월 30일 상해에서 총파업이 일어나자 중국인 아나키스트들과 함께 10만여 명 단위의 대규모 노동자조합을 만들어 독립운동에 활용할 계획을 세우기도 했다.

1932년 이봉창 의거 직후 일제가 상해를 침공하는 1·28 상해사변이 일어나자 백 의사는 동지 15명과 함께 파괴와 암살을 목적으로 하는 흑색공포단을 조직하였다. 흑색공포단은 일본 영사관들을 습격하여 방화하고 파괴했으며, 특히 천진(天津·톈진)에서는 백 의사와 이강훈, 원심창 등이 중국인과 공조해 군수물자를 싣고 들어온 일본 군함을 폭탄으로 파괴하는 큰 전과를 올렸다.

백 의사는 자신이 존경하던 우당 이회영 선생이 1932년 대련으로 가다 일제에 체포돼 옥사하자 우당의 행선지를 알려준 배신자를 찾아 나선다. 배신자는 놀랍게도 우당의 조카 이규서와 백범의 비서 엄항섭의 처남 연충렬이었다. 백 의사 등 아나키스트들은 두 사람을 삼노끈으로 교살한다. 우당의 둘째형 석영의 아들인 이규서는 일제 밀정의 마수에 걸려 작은 아버지의 행선지를 누설했다. 우당 6형제가 당초 만주로 독립망명을 떠난 것은 우당의 제의에 따른 것이었고 독립자금을 가장 많이 제공한 사람이 둘째 석영이었다. 이 때문에 우당은 형 석영이 신흥무관학교 설립 등에 엄청난 재산을 소진하고 끼니를 잇지 못하

체포된 백정기 의사. 눈빛이 강렬
하다.

는 고초를 겪자 늘 죄스러워했다. 하지만 이번엔 형 석영이 동생 우당의 순국 소식에 넋을 잃었다. 석영은 두부비지로 연명하다 동생이 순국한 지 2년 뒤 영양실조로 숨졌다. 소설 같은 비극이었다.

백 의사는 윤봉길 의사와는 별도로 홍구공원 거사도 준비했다. 당시 백 의사는 임시정부 측에서 11시에 거사를 한다는 정보를 듣고 이보다 이른 10시에 거사를 하기로 하고 폭탄을 품고 있었으나 막판에 입장권을 구하지 못해 실행을 하지 못했다. 대신 폭우를 뚫고 달려온 일본인 종군기자한테서 윤봉길 의사의 거사 성공 소식을 들었다. 이런 실패에 한이 맺힌 백 의사는 이듬해 육삼정 의거에 나섰지만 아쉽게도 또다시 뜻을 이루지 못했다. 현지 신문 신보(新報)는 백정기 의사 등이 체포되는 모습을 의거 다음날 다음과 같이 전했다. "경찰이 총을 겨눴는데도 얼굴색이 변하지 않았다. 목격한 종업원은 그들이 끌려가면서도 줄곧 태연하고 당당해 이상히 여겼다. 그중 한 사람은 경찰이 손찌검을 해도 웃으며 주눅들지 않았다."

백 의사는 육삼정 재판 과정에서 자신이 모든 것을 주도했다고 주장했다. 백 의사와 동거했던 아나키스트 이규창 선생은 "그 많은 사람 중에 백정기 선생과 엄형순(엄순봉) 선생 같은 분은 이

세계에 둘도 없는 분으로 생각되었다. 그
두 분은 참으로 인간의 훌륭한 점은 다 갖
추었다고 생각된다"라고 회고했다. 엄형
순은 1935년 조선인거류민회 부회장으
로 있던 친일파 이용로를 살해한 뒤 사형
선고를 받고 순국한 독립지사이다. 당시
이규창 선생도 함께 이용로 처단에 나섰
다가 징역 13년형을 선고받았다.

이강훈 의사

백정기 의사의 의거 동지 이강훈(李康勳·1903~2003) 의사
의 의기도 대단했다. 그는 육삼정 의거 선고공판에서 재판부를
향해 추상같은 일갈을 했다. "불공대천의 원수 놈들인 너희에게
무엇을 호소하겠느냐. 너희를 죽이지 않으면 내가 죽는 것이다.
재판하느라 수고했다. 할 말은 많으나 야수 같은 너희들에게 무
슨 말을 하겠는가." 이강훈 의사는 옥사한 백정기 의사와 달리
1945년 광복으로 출옥한 뒤 광복회장까지 지냈다.

백정기 의사는 외모가 상당히 준수했다. 수감 당시 촬영한 강
렬한 눈빛의 사진을 보면 영화배우를 연상케 한다. 백 의사는 폐
병으로 상해의 결핵요양소에 머물렀는데 여기에 일본 대부호의
딸이 폐병 요양차 들어왔다. 두 사람은 가까워졌고 일본 처녀는
사랑을 고백한다. "어디든 따라가 그대 옆에서 죽으면 여한이 없
겠다"라고 하소연했다. 하지만 백 의사는 그녀의 청을 끝내 거절
하고 항일전선으로 돌아간다. 정화암은 자서전에 "강철 같은 저

격수 백정기도 우울할 때면 그 소녀의 맑은 눈망울, 눈물이 고이는 그 눈망울이 아른거렸다"라고 적었다.

백 의사는 성격이 불같았지만 대단한 휴머니스트였다. 육삼정 의거로 함께 체포됐던 정화암은 〈나의 회고록〉에서 "백정기는 전차회사에 다니면서 제대로 먹지도 못하고 중노동을 하느라 몸이 몹시 허약해졌다. 여기에 의열단에 있던 김 모가 북경에서 폐병에 걸려 상해로 돌아왔다…백정기는 그를 돌보다가 자신도 폐병에 감염되었다. 폐병은 당시 불치병으로 인식돼 있었다. 백정기는 식사 때나 대화 때 주위 사람에게 일말의 피해를 주지 않기 위해 갖은 노력을 다하였다. 교민사회는 그에 대한 칭찬을 아끼지 않았다…."

백 의사는 어느 날 한글학자 김두봉(후에 북조선노동당 위원장 역임)의 집에 갔다가 아이들이 병에 걸려 먹지도 못하고 누워서 죽기를 기다리고 있는 모습을 보았다. 그는 속옷과 겉옷을 몽땅 벗어 준 뒤 두루마기만 걸친 채 시장의 전당포로 달려갔다. 거기서 겨우 돈 몇 푼을 얻어 빵과 약을 사들고 다시 김두봉의 집으로 달려갔다. 백 의사는 순수했고, 이상을 좇았고, 약자를 연민했으며, 비극적으로 생을 마감했다. 정화암은 그에 대해 "3·1운동을 전후해 항일의 깃발을 들고 만주로 중국으로 일본으로 전전하며 싸운, 휴식을 모르는 정열적인 혁명가였다"라고 했다. 그런 점에서 백 의사는 휴머니스트 혁명가 체 게바라와 닮았다.

백 의사의 유해는 일본 땅에 묻혔다가 광복 1년 후인 1946년 이봉창, 윤봉길 두 의사의 유해와 함께 조국에 봉환되어 효창공원 3의사 묘역에 안장되었다. 백 의사는 순국 전 "평생 죄송스러운 것은 노모에 대한 불효가 막심하다는 것이다. 조국의 자주독립이 오거든 무궁화 한 송이를 무덤 위에 놓아두기 바란다"라고 부탁했다. 효창공원 그의 무덤에 늘 무궁화가 있으면 좋겠다.

죽음에서 걸어 나온 '임정 수호신' 김구

백범 김구 (황해도, 1876년 7월 11일 ~ 1949년 6월 26일)

일제강점기의 독립운동가이자 종교인, 교육자, 통일운동가, 정치인이다. 젊어서 동학교도였고, 한때 불교에 귀의했으며, 신민회에서 활동한 개신교 신자였다. 후에 또 천주교 신자가 되어 베드로라는 세례명을 받았다. 젊은 시절 양산학교, 보강학교 등에서 교육자로 교편을 잡았고 해서교육총회 학무총감으로도 활동했다. 이후 일제의 탄압에 맞서 애국계몽운동을 전개하다 1919년 3·1운동이 일어나자 상해로 망명했다. 상해에서 임시정부에 참여하여 의정원 의원, 경무국장, 내무총장, 국무총리대리, 내무총장 겸 노동국총판을 거쳐 국무령, 국무위원, 내무장, 재무장 등을 지냈다. 대한민국임시정부를 실질적으로 이끌었던 그는 비밀결사인 한인애국단을 조직, 윤봉길 의거와 이봉창 의거를 지휘했다. 1945년 광복 이후에는 신탁통치 반대운동과 미·소공동위원회 반대운동을 추진하였으며, 1948년 1월부터 남북협상에 참여했다. 그러나 그의 통일조국 건설의 열망은 좌·우 이념대결과 국제정세의 흐름에 밀려 결실을 맺지 못하였다. 1949년 집무실인 경교장에서 안두희가 쏜 총탄을 맞고 운명하였다.

14

"통일된 독립국을 보기 전까지 죽을 수 없습니다"
-김구-

'첫째 총탄에 김구, 둘째 총탄에 현익철, 셋째 총탄에 유동열, 넷째 총탄에 지청천이 맞았다. 현익철은 현장에서 즉사하고 김구와 유동열은 중상을, 지청천은 경상을 입었다.'

1938년 5월 7일 중국 호남성(湖南省) 장사(長沙·창사)의 남목청(楠木廳)이라는 건물에서 저격사건이 벌어졌다. 지청천이 이끄는 조선혁명당의 본부이자 임정 요인과 그 가족들의 거주지로 사용되던 이 건물에서 한국독립당과 한국국민당, 조선혁명당 등 3당 대표가 통합문제를 논의한 뒤 만찬을 할 때였다. 난데없이 조선혁명당 간부 출신인 이운한(李雲漢)이 들이닥쳐 권총을 발사한 것이다. 중상을 입은 김구와 유동열은 급히 병원으로 옮겨졌다. 장사에서 가장 시설이 좋다고 알려진 상아(湘雅)의원이었다. 백범은 총알이 심장을 스쳐가는 중상이었고 유동열은 허리 관통상을 입었다.

　백범 김구는 의식불명에 빠졌다. 만약 이때 그가 숨졌다면 대한민국임시정부의 역사는 물론이고 대한민국 전체 역사가 바뀌었을지 모른다. 백범은 그러나 기적처럼 일어났다. 둘째아들 김신은 "가슴에 총탄이 박힌 아버지는 의식불명으로 한 달간 입원하셔야 했다. 처음 병원에 실려 가셨을 당시 의사는 살아날 가능성이 전혀 없다고 판단하고 아버지를 그냥 응급실에 방치해 두었다. 그런데 수일(4시간 설이 있음)이 지나도 아버지는 숨을 쉬고 계셨고 이를 확인한 의사는 그제야 치료를 시작했다. 이 소식을 들은 장개석(蔣介石·장제스) 중국국민당 총통은 측근인 호남성 성장 장치중(張治中)에게 '모든 힘을 다해 김구를 살려내라'고 명령했다"라고 회고록에 적었다. 당시 장개석은 하루에 여러 차례 전문을 보내 백범의 병세를 물었다고 한다. 그때 홍콩에 있던 아들 김인과 안중근의 동생 안공근은 백범의 장례를 치르기 위해 급히 장사로 달려왔다가 백범이 살아있는 것을 보고 깜짝 놀랐다.

　백범의 체력은 타고난 것 같았다. 정정화 여사는 회고록 〈장강일기〉에서 백범의 모친 곽낙원 여사의 말을 인용, 다음과 같은 일화들을 소개했다. "백범이 네 살 때의 일이란다. 화로에 꽂아두고 쓰는 작은 부삽이 있었는데 백범이 그걸 가지고 놀다가 그만 손등에 덜컥 달라붙었다. 그런데도 네 살 난 아이는 울지도 않고 가만 앉아서 '어 이 부삽이 내 손등에 가 붙었네'라고 말했

이동녕과 임정요인들(앞줄 오른쪽에서 두 번째가 이동녕, 그 다음이 김구와 이시영)

다고 한다", "모진 고문 끝에 살피듬이 터져 나가고 피가 엉겨 붙었다. 그러기를 몇 날 며칠, 상처가 아물지 않았던지 백범의 다리에 큰 종기가 생겼다. 일본 군의관이 와서 시퍼런 칼날을 들이대고 그 종기를 무작스럽게 도려내는 데도 백범은 아프다는 소리는커녕 눈썹 하나 까딱 않고 그냥 앉아 있었다…."

저격 사건 직후 중국 당국의 조사로 범행의 배후는 확인됐다. 항일과 부일(附日) 사이를 오가던 박창세 등이었다. 이들의 사주를 받은 저격범 이운한은 저격의 목적이 백범 살해였다고 진술했다. 하지만 이후 이운한이 탈옥해 사라짐으로써 사건 전개 과정은 정확히 밝혀지지 않았다. 당시 백범의 몸속에서 제거하지 못한 총탄은 백범이 안두희의 저격으로 서거할 때까지 몸속에 그대로 남아있었다. 백범은 27년 동안 임정을 지키며 무수한 위기를 넘겼다. 백범은 생명의 위기를 넘길 때마다 어머니 곽낙원 여사에게 "전 죽지 않습니다. 서울에 가서 통일된 자주독립국을 보기 전까지는 눈을 감을 수 없습니다"라고 말했다. 1932년 4월 백범은 윤봉길 의거를 성공시키자마자 일제의 추격을 피해 기나긴 도피길에 올랐다.

백범은 급한 대로 상해의 YMCA 간사인 미국인 목사 피치(Fitch)의 집으로 피했다. 피치의 아버지도 목사였는데 생전에 한국 독립운동가들에게 무척 동정적이었으며, 역시 목사인 그의 형도 반일사상이 강했다고 한다. 피치의 집은 프랑스 조계 안에 있어 비교적 안전했는데 피치는 자신의 집 2층을 백범에게 제공했다. 백범은 이곳에서 김철, 안공근, 엄항섭과 함께 상해 인근 가흥(嘉興·자싱)으로 탈출할 때까지 몸을 숨길 수 있었다.

당시 상황에 대해 백범은 "왜(倭)는 제1차로 내 몸에 20만 원 현상(懸賞)을 하더니 제2차로 일본 외무성과 조선총독부, 상해주둔군사령부의 3부 합작으로 60만 원 현상으로 나를 잡으려 하였다"라고 말했다. 여기서 60만 원은 60만 대양(大洋)이며, 60만 대양은 요즘 가치로 198억원에 해당한다(2002년 기준). 피치 목사의 집에 피신한 지 20여 일 지났을 때 피치 부인이 백범에게 '정탐들이 집을 포위하고 있다'고 알려주었다. 이에 백범은 극적인 탈출을 한다. 그는 피치 부인과 부부로 가장해 어깨를 나란히 한 채 차에 앉았고, 피치 목사는 운전수가 되어 차를 몰았다. 그들은 집 주변에 늘어선 중국인, 러시아인, 프랑스인 정탐들 사이로 아슬아슬하게 빠져나갔다. 백범은 당일 열차

윤봉길 의거 이후 장개석과 회담하는 김구 선생. 장개석은 이때부터 실질적으로 임정을 돕기 시작한다.(박학성 유화)/백범김구기념관

로 가흥으로 잠적했다.

백범은 상해의 항일구원회 회장인 중국인 저보성(褚輔成·추푸청)의 도움을 받아 가흥의 저 씨 집안에서 경영하던 수륜사창(秀綸紗廠)이라는 공장으로 피신했다. 저보성은 신해혁명의 원로이자 항일정신이 투철한 저명인사였다.

지금 가흥엔 '김구피난처'와 '저보성기념관'이 잘 정비돼 있다. 김구피난처는 백범이 머물렀다는 2층 침실의 입구가 옷장으로 위장되어 있고, 옷장 문을 열고 좁고 가파른 계단을 오르면 침실이다. 2층 바닥엔 비상시 아래로 내려갈 수 있는 탈출구가 만들어져 있고 아래로 내려가면 언제든 호수로 나갈 수 있도록 배가 묶여 있다.

저보성　　　　조지 피치 목사

1932년 여름, 가흥 역에서 일제 밀정들의 탐문이 시작되자 저보성은 백범의 안전을 위해 피신처를 아들 저봉장(褚鳳章)의 처가가 있는 해염현(海鹽縣)의 별장으로 옮기게 했다.

사방이 호수로 둘러싸여 일제의 감시가 미치지 못하는 남북호(南北湖) 안 별장인 이곳으로 백범을 안내한 이는 저봉장의 부인 주가예(朱佳蕊)였다.

"부인이 굽 높은 구두를 신고 연방 손수건으로 땀을 씻으며 7,8월 염천에 고개를 걸어 넘는 광경을 영화로 찍어 만대 후손에게 전할 마음이 간절하였다…국가가 독립이 된다면 저 부인의 정성과 친절을 내 자손이나 우리 동포가 누구든 감사하지 아니하랴. 영화로는 못 찍어도 글로라도 전하려고 이것을 쓰는 바이다…."(김구의 〈백범일지〉 중에서)

백범은 그곳 별장에 은신해 있다가 현지 경찰에 신분이 노출되자 다시 가흥으로 돌아간다. 가흥의 매만가(梅灣街)로 돌아온 백범은 광동인(廣東人) 장진구(張震球) 또는 장진(張震)으로 행세하긴 했지만 서툰 중국말 때문에 아슬아슬할 때가 적지 않았다. 중국인으로 완벽하게 위장할 방법을 찾던 중 저봉장은 백범에게 중국 여인과 결혼하라고 제안하였다. 자신의 친구이자 중학교 교원인 과부와 혼인해 살면서 행색을 숨기라고 권한 것이다. 당시 백범은 부인 최준례 여사와 사별한 뒤 독신이었다.

그러나 백범은 유식한 여자와 살면 정체가 탄로나기 더 쉬우므로 차라리 무식한 뱃사공 주애보(朱愛寶·주아이바오)와 같이 있는 것이 안전하다며 결혼 제의를 거절했다. 주애보는 앞서 백범이 상해에서 가흥에 도착한 뒤 매일 낮시간에 몸을 숨겼던 배의 처녀 사공이었다. 그 배는 승객이나 화물을 운송하는 배가 아니라 남호(南湖) 호수 위에 떠있으면서 유람객을 태워주는 작은 놀잇배였다. 이런 배의 노를 젓는 여인들을 '선낭(船娘)'이라고 불렀는데 주애보가 그런 선낭이었다.

백범은 신분 위장을 위해 젊은 여인과 같이 지내긴 했지만 생활은 불안의 연속일 수밖에 없었다. 백범은 당시를 회고하며 "(일제의 추적을 피하기 위해) 오늘은 남문 밖 호숫가에서 자고, 내일은 북문 밖 운하에서 잤다"라고 적었다. 백범은 후에 남경(南京·난징)으로 옮겨가서도 일제의 추적을 따돌리기 위해 주애보를 불러와 부부처럼 동거했다. 백범은 남경의 회청교라는 다리 근처에 집을 얻고 그녀와 생활하면서 고물상으로 신분을 위장했다. 경찰들이 오면 백범은 뒤로 숨고 주애보가 나서 응대했다. 백범은 후에 남경을 떠나 장사(長沙·창사)로 가면서 주애보를 가흥으로 돌려보내는데, 이때 여비를 100원밖에 주지 못한 것을 두고두고 후회했다. 근 5년 동안 자신을 보호하며 섬겨왔는데 제대로 보상을 하지 않고 돌려보냈다는 가책 때문이었다.

백범과 부부로 위장하여 5년간 동거했던 주애보

백범과 주애보가 '선상 동거'를 했던 수륜사창 강물의 유람선

1935년 11월 항주(杭州·항저우)를 떠난 임시정부 가족들은 남경에 머물다 1937년 11월 중국국민당이 마련해 준 목선을 타고 장사로 이동했다. 그해 12월 13일 일본군이 남경을 점령해 불과 6주 만에 30만여 명을 학살하는 '남경대학살' 만행을 저지르기 직전이었다. 만약 백범 일행이 조금만 더 지체했다면 일본군의 마수에 걸려 생존을 보장할 수 없는 아찔한 순간이었다.

1938년 7월 임시정부는 장사에서 광동성 광주(廣州·광저우)로 내려갔다. 광주 시내에 연락처를 두고 인근 불산(佛山·포산)에 자리를 잡았으나 곧바로 일본군이 광동성에 상륙하는 바람에 또다시 부랴부랴 짐을 꾸렸다. 중국국민당이 급히 제공해준 교통편으로 힘겹게 광서성 유주(柳州·류저우)로 옮겨갔다. 노인과 어린애를 포함한 100여 명의 대이동이었으니 그 고초가 어떠했겠는가.

백범은 목숨을 걸고 임정을 수호하는 무서운 결기를 보여주었다. 상해 임정 초기 경무국장 백범은 수하 20여 명의 단원을 이끌고 일제 밀정이나 친일파를 처단하는 일을 맡았다. 백범의 비서실장을 지낸 민필호 선생은 "김구 선생은 한인 밀정이 오면 비밀리에 체포해 상해시 변두리에 세 얻은 집으로 끌고 가서 처리해 버렸고 그 수가 30여 명에 달한다"라고 기록하였다. 당시 현장을 목격했다는 공산주의 항일운동가 이화림의 회고에 따르면, 백범은 프랑스 조계 안에 있는 이화림의 거처에 일제 밀정을 유인해 와서는 직접 목을 졸라 '처단'하였다. "김구 선생은 그에게 물 한 잔을 따라 주었다. 그가 고개를 들어 물을 마실 때 김구 선생은 주머니에서 미리 준비해 둔 끈을 꺼내 재빨리 그의 목을 묶었다…머리를 돌려보니 눈은 이미 풀려 있었고 숨이 이미 끊겼다…." 이화림은 후에 김원봉이 결성한 조선의용대에 가입해 항일투쟁을 했으며 광복 후 중국에 남아 있다가 6·25전쟁 때 북한인민군 6군단 위생소장으로 참전한 인물이다.

우국지사 동농 김가진 선생이 상해로 전격 망명했을 때 일제의 사주를 받고 그의 복귀를 설득하러 상해에 밀파된 동농의 사돈집 청년 정필화도 백범에 의해 처단되었다. 백범은 5년간 경무국장으로 있으면서 심문관, 판사, 검사의 역할을 혼자 했으며 사형집행까지 했다. 그는 스스로 "범죄자의 처벌은 설유방송(說諭放送·훈방) 아니면 사형이었다"라고 할 정도로 강경하였다. 백범의 비서 격이었던 엄항섭이 백범의 구술을 받아 펴낸 〈도왜실기(屠倭實記)〉엔 "왜적이 파견한 밀정 가운데 왔다가 다시 돌아가지 못한 놈들의 수효가 셀 수 없이 많았다"라고 적혀 있다. 일본영사관이 밀정을 파견한 것과 마찬가지로 백범도 일본영사관에 밀정 2~3명을 심어놓고 있었다. 백범의 이런 강경한 성향은 광복 후 그가 송진우와 장덕수의 암살사건 배후로 지목된 것과도 연관이 있다고 보는 사람들이 있다.

상해의 독립지사들도 24시간 독립운동만 한 것은 아니었다. 주로 젊은 층에서 당시 마작을 즐겨한 사람이 많았다고 한다. 백범은 몽둥이를 들고 다니며 이들을 혼내주는 걸로 유명했다. 남편을 마작에 빼앗긴 젊은 부인들의 박수를 받았음은 물론이다. 우당 이회영 선생의 손자인 이종찬 전 국정원장은 "백범이 임정의 국무령이 된 것도 박은식, 이상룡 선생이 임정 최고 책임을 맡았다가 온갖 분파들의 갈등을 감당하지 못해 물러나자 백범처럼 강단 있는 사람이 아니면 안 된다는 공감대가 형성됐기 때문"이라고 말했다.

임정이 극도로 궁핍할 때의 일이다. 백범은 미주 동포들이 임정 앞으로 1년에 몇 백 달러씩 돈을 보내오면 돈을 주머니에 넣고 실로 꿰매어 버렸다. 생활이 아무리 어려워도 사적으로는 그 돈을 쓰지 않았다. 한때 어느 저명한 독립운동가가 그에게 사적으로 쓸 돈을 융통해달라고 부탁했다가 백범이 돈이 있는데도 응하지 않자 원수처럼 사이가 벌어지기도 했다. 백범은 그러나 '일'을 하려는 사람이 오면 서슴없이 꿰맨 주머니를 뜯어 돈을 주었다고 한다. 이봉창 의사가 백범에게 반한 것도 아무런 신분

보장이 없는 자신을 믿어주고 거사 자금까지 기꺼이 내주었기 때문이다. 백범은 담배를 끊는데도 단호했다. 그는 하루에 50개 비 들이 궐련 한 통을 다 피우는 대단한 골초였다. 하지만 어느 날 하루아침에 담배를 끊어버렸다. 안중근 의사의 동생 안공근의 잘못을 꾸짖으면서 "새로운 사람으로 태어나면 나도 담배를 끊겠다"라고 말한 뒤 그날 이후로 담배를 입에 물지 않았다고 한다. 백범이 엄격하기만 한 것은 아니었다. 임정이 중경에 있을 때 장준하 등 일단의 한국청년들이 일본 군부대를 탈출해 임정으로 찾아온 것을 환영하는 자리였다. 장준하가 답사를 하면서 "조국과 민족을 위해서라면, 그리고 선배 여러분의 그 노고에 다소나마 보답이 된다면, 무엇이든지 어디든지를 가리지 않고 하라는 대로 할 각오로 답사를 드립니다"라고 하자 환영식장이 갑자기 울음바다로 변했다. 광복군 출신인 윤재현 선생은 회고록에서 "여러 각료들이 소리 없이 흐느끼더니 김구 주석이 울음을 터뜨리면서 삽시간에 울음바다가 되어버렸다"라고 말했다.

백범의 최대 업적은 무엇일까? 한시준 단국대 교수는 "장개석을 설득해 국제사회에서 한국의 독립을 보장받은 것이다"라고 말했다. 백범은 카이로회담을 앞둔 1943년 7월 26일, 장개석을 찾아가 일본 패망 후 한국을 반드시 독립시켜야 한다고 주장했다. 이에 동의한 장개석은 그해 11월 카이로회담에서 미국 루스벨트 대통령과 영국 처칠 수상을 설득해 한국을 독립시킨다는 데 합의했다. "적절한 과정을 거쳐서(in due course)"라는 단

서가 붙긴 했지만 "한국이 자유롭고 독립된 국가가 될 것임을 결의한다"라는 내용을 선언문에 넣은 것이다. 여기엔 물론 백범과 장개석의 친분이 작용했다. 만약 그때 한국이 독립을 보장받지 못했다면 지금 같은 대한민국이 있을지 알 수 없다. 당시 장개석은 한국을 독립시켜 일본 등 외세의 중국 침략을 차단하려는 구상이 있었을 것이나, 그가 없었다면 대한민국의 독립은 훨씬 많은 시간이 걸렸을지 모른다. 인도 지도자 네루(P. Jawaharlal Nehru)는 "아시아 식민지 가운데 열강에게 독립을 보장받은 유일한 나라는 한국"이라며 부러워했다.

백범의 업적은 여기에 더하여 숱한 고난을 뚫고 대한민국임시정부의 명맥을 유지한 것을 들 수 있다. 백범 말대로 임정 요인들은 1920년대 '잠은 임정 청사에서 자고 밥은 돈벌이 직업을 가진 동포의 집으로 이집 저집 돌아다니면서 얻어먹은, 거지 중에 상거지'였다. 그때 임정을 찾아오는 사람이라곤 밀린 집세 독촉하러 오는 사람뿐이었다. 항일운동가 정화암은 해방 후 다음과 같이 회고했다. "솔직하게 말합시다. 그때 독립운동 안에 모든 파벌이 다 생겨가지고 동(東)으로 갈 사람은 동으로 가고 서(西)로 갈 사람은 서로 갔는데, 그때에도 변함없이 임정의 간판을 고수한 사람이 누구냐 하면 백범입니다. 도산 안창호도 상해에 있었습니다만…임정 간판을 끝까지 고수해야겠다는 생각은 아니었습니다."

백범은 처음에 임정 내무총장이던 도산 안창호에게 임정 청사의 문지기라도 시켜달라고 했다. 백범이라는 호 자체에 문지기 같은 낮은 직무도 마다 않겠다는 그의 서민 의식이 담겨있다. 백범(白凡)의 '백'은 천한 백성인 백정(白丁)에서 따왔고 '범'은 평범한 사람이라는 범부(凡夫)에서 따왔다. 백범의 청을 들은 도산은 석오 이동녕 선생과 상의해 백범에게 경무국장이라는 근사한 직함을 달아주었다. 임정에서 경무국장을 지낸 사람은 백범이 유일하다. 임정이 찢어지게 가난하던 1924년, 변칙적으로 독립자금을 마련하려다 비극적인 사건도 발생했다. 저명한 정치인이었던 설산 장덕수(張德秀)의 동생 장덕진(張德震)은 당시 백범이 고문으로 있던 의경대(義警隊)의 수석단원(행동대장)이었다. 그는 독립자금을 마련하기 위해 프랑스 조계에 있는 외국인 카지노를 습격했다. 권총을 들이대고 도박판 위의 판돈을 쓸어 담은 뒤 문을 나서려는 찰나, 중국군 경비가 쏜 총에 절명했다. 그의 장형 장덕준(張德俊)도 일제의 한국인 학살을 취재하다 일본군에게 살해된 언론계의 독립지사였다.

임정의 곤궁상은 이뿐만이 아니었다. 밀린 집세를 못내 쫓겨난 게 한두 번이 아니었고 사무실 집기가 길바닥에 내동댕이쳐지기도 했다. 임정의 외무부 선전부장을 지낸 김여제(金輿濟) 선생은 "이동휘 선생의 바지엉덩이가 찢어진 것, 도산 선생의 중국신이 떨어져 발가락이 올라 솟은 것을 직접 보았다. 점심 때 끼니를 못 이어 창가에 뒷짐 지고 어정거리던 단구의 이동녕 선생 등 총장들의 허기진 가련한 모습이 선하

1945년 11월 5일 상하이 비행장에서 귀국 직전의 임정 요인들 모습. 화환을 목에 건 김구 주석 왼편으로 조완구, 김규식 선생이 보이고 오른편으로 김구 주석의 며느리 안미생, 이규열(이시영 선생 차남), 이시영 선생이 보인다. 김구 선생 앞에 태극기를 든 소년이 어린 시절의 이종찬 전 국정원장이다.

다"라고 회고했다. 우당 이회영 선생의 손자인 이종찬 전 국정원장은 상해에서 보낸 어린 시절을 회상하며 "중국 사람에게 듣는 욕설 중 가장 큰 욕은 쌍욕이 아니라 '왕궈누(亡國奴·망국노)'라는 욕이었다"라고 했다. 왕궈누는 '나라 빼앗긴 노예'라는 뜻이다.

그토록 어려운 상황에서 많은 독립지사들이 임정에 희망이 없다며 떠나갔지만 백범은 임정의 마지막 명줄을 쥐고 버텼다. 대한민국 헌법 전문(前文)은 '유구한 역사와 전통에 빛나는 우리 대한국민은 3·1운동으로 건립된 대한민국임시정부의 법통과 불의에 항거한 4·19민주이념을 계승하고'로 시작한다.

임정 하늘을 지킨 8개의 별들
-박은식 신규식 조소앙 조완구 조성환 차리석 엄항섭 정정화-

15

"마음이 안 죽으면 나라도 안 망한다"

■박은식(朴殷植·1859~1925)

"3월 하순 경성 여학생 31명이 출감하여 곤욕당하였던 일을 다음과 같이 밝혔다. 처음 수감되었을 때 무수히 구타당하고 발가벗겨져 알몸으로 손발을 묶인 채 외양간에 수용되었다. 왜놈들은 예쁜 여학생 몇 명을 몰래 데려가서 윤 간하고는 새벽에 다시 끌고 왔는데…일본 경찰은 여자고등보통학교 학생 노영렬을 나체로 십자가 위에 반듯이 눕히더니 이글이글 타는 화로를 옆에 놓고 쇠꼬챙이를 시뻘겋게 달궈 유방을 서너 번 찔렀다. 그리하여 결박을 풀고 칼을 휘둘러 사지를 끊으니 전신이 호박처럼 되어 선혈이 낭자하였다…."

우리 역사를 기록해 국혼(國魂)을 되살려놓은 백암(白巖) 박은식(朴殷植) 선생이 저서 〈한국독립운동지혈사(1920)〉에서 일제의 악랄한 고문 행위를 묘사한 글이다. 당시 일제의 만행과 감옥 안의 상황을 폭로하는 데 이 책보다 더 생생한 기록은 찾아볼 수 없다고 김순석 전 유교문화박물관장은 평가했다. 이 책은 일제의 조선 강점 과정과 조선총독부 무단통치의 학정을 폭로하는 한편, 전 민족적 항일운동인 3·1운동을 소상히 적고 있다.

일제는 1910년 8월 한국을 병탄하면서 민족운동세력에 대한 대대적인 탄압을 가하고 애국적인 신문과 잡지를 폐간시켰다. 또 박은식 선생의 저작 등 민족혼이 담긴 출판물을 금서로 묶어버렸다.

이에 선생은 우리 국민이 한국인으로서의 정체성을 잃지 않을까 부심하다 역사서를 집필해 국혼을 되살리고자 만주로 망명했다. 선생은 망명 후 꾸준히 집필해온 글을 모아 1915년 상해에서 대표작 〈한국통사(韓國痛史)〉를 출간했다.

〈한국통사〉는 1863년 대원군의 집정 때부터 1911년 105인 사건에 이르기까지 우리의 근대사를 담고 있으며 조선이 왜 일본에 망하였는지, 독립을 위해 무엇을 해야 하는지를 밝혔다. 이 책 서문은 유명한 중국 근대 개혁가 강유위(康有爲·강유

웨이)가 썼다. 그는 서문에 "내가 이 통사를 읽어보고 마음에 동한 바가 있어 먼저 분발한다. 중국은 아직 희망이 있다고 해도 분발하지 않으면 제2의 조선이 될 날도 머지않았으니 한숨지을 뿐이다"라고 적었다.

〈한국통사〉는 만주와 러시아, 미주의 한인사회에 소개돼 독립정신을 전파함으로써 큰 파장을 불러일으켰다. 일제는 한국인들이 이 책을 읽고 독립투쟁에 나서지 않을까 전전긍긍하면서 〈한국통사〉를 비롯한 선생의 모든 저서를 금서로 정하고 보이는 대로 압수했다.

선생은 "나라의 혼이 살아있으면 국가는 부활한다"는 믿음으로 〈동명성왕실기(東明聖王實記)〉, 〈발해태조건국지(渤海太祖建國誌)〉, 〈몽배금태조(夢拜金太祖)〉, 〈대동고대사론(大東古代史論)〉, 〈단조사고(檀祖事攷)〉, 〈명림답부전(明臨答夫傳)〉, 〈천개소문전(泉蓋蘇文傳)〉, 〈대동고대사론(大東古代史論)〉, 〈김유신전〉, 〈이순신전〉, 〈안중근전〉 등의 저서와 논설을 끊임없이 발표했다. 이 글들은 그의 초기 영웅사관이 다분히 담긴 것으로서, 한민족을 구원할 영웅이 출현하길 희구하는 그의 갈망이 서려 있다.

언론인이자 학자이자 독립지사였던 박은식 선생은 황해도 황주군 남면에서 서당 훈장이던 부친 박용호와 모친 노씨 사이에서 태어났다. 호는 백암(白巖), 태백광노(太白狂奴) 등이다.

선생은 어릴 때부터 총명함이 특출했다. 아버지는 총명한 아이에게 일찍 글공부를 시키면 명이 짧다는 속설을 믿고 아들이 열 살이 되었을 때에야 비로소 자신이 운영하던 서당에 입학시켰다. 선생은 한학을 공부한 지 2~3년 만에 시문(詩文)에 능해 주변에 신동으로 소문이 났다.

선생의 인상은 중키에 광대뼈가 튀어 나왔으며, 항상 미소짓는 얼굴에 관후하고 소탈한 성품이었다고 한다. 선생은 17세 무렵 황해도 신천군에 있던 안중근 의사의 부친 안태훈과 교유한 적이 있다. 사람들은 이 두 사람의 글을 보고 해서(海西)에 두 신동이 났다고들 하였다.

선생이 민족운동에 본격적으로 뛰어든 것은 1898년 독립협회에 가입하면서부터이다. 그해 3월부터 개화 지식인들과 서울 민중들이 중심이 되어 전개한 독립협회의 만민공동회운동에서 문교 분야 간부로 활동하였다. 이후 1904년 7월 양기탁과 영국인 배설(裴說·Bethell)에 의해 대한매일신보가 창간되자 양기탁의 추천으로 이 신문의 주필을 맡으며 언론인의 길을 걸었다. 또 1906년부터 1910년까지 황성신문의 주필로서 애국적 논설들을 발표했다.

1911년 5월 만주로 망명한 선생은 서간도 환인현 흥도천에 있는 윤세복의 집에 머물며 본격적인 역사 저술에 나선다. 당시 대종교 시교사(施敎師)로 있던 윤세복은 후에 대종교 3대 교주가 되는데 박은식 선생도 그의 영향을 받아 대종교에 귀의한다. 대종교는 우리 건국신화 속에 나오는 환인·환웅·환검을 신봉하는 종교이다. 윤세복의 집에 머물면서 선생이 저술한 책들은 〈동명성왕실기〉 등 주로 우리 역사의 자부심을 심어주는 영웅열전들이다.

3·1운동이 발발하자 선생은 대한국민노인동맹단을 조직하고 65세의 단원 강우규(姜宇奎) 의사를 국내로 파견하여 사이토 마코토 총독에게 폭탄을 던지게 하는 의거를 일으켰다. 그 뒤 상해의 대한민국임시정부와 노령(露領)의 대한국민의회 정부, 그리고 한성 임시정부의 통합을 추진하여 그해 9월 상해에서 통합임시정부가 발족하는 데 기여하였다. 한때 임시정부의 혁신 방안을 놓고 임정을 새로 구성하자는 '창조론'을 펼쳤던 선생은 기존 임정 고수파인 백범과 심각한 갈등을 빚었다. 선생의 양자인 박시창 선생은 임정 고수파에게 얻어맞아 뼈가 부러지는 바람에 병원에 입원하기도 했다.

1924년 12월 이승만의 후임으로 대통령서리에 추대된 선생은 임정을 내각제로 개편한 뒤 자진 사임했다. 관직에 욕심이 없었던 선생의 청렴한 자세를 엿볼 수 있다. 선생은 1원(元) 안팎의 회색 중국 두루마기에 몇 각(角)짜리 중국신을 신고 다녔으므로 거지로 오인받기도 했다. 선생이 대통령이 되어 임정 청사에 들어서는데 그의 남루한 행색을 본 수위가 "못 들어간다"고 막아 실랑이가 벌어지자 이동녕 선생 등이 놀라 뛰어나왔다는 일화도 있다.

선생은 소설가 이광수가 임정 기관지인 독립신문을 발간하다

애인 허영숙과 함께 서울로 사라지자 "조국은 그를 안 버렸는데 그가 조국을 배반했다"며 격분, 독립신문을 자신이 발간하겠다고 자청하기도 했다. 선생은 술을 대단히 즐겼다. 동아일보 상해특파원을 지낸 우승규 선생은 〈나절로만필〉에서 "백암의 술 심부름을 자주 했다. 술병이 밤낮으로 선생의 책상머리에서 떠나지 않았는데 술은 기껏해야 싸구려 배갈이었고 안주는 땅콩이나 셴차이(鹽菜·소금에 절인 배추쪼가리)뿐이었다"라고 회고했다. 선생은 "난 이 술만 있으면 만족해. 술 없으면 글도 못쓰지"라고 말했다고 한다.(이현희의 〈임시정부의 숨겨진 뒷이야기〉 중에서)

선생은 1925년 11월 1일 66세를 일기로 별세하면서 안중근의 동생 안공근에게 다음과 같은 유언을 남겼다. "우리 동포에게 몇 마디를 전하여 주오. 첫째, 독립운동을 하려면 전 민족적으로 통일에 힘쓰라. 둘째, 독립운동을 최고 운동으로 하여 독립운동을 위해서는 어떠한 수단 방략이라도 쓸 수 있다는 것이요. 셋째, 독립운동은 우리 민족 전체에 관한 공공사업이니 운동 동지 간에 애증친소(愛憎親疎·사랑하고 미워하며 친하고 소원함)의 구별이 없어야 하오." 선생은 숨을 거두는 그 순간까지 조국의 독립을 생각하였다. '전 민족적인 통일 운동'과 '애증친소'를 언급한 것은 임정의 심각한 내분 양상을 우려한 것이다. 선생의 장례는 임시정부 최초의 국장으로 치러졌다.

■신규식(申圭植·1879~1922)

　…예리하게 흘겨보는 눈, 멋진 카이저수염, 단정, 엄숙, 진지, 과묵, 자제력…. 백범의 비서실장이었던 민필호 선생이 신규식 선생을 묘사한 말이다.

　신규식 선생은 3·1운동을 촉발하고, 상해 임시정부가 출범할 수 있는 여건을 조성했으며, 임시정부를 외교적으로 뒷받침한 선각자였다. 군인 출신인 그는 1920년 중국 손문(孫文·쑨원)의 호법정부로부터 상해 임정에 대한 정식 승인을 얻어냈다. 그는 지조 있는 군인이자 탁월한 외교관이었고, 조국독립운동에 온몸을 불사른 지사였다.

　선생은 이승만 대통령이 1920년 12월 5일 상해에 도착한 뒤 6개월도 안 된 1921년 5월 17일 하와이로 떠나버리자, 국무총리 대리로서 임정의 총책임을 맡았다. 그러나 1922년 태평양회의 등에서 아무런 외교 결실이 없자 병석에 들었다. 그는 20일간 음식과 약을 모두 끊고 입도 닫았다. 현지 신보(申報)는 다음과 같이 보도하였다. "신규식 총리가 지난 4월부터 몸이 불편하여 신경쇠약증에 걸렸는데도 국사에 대해 너무 상심한 나머지 병세가 호전되지 않고…더 이상 살 의미가 없다면서 의사가 권하는 약도 쓰지 않았고, 이달 1일부터는 아예 모든 음식까지 끊고 말도 전폐하겠다고 선포하였다…." 선생이 세상을 떠나면서 남긴 마지막 말은 "나는 아무 죄도 없습니다. 나는 아무 죄도 없습니다. 임시정부를 잘 간직하시라, 정부! 정부!"라는 외침이었다.

신규식 선생은 충북 문의군(현재의 청원군)에서 중추원 의관(議官)의 아들로 태어났다. 어려서부터 총명하여 신채호(申采浩), 신백우(申伯雨)와 함께 '산동삼재(山東三才)'라 불렸다. 서울에서 귀향한 세 사람이 산동학원을 설립해 계몽운동을 펼쳤는데, 세 사람 모두 한학에 뛰어난 자질을 보여 그렇게 불렸다. 산동이라는 이름은 조선 중기 이후 충북 청주·청원 일대로 옮겨와 살았던 고령 신씨를 '산동 신씨'라고 부른 데서 연유했다.

선생은 17세 때 신학문에 뜻을 세우고 상경, 관립한어학교를 거쳐 육군무관학교에 입학해 무인의 길을 걷게 된다. 1905년 을사조약이 강제로 체결되자 육군 참위로서 지방군대와 연계, 대일(對日)항전을 계획했으나 뜻을 이루지 못했다. 그때 13도 유생들은 늑약 철회를 상소했고 민영환, 조병세, 홍만식 등은 자결했다. 청년장교 신규식은 계동, 가회동, 운니동에 있는 고관대작들의 집을 찾아가 대문을 몽둥이로 후려치며 "을사오적 나오라!"고 미친 듯이 소리쳤다.

그는 사흘 동안 문을 걸어 잠그고 굶었다. 그리고 순국을 결심했다. 순국은 소극적 행동이 아니라 적극적 투쟁방식의 하나라고 생각했다. 이에 "내 한 몸 죽어 무수한 열매를 맺자"며 독약을 마셨다가 문을 부수고 들어온 가족들에 의해 겨우 목숨을 건졌다. 그러나 약 기운이 번진 오른쪽 눈은 시신경을 다쳐 애꾸가 되었다. 26세 때였다.

이때부터 선생은 흘겨볼 예(睨)자, 볼 관(觀)자를 합쳐 '예관(睨觀)'을 호로 삼았다. 예관은 이후 다양한 일을 하게 된다. 문동학원과 덕남사숙 설립·지원, 중동(中東)학교장 취임, 공업연구회 조직, 월간 〈공업계〉 창간, 퇴역장교를 규합해 설립한 황성광업주식회사 운영, 분원자기공장 설립, 고려자기재현운동 전개 등. 하지만 1910년 결국 일제에 나라가 망하자 이듬해 상해로 망명했다. 한참 뒤인 1919년 3·1운동 직후 상해로 몰려간 다른 독립지사들과 달리 선생은 일찌감치 망명해 중국 지도자들과 교류하는 한편, 상해에 우리 독립운동의 기반을 닦아놓았다.

선생은 중국혁명동맹회에 가입해 손문, 송교인(宋教仁), 진기미(陳其美) 등 중국 지도자들과 교류하며 신해혁명에 참가하였다. 이런 노력은 후에 중국국민당 정부와의 항일 연계투쟁을 하는 기틀이 되었다. 신해혁명이 발생하기 직전인 1911년 여름 어느 날, 선생은 혁명지도자 손문을 만났다.

"예관 선생이 우리 동맹회를 도와주신 것은 참으로 장한 일이십니다."

"중국혁명운동이 한국독립에 직결된다고 생각했기 때문입니다."

"어떤 점에서 그렇습니까?"

"역사적으로 양국 사이는 순치(脣齒)의 관계였습니다만 중국이 우리를 속국시한 것도 사실입니다. 혁명이념으로 볼 때 과거 우리에게 진 묵은빚을 청산해 주리라 확신했기 때문입니다."

"과연 듣던 대로 훌륭한 논객이요, 애국자이십니다."

선생과 손문의 혁명적 동지애는 변함없이 지속됐다. 이 동지애를 바탕으로 선생은 손문의 도움을 얻어 많은 우리 젊은이들을 교육하였다. 예관은 박은식, 이상설, 유동열 등과 함께 신한혁명단을 결성하고 고종을 당수로 세우려 했다가 일제의 방해로 실패하기도 했다.

3·1독립운동과 상해 임정 수립의 기반을 놓은 사람도 예관이었다. 선생은 1917년 조소앙, 박용만 등 독립운동가 13명과 함께 선포한 '대동단결선언'을 통해 우리도 통일된 정부조직이 필요하다고 역설했다.

예관은 1919년 1월의 파리강화회의가 약소민족 및 피압박민족의 장래에 큰 도움이 될 수 있다고 보고 우리 동포도 독립을 선언해야 한다고 판단했다. 그는 미국과 서북간도에 연락해 독립운동 촉발을 호소하고, 국내와 일본 쪽에도 청년들을 파견해 여건을 조성해나갔다. 국내 쪽으로는 2월 초 선우혁, 이승훈 등과 접촉해 파리강화회의에 호응하는 독립운동을 전개할 것을 촉구하였다. 도쿄엔 조소앙을 밀파해 현지 유학생들에게 거사를 준비하게 했다. 이어 장덕수로 하여금 각각 2월 초순과 3월 초순으로 예정된 도쿄와 서울의 집단 시위와 관련, 두 지역의 독립운동 정황을 시찰해 보고하라고 지시하였다. 드디어 1919년 2월

8일 도쿄의 2·8독립선언에 이어 국내에서 3·1만세운동이 일어났다. 3·1운동 민족대표 33인 중 한 명인 오세창 선생은 "3·1운동은 예관이 촉발했다"라고 평가했다.

3·1운동이 터지자 선생은 상해 프랑스 조계 내에 독립임시사무소를 개설, 정부수립을 준비했다. 임시사무소 개설에는 손문의 지시에 따라 상해 암흑가의 황제 두월생(杜月笙)이 적극 지원했다. 여기엔 물론 예관과 손문의 친분관계가 작용했다. 임정 살림을 맡았던 정정화 여사는 회고록에서 "예관은 1911년 중국으로 망명하여 기미년(1919년) 이전에 이미 중국 신해혁명의 주역들과 친교를 맺고 있었다. 그리하여 임시정부가 상해에서 수립될 때에도 현지에서의 모든 일을 도맡아 할 정도로 자리가 잡혀 있었다"라고 말했다. 예관은 선각자였다.

예관은 상해 임정 수립 직후인 5월에 손문 등이 이끄는 광동정부로부터 정부 승인도 얻어냈다. 우리 임정도 광동정부를 인정해주며 긴밀한 상호협력 관계를 구축했다. 그러나 임정은 출범 때부터 고질적 파벌분쟁에 휩싸여 1921년 4월 이후 혼란에 빠져들었다. 미국에서 오기로 한 독립자금도 오지 않았고 광동정부도 내부 혼란으로 임정을 지원하지 못했다. 이에 선생은 병석에 누워 의정원 회의 참석을 거부하였다. 이듬해까지 병석에서 일어나지 못한 선생은 한국인들이 단합하지 못하는 것을 통탄하며 음식과 약을 거부해 1922년 9월 25일 별세하였다.

그의 별세 소식을 들은 중국국민당의 진기미와 대계도 등 지인들은 깊은 애도를 표했다. 대한민국 건국훈장 중 최고 훈장을 받은 중국인 5명 중 손문, 진기미, 진과부 등 3명은 모두 예관과 친분이 있었다.

"우리나라가 망한 것은 사람의 마음이 죽음으로써이다. 우리들의 마음이 이미 죽어버리지 않았다면 비록 지도가 그 색깔을 달리하고 역사가 그 칭호를 바꾸어 우리 대한이 망하였다 하더라도 우리 마음속에는 스스로 하나의 대한이 있는 것이니, 우리들의 마음은 곧 대한의 혼이다."(선생의 저서 〈한국혼〉 중에서)

선생의 사위는 김구 주석의 비서실장을 지낸 민필호 선생이었고, 민 선생의 사위는 한국광복군에서 활동한 김준엽 전 고려대 총장이었다.

■조소앙(趙素昂·1887~1958)

"임정의 모든 문서는 그의 손을 거쳤다."

임시정부의 원로 이동녕 선생이 조소앙 선생을 가리켜 한 말이다. 조소앙 선생은 임정 요인 중에서도 문필과 언변이 뛰어났고 국제적 감각이 탁월했다. 또 늘 독서하고 연구하는 사람으로 명성이 자자했다.

조소앙은 1918년(음력) '대한독립선언서'를 기초하였으며 임시정부 수립에 적극 가담했다. 이어 2년여 유럽 지역에서 외교활동을 펼쳐 한국 독립운동에 대한 지지를 호소하고 일제의 만행

을 폭로하였다. 스위스 루체른에서 열린 만국사회당대회에 참석
하여 한국독립 승인안을 통과시키는 큰 성과를 거두기도 했다.

선생의 본명은 용은(鏞殷)이며 소앙(素昂)은 호이다. 1887년
경기도 파주에서 태어났다. 6살 때부터 통정대부인 할아버지
한테서 한문을 배웠고, 1902년 성균관에 입학하였다. 1904년
황실유학생으로 선발되어 일본 도쿄부립 제1중학에 들어갔다.
1906년 도쿄유학생 친목단체인 공수학회(共修學會)를 조직, 회
보를 발간하면서 주필로 활동하였다. 같은 해 메이지(明治)대학
법학부에 입학하였으며, 1909년 도쿄에 있는 조선인의 여러 단
체를 통합한 대한흥학회(大韓興學會)를 창립하여 회지 대한흥학
회보의 주필이 되었다. 경술국치 때는 '한일합방 성토문'을 작
성하고 비상대회를 소집하려다 발각되어 고초를 겪었다. 1911
년 조선유학생친목회를 창립하고 회장이 되었다.

1912년 대학을 졸업한 뒤 귀국해 경신학교, 양정의숙, 대동
법률전문학교에서 교편을 잡다가 이듬해 중국에 망명했고 이
어 중국혁명가인 진과부(陳果夫), 황각(黃覺) 등과 함께 항일단
체 대동당(大同黨)을 조직하였다. 1917년 스웨덴의 스톡홀름에
서 개최된 국제사회당 대회에 한국문제의 의제로 '주권불멸론'
과 '민권민유론(民權民有論)'을 발제해 주목을 받았다. 1918년
만주 길림에서 무장항쟁 노선을 집약한 대한독립선언서를 기초
했으며, 이 선언서는 지도급 독립지사 39인의 공동서명으로 발
표됐다.

1919년 3·1운동에 즈음하여 대한독립의군부를 조직해 부주석으로 선출됐고, 한성정부 교통부장에 추대되었다. 4월 상해에서 대한민국임시정부 수립에 참여하여 민주공화제 헌법의 기초를 비롯한 임시정부의 국체와 정체의 이론정립을 주관했다. 그는 자신의 유명한 삼균주의 이념을 바탕으로 임시정부의 건국강령을 기초했다. 강령에는 "삼균주의로써 복국(復國)과 건국을 통해 일관한 최고 공리인 정치·경제·교육의 균등과 독립·자주·균치(均治)를 동시에 실시할 것"을 명시하고 있다. 삼균주의 이념은 좌·우파 모두에게 받아들여졌다. 선생은 임시정부헌법과 의정원법의 기초위원과 심사위원을 거쳐 초대 국무원 비서장을 지냈다.

선생은 그해 6월에는 파리에 도착하여 김규식(金奎植)과 함께 괄목할 외교성과를 올렸다. 만국평화회의 대표단에 지원하고, 만국사회당대회와 국제사회당 집행위원회 활동을 위하여 프랑스·스위스·네덜란드를 순방하면서 한국 독립의 당위성을 역설하였다. 나아가 노동당 지도층 인사들과 교류해 영국 하원에도 한국문제가 제기하도록 하였다. 상해로 돌아와 1922년 임시정부 외무총장과 의정원 의장이 됐고, 세계한인동맹회 회장에 취임했다. 이승만은 조소앙을 총애해 그를 임정 총리에 임명하려 했으나 이시영과 이동녕 등이 신뢰성과 경륜이 부족하다며 반대해 성사되지 않았다. 선생은 일본에서 이승만의 연설을 듣고 감동한 뒤 광복 전까지는 초지일관 이승만 지지자로 남았다. 이승만이 의정원에서 탄핵·면직됐을 때 편지를 보내 임시정부에 대한 무력쿠데타를 권유하기도 했다.

임정은 1941년 선생의 삼균주의에 입각한 대한민국건국강령을 공식 선포하였으며, 선생은 1945년 중경(重慶·충칭) 임시정부의 외무부장이 되었다. 광복군 출신 김준엽 선생은 중경에서 만난 조소앙을 다음과 같이 묘사했다. "유달리 큰 그의 머리가 나를 압도하였다. 방에는 각종 서적들이 가득 차 있었고 혁명가라기보다는 철학자와 같은 인상을 받았다…내가 알기로 중경에 있는 독립운동가 가운데 가장 학문이 깊고 이론적인 인물이었다." 선생은 프랑스에 갔을 때 노벨문학상 수상자인 베르그송과 만나 '시간'에 대한 철학적 담론을 나누었고, 러시아 공산주의자 레닌과 사회주의에 대해 대화를 나누었다고 한다. 선생은 학자풍이었지만 문약하지 않았다. 1932년 김구, 이동녕, 조완구, 김철 등과 함께 이봉창·윤봉길 의거를 기획했으며 김구와 함께 특무대를 조직해 일본 요인 암살에도 나섰다.

어느 날 중국 혁명지도자 손문의 아들 손과(孫科)가 임정의 분열상을 지적하며 "당신네 사람들은 왜 뭉치지 못하느냐"고 하자, 선생은 "한 사람 혼자서 천하를 영도해 나가는 것은 한국사람에게나 볼 수 있는 것"이라며 반박했다고 한다.

선생의 집안은 대단한 독립운동 명가이다. 안중근 가문과 이회영 가문, 이상룡 가문, 김대락 가문, 김동삼 가문, 김가진 가문, 김구 가문, 노백린 가문 등이 독립운동 명가로 꼽히지만 조

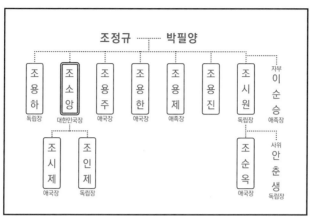

조소앙 선생 집안의 독립지사들이 받은 건국훈장들

소앙 가문은 그중 최고로 꼽힌다. 조소앙 가문에서는 그의 여섯 형제를 비롯, 11명의 독립유공자가 배출됐다. 이는 안중근 가문과 함께 최고 기록이다. 형제인 용하, 용주, 용한, 용제, 시원은 물론이고 두 아들 시제·인제도 건국공로훈장을 받았다. 형 용하는 안창호와 함께 하와이 등지에서 독립운동을 하다 투옥됐다가 석방 뒤 옥고 여독으로 숨졌다. 지청천 장군의 부관을 지낸 막내아우 시원은 부인과 딸도 건국훈장을 받았고 사위는 독립장을 받은 안중근 의사의 5촌 조카 안춘생이다.

선생은 광복을 맞아 환국한 뒤 반탁투쟁위원회 부위원장에 추대되었다. 1948년엔 김일성 등 북한지도부와 남북협상회담을 한 뒤 "들러리만 섰다"라며 후회하기도 했다. 1950년 5·30 총선에 서울 성북구에서 출마해 전국 최고득표자로 국회에 진출하였으나, 6·25 때 김규식·조완구·정인보·안재홍·김붕준 등과 함께 납북됐다. 김일성의 '모시기 작전'에 따른 것이다. 1956년 7월 재북(在北)평화통일촉진협의회 최고위원을 지내기도 했다. 선생의 죽음과 관련해 평양주재 소련대사관의 1958년 보고서에 따르면, 평양에서 물에 뛰어들어 자살한 것으로 되어 있다. 김일성 반대 활동을 하다 조사가 진행되자 자살했다는 것이다.

■조완구(趙琬九·1881~1954)

"참으로 우리의 앞길은 멀고도 험난하다. 우리가 모진 괴로움을 참으며 수십 년을 싸운 것은 나라 없는 백성이 될 수 없어서 발버둥친 것이지 우리나라를 여우의 손에서 뺏어서 이리나 늑대에게 나누어 주려고 애쓴 것은 아니지 않은가."

27년 '임정 지킴이'로 살아온 조완구 선생이 해방정국에서 남한과 북한에 미군과 소련군이 군정을 펼치며 서로 분열돼가는 모습을 탄식하며 한 말이다.

앞서 1945년 중국에서 환국한 선생은 백범 김구의 거처인 경교장에서 유일한 혈육인 딸 규은과 상봉했다. 28년 만이었다. 규은은 여섯 살 때인 1917년 만주에서 잠시 부친과 생활한 뒤 처음 만나는 것이어서 부친의 얼굴도 기억하지 못했다. 딸이 제일 먼저 알려준 소식은 부인 홍정식 여사가 광복 불과 6개월 전 세상을 떠났다는 슬픈 소식이었다.

홍 여사는 남편이 만주로 떠나버린 뒤 국내에서 가족을 건사하며 갖은 고생을 하다가 시어머니와 아이들을 데리고 남편이 있는 만주의 용정으로 찾아가지만 남편은 한 달 만에 다시 독립운동을 위해 블라디보스토크로 떠나버린다. 이후 여사는 머리를 짧게 깎고 삯바느질과 농사일을 하며 억척스럽게 가계를 꾸려갔으나 시어머니는 작고하고 외아들은 두루마기만 남긴 채 실종된다. 허탈하게 귀국한 여사는 생전에 딸에게 "너의 아버지를 만나 보지 않고는 눈을 감을 수 없다"라고 했으나 꿈을 이루지 못했다. 조완구 선생은 이후 6·25때 납북되면서 딸 규은과도 다시 생이별을 한다. 독립운동을 위해 온 가족이 희생된 셈이다.

선생은 서울 계동에서 태어났다. 호는 우천(藕泉). 부친이 이조참판, 조부·증조부·고조부가 이조판서를 지냈고 사촌형이 대원군의 사위였던 대단한 명문 집안 출신이다. 처남은 조선의 3대 천재로 꼽힌 벽초 홍명희의 아버지 홍범식이었다. 홍범식은 금산군수로 있다가 1910년 경술국치를 당하자 "친일을 하지 말고 훗날에도 나를 욕되게 하지 말라"는 유서를 남기고 자결했다.

선생은 어려서 한학을 배웠다. 1902년 한성법학전수학교를 마친 후 종7품인 내부 주사(主事)에 임명되어 관직생활을 시작하였지만, 일제가 1905년 을사늑약으로 대한제국의 주권을 강탈하자 관직에서 물러났다.

선생은 국가의 주권이 빼앗기는 것을 보고 울분을 참지 못했다. 당시 조병세와 이상설을 비롯한 관리들은 상소를 올려 을사늑약에 결사반대하고 나섰다. 시종무관장 민영환도 상소를 올렸다. 상소를 올리고 퇴궐하는 민영환에게 선생은 "대감, 왜(倭) 헌병에게 잡혀가실 각오는 되셨습니까?"라고 물었다. 일본 헌병에 잡혀갈 것을 걱정하며 건넨, '당돌한' 위로의 말이었다. 그런데 민영환은 상소를 올린 후 민족 각성을 촉구하는 유서를 남기고 자결하였다. 이에 선생은 죽을 각오로 상소를 올린 민영환의 높은 뜻을 못 알아챈 자신이 너무 부끄러웠다. 선생은 곧바로 관직에서 사퇴하였다.

이후 선생은 대종교에 귀의하고 1914년 북간도로 향했다. 70세의 노모와 부인, 그리고 3남매를 남겨둔 채 단신 망명의 길을 택했다. 북간도로 망명한 것은 대종교 총본사가 그곳에 있었기 때문이었다. 선생 외에도 대종교에 입도한 지사들은 신규식, 조소앙, 안재홍, 박은식, 이회영, 이시영, 박찬익, 민필호, 김두봉, 정인보 등 상당히 많았다.

1919년 3·1운동이 터지자 선생은 이동녕, 조성환, 김동삼, 조소앙 등과 함께 상해로 갔다. 임시정부를 세우기 위해서였다. 이들은 먼저 임시의정원을 구성하고 국호를 '대한민국'으로 하는 임시정부를 수립했다. 선생은 국무원 위원으로서 임시정부의 활동 방향을 밝히는 등 임시정부의 기초를 세웠다. 이후 1921년 내무장에 선임된 이래 줄곧 내무부의 책임을 맡았고, 1944년

좌·우연합정부가 구성됐을 때 재무부장을 맡았다.

선생은 대쪽 같은 성품으로 유명했다. 항일운동가 정화암은 조완구와 김두봉 두 사람의 성격이 아주 비슷했다며 동포들 사이에 "두 사람은 찬물 냉수도 씻어먹을 사람들"이라는 우스갯소리가 나돌았다고 했다. 선생은 또 마음속에 한번 결정을 내리고 나면 바둑에서 말하는 '만패불청(萬覇不聽)', 어떤 요구에도 응하지 않았다고 한다. 만패불청은 바둑에서 큰 패(覇)가 생겼을 때 상대방이 어떠한 패를 써도 듣지 않는다는 말이다. 한글학자 출신인 김두봉도 외곬 기질이 있어 뭔가 골똘히 생각하며 길을 걷다가 나무에 부딪치는 경우가 많았다고 한다.

선생은 임시정부가 어려울 때 임정을 고수한 강골의 투사로도 유명했다. 임정이 수립 초기 대통령 이승만의 탄핵문제를 둘러싸고 파란에 휩싸였을 때 선생은 다른 사람과 달리 임정을 떠나지 않았다. 이후 1930년대 중반 민족혁명당 결성을 계기로 임정이 무정부상태에 빠졌을 때에는 김구, 송병조, 차리석 등과 함께 재차 임시정부를 일으켜 세웠다. 선생은 체구는 작고 수척했지만 27년 동안 임정을 지켜낸 거인이었다. '임정의 며느리' 정정화 여사는 훗날 "조완구와 차리석은 그 청렴함으로써 존경을 받았다…임정의 궁색한 살림을 맡아 하면서 자신들에게만큼은 특히 인색하게 대했을 터이니, 늘 가난에 찌든 모습이었다"라고 회고했다. 선생은 6·25전쟁 때 납북된 뒤 조소앙 등과 함께 김일성을 4시간 동안 만나 통일방안과 서울복귀 문제 등을 요구했으나 김일성으로부터 아무런 동의도 얻어내지 못했다고 한다. 선생은 1954년 10월 27일 용성의 군 병원에서 "통일, 통일, 먼저 가네. 먼저 가…"라는 말을 남기고 숨을 거두었다.

■조성환(曺成煥·1875~1948)

'사형수에서 독립지사로.'

조성환 선생은 25세가 되던 해인 1900년 대한제국 육군무관학교에 입학하였다. 그 당시 일본에서 군사교육을 받고 귀국한 무관들이 군대의 요직을 차지하고 일제 및 친일 정치인들과 결탁해 군부를 부패시키고 있었다. 이에 격분한 선생은 "썩은 군대는 곧 나라를 망치게 한다. 속히 썩은 자들은 이 땅에서 영원히 추방시켜야 한다"라며 부패한 군부를 숙청하려다 오히려 발각되어 사형선고를 받았다. 그 뒤 무기징역으로 감형된 뒤 3년 만에 특별 사면되어 참위로 임관했으나 얼마 지나지 않아 군에 환멸을 느껴 군문을 떠났다. 서울 낙원동에서 출생한 선생은 1907년 9월 안창호, 양기탁 등과 함께 비밀결사인 신민회를 조직하여 항일구국운동에 투신하였다. 선생은 신민회 동지들과 구국방략을 협의하고 북경으로 망명한 뒤 북경을 근거지로 간도와 노령(露領) 등지를 두루 다니며 독립운동을 전개했다.

선생은 안중근과도 인연이 있었다. 그는 1905년 평양성당에서 세운 기명(箕明)학교의 교사가 되었는데 그곳에서 안중근을 만났다. 안중근 의거가 발생한 뒤 일제가 작성한 '이등공(伊藤公) 암살범 안응칠'이라는 조사보고서에는 "안중근은 조성환으로부터 '국권을 회복하기 위해서는 새로운 학문이 필요하다'는 얘기를 듣고 이상설이 간도에서 문을 연 관전학교로 향했는데 이때 조성환이 써준 첨서를 가지고 갔다"라고 적혀 있었다.

선생은 1910년 8월 일제에 국권이 빼앗긴 뒤 민족종교인 대종교에 귀의하여 민족운동을 전개하였다. 대종교는 나철이 단군숭배 사상을 기초로 하여 창시한 종교로, 국권이 침탈된 후 일제의 탄압으로 국내에서의 포교활동이 어려워지자 중국 동북부로 그 활동의 중심지를 옮겼다.

선생은 1911년 신규식과 함께 중국혁명가 손문이 이끈 신해혁명의 현장을 목격했다. 그는 중국혁명의 성공이 한국의 독립에도 도움이 된다는 생각으로 손문 등 혁명지도부와 교유하면서 한반도에서 일제를 몰아내고 신해혁명 같은 혁명을 일으킬 방도를 강구하였다. 1912년엔 일본 총리 가쓰라 다로가 중국 동북지방을 시찰하는 기회를 이용하여 그를 암살하려 하였으나 사전에 발각되어 뜻을 이루지 못하고 체포되었다. 거제도에 1년간 유배되었다가 석방되자 1913년 또다시 중국으로 망명하였다. 3·1운동이 일어나기 직전 만주 길림에서 대한민족의 자립을 선언한 대한독립선언서가 선포되었는데 선생은 대표 39인 중 한명으로 서명하였다. 3·1운동이 일어나자 선생은 노령(露領)대표로 상해로 건너가 대한민국임시정부 수립에 참여하였다.

　이때 선생은 새로 출범한 임시정부의 군무차장으로 임명됐고 임시의정원의 노령 대표의원으로 선출되어 입법 활동을 하였다. 그 후 임시정부 외교위원부에 소속되어 북경 주재 요원으로 있다가 1919년 8월 다시 동만주로 돌아가 무장독립운동에 참가하였다. 선생은 1920년 12월 만주 일대의 여러 독립군 부대가 통합돼 출범한 대한독립군단에서 김좌진, 홍범도와 함께 부총재를 맡았다. 중·일전쟁이 일어난 1937년에는 임정의 이동녕 주석을 도와 군사정책을 추진했으며 이동녕, 이시영, 김구, 차리석, 엄항섭 등과 함께 한국독립당 대표로 임시정부의 외곽 연합 단체인 한국광복진선(陣線)을 결성하였다. 또 임시정부의 국무위원으로 군무부장 직을 수행하면서 당시 임정의 최우선 과제였던 한국광복군 창건에 주력하여 1940년 9월 17일 마침내 광복군의 출범을 보게 되었다. 광복 후 선생은 대한독립촉성회 위원장과 성균관 부총재 등을 지내다가 1948년 별세하였다. 이튿날 자유신문은 그를 다음과 같이 추모하였다. "군사에 있어 훌륭한 장령(將領)일 뿐 아니라 강직하고 고결한 인격의 소유자로서 진실로 존경할 만한 애국 영수이었던 만큼…."

■차리석(車利錫·1881~1945)

　"차리석 선생은 해외 혁명운동자 가운데 특히 강력한 정신력을 소유하시기로 유명하시었다. 탁월한 사무 처리의 기능이나

병중에서도 최후의 일각까지 맡으신 사명을 완수하신 강한 책임감은 한국독립운동에 피가 되고 살이 되었다 해도 과언이 아니다."(1948년 이시영·김구 선생의 추모사 중에서)

동암(東岩) 차리석 선생은 상해부터 중경까지 임정 27년을 지켜온 망명정부의 파수꾼이었다. 동암은 백범 김구 주석이 독립운동의 대부가 되도록 뒷바라지한 주역이었고 도산 안창호 선생의 충실한 측근이었다. 지도자는 전면에 내세우고 자신은 청렴과 강직으로 소임을 다했던 '음지의' 독립운동가였던 그는 임정의 환국을 준비하던 1945년 9월 9일 안타깝게도 과로로 순국했다. 역사학자들은 조국독립을 위해 헌신적 삶을 산 그를 '독립운동계의 재상'으로도 표현한다.

선생은 평북 선천군에서 태어났다. 어릴 때 한학을 배웠으나 신학문에 뜻을 두고 1900년에 숭실중학에 입학하여 정규과정 첫 졸업생이 되었다. 1907년 도산 안창호가 설립한 대성학교 교사로 부임하여 후진을 길렀다. 이어 안창호와 양기탁 등이 조직한 비밀결사 신민회에 가입, 평양지회에서 활동하였다.

선생은 도산의 뜻을 좇아 교육구국운동에 주력하던 중 일제가 독립운동가를 탄압하기 위해 조작한 '데라우치 총독 암살기도 사건', 즉 '105인 사건'에 연루돼 3년여 옥고를 치렀다. 그후 1919년 평양에서 3·1운동에 참여하였다가 더 적극적인 항일투쟁을 펼치기 위해 중국 상해로 건너갔다. 선생은 상해에서 임시정부의 기관지 독립신문의 기자로 활동하다가 편집국장을 맡았다.

선생은 임시의정원 의원으로 재직하면서 도산과 함께 국민대표회의 개최를 통한 임시정부의 재건에 힘을 쏟았다. 또 도산이 주도하는 흥사단 원동(遠東)위원부에 가입하여 청년인재 양성에 힘썼다. 1932년 임정 국무위원에 선출된 선생은 조국이 광복될 때까지 국무위원 또는 국무위원회 비서장으로 임정을 이끌었다. 그러나 1935년 내부 분열로 다수의 국무위원이 임정을 떠나버리자 임정은 와해 위기에 처하였다. 이에 선생은 임정 요인들을 찾아다니며 설득, 복귀하게 함으로써 임정의 명맥을 유지시켰다.

선생은 중경 임시정부에서도 국무위원과 중앙감찰위원장을 맡아 광복군의 대일항전을 지원하는 등 독립운동을 쉬지 않았다. 그러나 광복을 맞은 지 불과 25일 만에 별세, 꿈에 그리던 고국 땅을 밟지 못했다.

■엄항섭(嚴恒燮·1898~1962)

"엄항섭 군은 뜻있는 청년으로 (중국) 지강대학 졸업 후 자기 집 생활은 돌보지 않고 석오 이동녕 선생이나 나처럼 먹고 자는 것이 어려운 운동가를 구제하기 위해 불란서 공무국에 취직을 하였다. 그가 취직한 것은 두 가지 목적에서였다. 하나는 월급을

받아 우리에게 음식을 제공해주는 것이고, 다른 하나는 왜(倭) 영사관에서 우리를 체포하려는 사건을 탐지하여 피하게 하고 우리 동포 중 범죄자가 있을 때 편리를 도모해주는 것이었다."(김구의 〈백범일지〉 중에서)

백범 김구의 오른편에는 늘 그림자처럼 그를 보좌했던 엄항섭이 있었다. 경기도 여주군(현재 여주시) 금사면에서 태어난 그는 1919년에 보성법률상업학교를 졸업했다. 1919년 3·1운동이 일어나자, 선생은 중국 상해로 망명할 것을 결심한다. 상해의 프랑스 조계에는 이미 대한민국임시정부가 세워져 있었다. 그는 거기서 백범을 만나 평생 보좌하게 된다.

선생은 1919년 9월 임시정부 법무부 참사에 임명됐지만 공부부터 하기로 했다. 상해에서 멀지 않은 항주(杭州·항저우)의 지강(芝江)대학에 입학해 어학을 공부했다. 1922년 대학을 졸업한 엄항섭은 상해로 돌아왔다. 그동안 임시정부는 크게 위축돼 있었다. 출범 직후에는 국내외에서 수많은 인사들이 몰려들어 북적댔지만 다들 뿔뿔이 흩어지고 말았다. 김구와 이동녕 등 몇몇 인사들만 우두커니 남아 임시정부를 지키고 있었는데 말이 정부이지 빌려 쓰는 청사의 임대료마저 내지 못하는 참담한 실정이었다.

그때 엄항섭이 해결사로 등장한다. 지강대학에서 프랑스어를 배웠던 그는 프랑스 영사관에 취직한다. 그는 월급을 받으면 그 돈으로 임시정부의 집세도 내고 정부 요인들의 끼니도 해결할 요량이었다. 잘 하면 상해 주재 일본영사관에서 흘러나오는 고급 정보도 얻어낼 수 있으니 일거양득이었다. 실제로 그는 프랑스영사관에서 일하면서 일본영사관이 프랑스영사관에 독립운동가 체포 협조 요청을 할 때 이를 사전에 우리 독립운동가들에게 알려 체포를 면하게 한 적이 여러 번 있었다.

부지런하고 예의 발랐던 선생은 백범을 극진히 모셨다. 백범이 있는 곳에는 늘 그가 있을 정도였으니 서로가 얼마나 신뢰했는지 알 수 있다. 선생은 백범이 조직한 비밀결사 한인애국단 소속의 이봉창·윤봉길 의사가 의거를 일으킨 후 일제가 백범 수배령을 내렸을 때도 백범을 안전하게 도피시켰다. 그는 꾀가 많은 '백범의 브레인'으로 소문이 났다.

백범이 쓴 갖가지 글을 중국어와 영어 등 다른 나라 말로 번역하는 일도 선생의 몫이었다. 백범이 이봉창 의거의 전말을 기록한 〈동경작안(東京炸案)의 진상〉이라는 글을 중국어로 번역해 중국 언론에 게재한 것도 선생이었고, 환국 후 백범의 구술을 받아 한인애국단의 의열투쟁사인 〈도왜실기(屠倭實記)〉를 간행한 사람도 선생이었다.

혼란한 해방정국에서 백범에 대한 테러가 임박했다는 정보가 있을 때였다. 일각에서 백범에게 지방 피신을 권하자 엄항섭은 이에 반대한다. 그는 중요한 정치적 시기에 백범이 서울에 자리를 지키고 있어야 한다고 주장했다. 하지만 불행하게도 백범은 그 직후 안두희에게 저격됐다. 엄항섭에게는 천추의 한으로 남았다.

선생의 부인 연미당(延薇堂·1908~1981)도 광복군으로 활동한 독립지사다. 연미당은 1939년 2월에 조직된 한국광복진선청년공작대에서 상해 한인여자청년동맹 대표를 맡아 항일투쟁을 벌였다. 딸 엄기선 역시 같은 청년공작대에서 활발한 활동을 하였다. 엄기선은 임시정부 선전부장으로 일하던 부친을 도와 중국방송을 통해 임시정부의 활동상과 중국 내 일본군의 만행을 알리는 선전활동도 펼쳤다. 선생은 6·25 때 납북된 뒤 북한에서도 통일을 위해 노력하다 1962년 7월 30일 별세하였다. 소련대사관 보고서에 따르면 김일성 체제를 반대하다 조사를 받게 되자 자살을 기도했다고 한다.

■정정화(鄭靖和·1900~1991)

"1920년 1월 초순의 서울역. 빼앗긴 땅, 빼앗긴 나라의 얼어붙은 한겨울 밤은 의주행 열차 앞에 서 있는 젊은 아낙네의 달아오른 열기로 데워지고 있었다…상해. 목적지를 다시 한 번 확인해 봤다. 시아버님과 성엄…무사히 갈 수 있을까…이 길은 멀고먼 길이다. 고난의 길일 수도 있다. 그러나 어차피 내가 택한 길이다…열차는 스무 살의 겁 없는 여인을 싣고 북쪽으로 밤을 패며 달리고 또 달렸

다…."

　중국 상해로 소리 소문 없이 망명한 시아버지 동농 김가진과 남편 김의한의 뒤를 쫓아 중국으로 향한 수당(修堂) 정정화(鄭靖和) 여사의 망명기이다. 여사는 시아버지와 남편이 서울에서 사라지고 난 한참 뒤에야 신문을 통해 두 사람이 상해로 망명한 것을 알고 상해로 향했다.

　열흘 이상 걸려 상해에 도착한 1월 중순 어느 날 아침, 여사가 시아버지 김가진을 찾아 인사를 올렸다. 김가진은 젊은 며느리의 대담한 행동에 감탄했다. "네가 어떻게 여길 왔느냐? 여기가 어딘 줄이나 알고 온 게야?" "저라도 아버님 뒷바라지를 해드려야 할 것 같아 허락도 없이 찾아뵈었습니다" "그래, 잘 왔다. 고생했다. 참 잘 왔다. 용기 있다…."

　정정화 여사는 충남 연기 출신이다. 11살 어린 나이로 개화파 명문가의 며느리가 되면서부터 여사는 세상물정에 눈을 떠갔다. 시아버지 김가진은 서얼 출신으로 조선조의 종1품 직위까지 오른 입지전적 인물이었다. 수당은 상해로 건너간 뒤 1930년까지 여섯 차례에 걸쳐 국내를 드나들면서 임시정부의 독립자금을 조달하는 등의 활동을 했다. 여성 혼자서 일제의 감시가 삼엄한 압록강을 넘나드는 위험한 임무를 척척 해내었다.

　그는 회고록 〈장강일기〉에 다음과 같이 적었다. "임시정부 요인들의 살림살이라는 것은 그야말로 말씀이 아니었다. 상해에 발을 붙인 지 달포 남짓 지났을 때였다. 국내에 들어가서 돈을 구해오면 어떨까 하는 생각이 들었다…사실 나는 제법 겁이 없는 편이었다. 당시 임정에서 가장 곧고 용기 있는 분으로 우천 조완구 선생을 꼽았다…나중에 그 우천도 나를 가리켜 '조자룡의 일신(一身)이 도시(都是) 담(膽), 정정화의 일신이 도시 담'이라면서 작은 몸 전체가 담덩어리라고 말한 적이 있었다….'" '도시 담'은 온통 쓸개덩어리라는 뜻이다.

수당은 1932년 임정이 윤봉길 의사의 상해 홍구공원 의거 후 일제의 추격을 피해 절강성(浙江省) 가흥(嘉興·자싱)으로 이동함에 따라 이동녕, 김구, 엄항섭 등과 함께 이동하면서 임시정부의 안살림을 맡았다. '임정의 며느리' 역할을 한 셈이다. 1934년에는 한국국민당에 입당하여 활동하였으며, 1940년에는 한국독립당의 창당요원, 한국혁명여성동맹, 대한애국부인회 훈련부장 등을 맡았다.

수당은 겸손했다. 회고록에서 "나는 스스로 조국독립을 위한 항일투쟁의 선봉에 나섰다고 생각해본 적이 없다. 그럴 만한 능력도 자질도 없는 사람이고, 그저 평범한 여느 아낙네와 다를 바 없는 사람이었다.

다만 사람은 시기와 분수에 맞추어 살아야 한다는 말을 곧이 곧대로 믿고 그대로 따르는 사람일 뿐이었다. 내가 살고 있는 시대의 상황이 나로 하여금 임시 망명정부의 저 구석자리 하나를 차지하게끔 한 것이고 내가 그 자리를 충실히, 그리고 성실하게 지키고 있을 뿐이었다"라고 자평했다.

하지만 당시 상해의 동아일보 특파원이었던 우승규 선생은 정정화 여사를 '한국의 잔다르크'로 표현했다. 여사의 남편 성엄(誠广) 김의한(金毅漢)도 임정의 선전위원과 광복군 조직훈련과장을 지내며 독립운동을 했으나 6·25 때 납북됐다.

끝나지 않은 안중근의 싸움…분신들, 전선에 서다

-안공근 안정근 안명근 안경근 안춘생-

16

안중근 친척들의 결사 항쟁

안중근 의사가 한국 침략의 원흉 이토 히로부미를 처단한 사건의 여파는 일파만파로 퍼져 나갔다. 이 의거는 수많은 한국인들에게 독립 의지와 용기를 불어넣었고, 애국청년들의 피를 끓게 했다.

안 의사의 치열한 독립투쟁 정신은 우선 일가친척들에게 계승됐다. 그의 친동생인 정근·공근 형제와 사촌동생인 명근·경근, 5촌 조카 춘생이 대표적이다. 안 의사의 혈족 중 대한민국 독립유공자로 포상을 받은 사람이 11명이다.

■안공근(安恭根·1889~1939)

안중근 의사의 열 살 아래 막냇동생이다. 백범 김구는 1931년 12월 한국독립당의 별동대이자 비밀결사인 한인애국단을

조직하고 이봉창과 윤봉길 의사의 폭탄의거를 기획하고 지원했다. 일제를 깜짝 놀라게 한 이 한인애국단은 백범이 총괄 지휘했지만 운영 책임을 맡아 거사 지원을 주도한 사람은 안공근이었다. 프랑스 조계에 있는 안공근의 집이 바로 한인애국단 본부였고, 이봉창·윤봉길 의사가 거사 직전 선서를 하고 사진을 찍은 곳도 바로 안공근의 집이었다. 그는 백범과 함께 한인애국단의 단원을 모집·관리하고 통신 연락을 하며 특무활동을 전개하는 일을 총괄했다. 동시에 서무와 재정 및 자금조달 업무를 하고, 장개석(蔣介石) 등 중국국민당 관계자들과 교류하고 후원금을 받아오는 활동도 하였다.

안공근이 펼친 독립투쟁의 핵심은 특무공작이었다. 일제 공작원과 한인 밀정을 적발해 처단하는 일이 주된 업무 중 하나였다. 목숨을 거는 위험한 일인 만큼 강고한 투쟁정신이 필수였다. 안공근은 20대 중반에 둘째 형 정근을 도와 일제 밀정을 처단했다. 이어 항일운동가 우당 이회영 선생을 밀고한 자들에 대한 정보를 빼내 그들을 처단케 했고, 상해 거주 교민들과 독립운동가들을 괴롭혀 온 일본영사관 소속 친일파 주구 이종홍을 제거했다. 이종홍은 안공근 자신의 처조카뻘이었다. 또 친일분자 옥관빈의 처단에도 관여했다.

이 무렵 상해 일본영사관과 조선총독부에서 파견한 밀정들의 보고서에는 "안공근은 김구의 참모로서 그의 신임이 가장 두텁고, 김구가 범한 불법행동은 대부분 안공근의 보좌에 의해 이루어졌다"라고 적혔다.

안공근은 1909년 평안남도 진남포보통학교에서 부훈도(副訓導)로 재직하던 중 큰형 안중근의 의거 소식을 듣고 형 정근과 함께 여순감옥으로 가 안 의사를 면회한다. 하지만 안 의사가 순국한 뒤 감옥 당국으로부터 시신 인도를 거부당하자 천추의 한을 품게 된다. 이후 러시아로 망명해 한인들에게 민족의식을 고취시키는 활동을 하다가 1919년 상해 임시정부 수립 직후 임정에 가담했다.

1921년에는 임정 최초의 러시아대사로 임명돼 독립자금 모금을 위한 외교활동을 펼쳤다. 상해로 되돌아와 1926년엔 여운형의 후임으로 상해한인교민단장을 맡았고 1930년부터는 백범 김구와 함께 특무공작을 펼치게 된다. 그는 백범과 아나키스트 항일지사들을 연결하는 역할도 했다. 안공근은 상해의 미국·영국대사관에서 통역으로 근무했으며 6개 국어에 능통했다고 한다.

백범과는 후반에 심각한 갈등을 빚었다. 윤봉길 의거 이후 들어온 성금을 유용했다는 혐의를 받았고, 1937년 일본군이 상해를 공격해올 때 백범이 '안중근 의사의 가족을 안전하게 피신시키라'고 지시했으나 이를 이행하지 못한 것 등 여러 이유가 있었다. 안공근은 백범의 어머니 곽낙원 여사는 안전하게 대피시켰지만 형수이자 안중근 의사의 부인인 김아려 여사는 피신시키지 않아 백범의 분노를 샀다. 피신시키지 않은 구체적인 이유는 밝혀지지 않았지만 당시 일본군이 상해를 장악한 상황에서 김 여사를 구출하는 것이 사실상 불가능했다는 설이 있다. 안공근은 이후 백범과는 결별해 별도의 길을 간다.

안공근은 1939년 5월 30일 중경(重慶·충칭)에서 갑자기 실종됐다. 치과에 가겠다며 집을 나섰다가 행방불명이 된 것이다. 동농 김가진 선생의 손자 김자동 선생은 "당시 일단의 한인 청년들이 중경의 한인 의사 유진동 선생의 병원으로 안공근 선생의 시신을 들고 왔다는 이야기를 들었다"며 임정 내분 와중에 암살된 것으로 추정했지만, 사건의 진상은 여전히 미스터리다.

■안정근(安定根·1885~1949)

안중근 의사의 바로 아래 동생이자 안공근의 형이다. 1914년 동생 공근과 함께 하얼빈 일본총영사관의 밀정이었던 조선인 김정국을 처단하였다. 이후 일제의 추적을 피해 러시아 국적을 취득하고 러시아 국민병으로 종군하였다. 1918년 중국 길림성(吉林省)에서 발표되었던 대한독립선언서에 서명한 대표 39인 중한 명이다. 1918년 상해에서 김규식, 서병호, 여운형 등과 함께 신한청년당을 결성하고 이사가 됐다. 1919년 상해 임정에서 국내 조사원제를 시행할 때 고향인 황해도 신천군의 조사원으로 활동했고, 1921년 임정의 특파원으로 간도에 파견되어 독립운동을 하는 등 임정과 긴밀한 관계를 맺었다. 간도 지역에서 일본

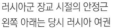

러시아군 장교 시절의 안정근   안중근의 부친 안태훈과 동생 정근, 공근
왼쪽 아래는 당시 러시아 여권

군경에 대한 정찰 및 전투도 수행했다.

이후 다시 상해로 옮겨가 1922년 임정 기관지인 독립신문을
발행했으며 독립운동 선전과 군자금 모금 등의 활동을 하였다.
임정의 내무차장과 대한적십자회 회장 직무대행 등을 맡았다.
그는 백범이 낙양군관학교에 한인특별반을 개설하자 국내외에
있는 청년들을 모집하는 데 크게 기여했다. 1926년부터 10년간
은 광복에 대비해 조선(造船)사업으로 위장하고 공작선 건조에
힘을 쏟다가 일제의 탄압을 피해 홍콩으로 건너갔다.

말년은 불우했다. 1939년부터 뇌병으로 고통을 받으며 중국 여러 곳에서 은거했다. 10년 후인 1949년 결국 상해에서 뇌병으로 숨졌다.

■안명근(安明根·1879~1927)

안중근 의사의 사촌동생이며, '안악사건'으로 유명하다. 안명근은 1909년 안중근 의사의 하얼빈 의거 뒤 동지들과 함께 매국노 이완용 등을 처단하고 만주로 가 독립군을 양성할 결심을 한다. 하지만 1910년 군자금을 모으는 과정에서 돈을 내겠다고 약속한 부호들이 일본 헌병대에 신고하는 바람에 체포됐다. 안명근과 배경진, 박만준, 한순직, 원행섭 등이 체포돼 서울로 압송된 이 사건이 안명근 사건, 즉 안악사건이다. 당초 안명근은 김구를 찾아와 거사 계획을 밝히고 협조와 지도를 청했으나 김구는 그의 계획이 치밀하지 못하다며 만류했다.

일제는 이 사건을 확대시켜 이른바 '105인 사건(일명 데라우치 총독 암살미수사건)'으로 만들어 비밀애국결사인 신민회 소탕의 빌미로 삼았다. 안명근은 70여 일간의 고문을 버티며 신민회와의 관계를 끝내 부인했으나 일제는 안악(황해도 서북부) 일대의 요시찰 인물 160여 명을 체포, 이 중 105명을 재판에 회부했다. 재판은 대부분 궐석재판으로 이루어졌으며 안명근은 종신형, 김구를 비롯한 7명은 15년형을 선고받았다.

김구는 〈백범일지〉에 당시의 고문 상황을 소개했다. "내가 정신을 차리는 것을 보고 왜놈은 비로소 나와 안명근과의 관계를 묻기로 나는 안명근과는 서로 아는 사이이나 같이 일한 적은 없다고 하였더니, 그놈은 와락 성을 내어서 다시 나를 묶어 천장에 달고 세 놈이 둘러서서 막대기와 단장으로 수없이 내 몸을 후려갈겨서 나는 또 정신을 잃었다…."

안명근은 감옥에 있던 1913년 일왕이 죽었을 때에도 요배(遙拜·멀리 떨어진 곳에서 일왕에게 절하는 것)를 거부하며 "우리는 일본 천황에게 조금도 은택을 입은 것이 없다"는 '불경한' 말을 한 것으로 뮈텔 문서에 기록되어 있다. 뮈텔 문서는 안명근의 데라우치 총독 암살 계획을 총독부에 밀고한 천주교 주교 뮈텔이 수집해놓은 문서이다.

안명근의 총독 암살 계획을 뮈텔 주교에게 알려준 사람은 빌렘(한국명 홍석구) 신부였다. 빌렘 신부는 안중근 의거 직후 '정치 문제에 개입하지 말라'는 뮈텔 주교의 지시를 어기고 안 의사를 면담해 고해성사와 성체성사를 베풀어 줌으로써 진정한 성직자라는 찬사를 받은 인물이다. 그런 그가 뮈텔 주교에게 안명근의 고해성사 내용을 밀고하면서 총독부에 신고하라고 권유까지 한 것이 뮈텔 주교의 노여움을 풀기 위해서였다니, 아이러니다. 안명근은 15년간 옥고를 치른 뒤 출옥해서도 만주에서 독립운동을 계속하다가 중국 길림성 의란현(依蘭縣)에서 숨진 것으로 전해진다.

■안경근(安敬根·1896~1978)

안중근 의사의 또 다른 사촌동생으로, 1918년 블라디보스토크로 망명해 박은식·안정근·신채호·이범윤 등과 함께 독립운동을 했다. 1922년부터는 상해에서 백범 김구를 보좌하며 일제 관헌과 밀정 숙청을 단행했다. 1920년대엔 중국 내 사천(四川)군관학교와 운남(雲南)사관학교에서 군사기술을 익혔다.

이후 중국 동북부로 옮겨가 독립군 참모 등으로 활동하다 1930년 다시 상해로 돌아왔다. 황포(黃埔)군관학교 구대장(區隊長)과 낙양(洛陽)군관학교 분교의 교관을 지내며 군 병력 양성에도 힘썼다. 안경근 또한 백범과 사촌형 안공근이 이끄는 비밀결사 한인애국단의 단원이었으며, 백범과 중국 장개석 총통과의 연락책을 맡았다.

1942년 임정 군사위원회 위원으로 활동하다가 광복을 맞았다. 항일지사 김가진 선생의 며느리 정정화 여사는 그에 대해 "자상하고 재치 있고 인정이 넘치던 사람"이라고 평했다.

■안춘생(安椿生·1912~2011)

안중근 의사의 사촌인 안장근의 아들이다. 안중근 의거로 일제의 탄압이 심해지자 1917년 가족과 함께 만주로 망명하였다. 이후 남경(南京·난징)으로 건너가 1936년 중앙육군군관학교를 졸업하고 중국군에 배속되어 대일전에 참전했다. 일본 해군육전대 사령부를 공격하고 상해 보산지창(寶山紙廠) 전투에서 전

공을 세웠다. 1938년 중국군 육군대위로 근무하던 중 임시정부의 지시로 상해에서 거사할 폭탄을 운반하였다. 1940년 10월 한국광복군에 편입한 뒤 정보수집과 적정정탐 등의 임무를 수행하며 지하공작을 펼쳤다. 이어 1942년 4월 광복군 제2지대 제1구대장에 임명되었고, 1945년 8·15광복 후에는 광복군 남경 주재 지대장으로 활동하다가 환국하였다.

김자동 선생은 그에 대해 "머리도 좋고 노력형이었던 안춘생은 중앙군관학교를 우수한 성적으로 졸업했다…1937년 8월, 일본군이 상해를 공격하자 안춘생은 자원 참전해 다리에 부상을 입었다…주로 광복군 제2지대에서 일했는데 노백린 장군의 아들 노태준과 더불어 지대장인 철기 이범석 장군의 왼팔과 오른팔 노릇을 했다"며 "청렴한 처신으로 유명했다"라고 회고했다.

■안성녀(安姓女) 등

위에서 소개한 사람들 외에도 안중근 의사의 가문엔 많은 독립유공자가 나왔다. 안 의사 일가 중 독립운동을 한 사람은 40명이 넘는다. 안 의사의 여동생 안성녀, 안정근 선생의 아들 안원생과 안진생, 안공근 선생의 아들 안우생과 안낙생, 안중근 의사의 5촌 조카 안봉생 등이 모두 독립운동을 했다. 안정근의 차녀 안미생은 김구 선생의 장남 김인과 결혼했다. 안중근 일가와 김구 일가는 사돈관계인 셈이다.

안 의사의 가계엔 어두운 면도 있다. 안 의사는 2남 1녀를 두었는데. 큰아들 우생(일명 분도)은 어릴 때 의문사했다. 북만주에서 일제에 의해 독살됐다는 설이 유력하다. 둘째아들 준생은 후에 이토 히로부미의 아들을 만나 "망부(亡父)를 대신해 속죄한다"고 사죄함으로써 평생 친일 누명을 썼다. 그는 1937년 일제가 상해를 점령해올 때 상해를 탈출하는데 실패, 어머니 김아려 여사와 함께 일제의 통제 하에 놓이게 됐다. 준생은 부친의 하얼빈 거사 30년 뒤인 1939년 무렵 상해에서 잡화상을 하고 있었는데 그때 이미 친일파가 돼 있었다. 그는 그해 친일파가 조직한 만주·조선 시찰단의 일원으로 서울을 방문해 일제가 이토 히로부미(伊藤博文)의 이름을 따 장충동에 설립한 사당인 박문사(博文寺)를 참배했으며, 이튿날 이토의 아들을 만나서도 사과했다. 안준생은 나아가 이토의 아들과 함께 일본 곳곳을 돌며 '눈물의 화해'를 재현했다.

이런 안준생의 행동에 격분한 백범은 해방 후 중국정부를 향해 "상해에 있는 안준생을 체포해 교수형에 처하라"고 요구했으나 실행되진 않았다. 해방 후 백범은 자신을 만나겠다며 찾아온 준생을 끝내 만나주지 않는다. 충격적인 준생의 친일 행위에 대해서는 일부의 동정론도 있다. 그가 1937년까지만 해도 독립운동에 관여했으며, 훼절한 것은 일제의 집요한 회유와 압박 때문일 가능성이 있다는 것이다.

안중근 의사의 딸 현생의 남편인 황일청도 한때 독립운동을 했으나 후에 친일을 한 혐의로 김구 휘하의 광복군에게 살해됐다. 황일청과 현생은 모두 이토의 사당인 박문사를 참배했다. 황일청의 딸이자 안 의사의 외손녀인 황은주 여사는 해방 후 백범을 찾아가 울면서 "아버지의 원수를 갚아 달라"고 호소했으나 백범은 아무 말도 하지 않았다고 한다.

73세에 임정에 합류한 조선조 고관 김가진

김가진 (서울, 1846년 1월 29일 ~ 1922년 7월 4일)

조선 말기의 문신이며 독립운동가. 규장각 참서관으로 관직생활을 시작한 그는 1883년 외교통상기구인 통리교섭통상사무아문이 신설되었을 때 유길준과 함께 주사로 임명되었다. 1886년 정시문과에 병과로 급제하여 홍문관 수찬이 되었으며, 다양한 관직을 역임하고 주차(駐箚)일본공사관 참찬관에 임명되어 수년간 도쿄에 주재했다. 을미사변 이후 제4차 김홍집 내각이 들어서면서 상무회의소 발족과 건양협회 창립에 가담하였고, 갑오경장이 실패한 뒤 1896년 7월 독립협회의 위원으로 선임되었다. 만민공동회에 적극 가담하여 헌의6조의 실행을 촉구하였고 1905년 을사늑약 체결에 대해 민영환 등과 함께 반대하다 뜻을 이루지 못하자 1906년 충남관찰사로 자진 좌천되었다. 이 밖에 대한자강회와 대한협회에 가담하여 적극 활동했다. 1910년 국권피탈 후 일제로부터 남작 작위를 받았으나 이후 대외활동은 하지 않았다. 1919년 3·1운동이 일어나자 독립운동에 투신하였고, 대동단(大同團)을 창설하여 초대 총재에 선출되었다. 같은 해 중국 상해로 망명하여 대한민국임시정부 고문을 맡았으며 대동단을 통해 무장투쟁을 계획하기도 했다.

17

"아직 하늘을 꿰뚫을 뜻을 품고 있나니…"

-김가진-

나라는 깨지고 임금은 돌아가시고 사직은 기울었는데도(國破君亡社稷傾)

부끄러움 안고 죽고 싶어도 참으며 여태껏 살아있도다(包羞忍死至今生)

늙은 몸 아직도 하늘을 꿰뚫을 뜻을 품고 있나니(老身尙有沖霄志)

단숨에 솟아올라 만 리 길을 날아가리(一擧雄飛萬里行)

　1919년 11월 4일 상해 임시정부 기관지인 독립신문에 실린 시다. 이 시는 뒤늦게 독립운동에 뛰어든 한 노인이 중국 망명을 하면서 쓴 시다.

　"1919년 10월 10일, 허름한 한복 누더기 차림의 노인과 젊은이가 일산역에서 신의주행 밤기차에 몸을 실었다. 두 사람은 우여곡절 끝에 신의주를 거쳐 중국 땅 단동(丹東·당시 안동)에서 상해행 기선에 오를 수 있었다. 3·1운동이 일어난 후 상해에서 갓 태어난 대한민국임시정부는 어느 날 갑자기 일제의 철통같은 감시망을 뚫고 조국을 탈출하여 나타난 이 두 사람을 열렬히 환영했다. 동농 김가진과 그의 아들 김의한이었다…."(김위현의 〈동농 김가진전〉 중에서)

동농(東農) 김가진(金嘉鎭·1846~1922)은 일반인들에게 다소 생소한 이름이다. 그는 구한말에 주(駐)일본판사대신, 병조참의, 이조참판, 충청도·황해도 관찰사, 공조판서, 법부대신, 농상공부대신, 중추원 부의장 등을 지낸 거물이었다. 그가 상해로 망명할 때는 이미 73세의 노인이었다. 조선왕조의 고관이, 그것도 한때 일제로부터 작위를 받아 친일혐의까지 쓰고 있었던 칠순 노인이 왜 험한 망명길을 택했을까?

동농은 서얼 출신으로서 종1품 벼슬까지 오른 입지전적 인물이다. 그는 안동부사와 예조판서, 한성부판윤을 지낸 김응균(金應均)의 둘째아들로 태어났다. 하지만 생모가 정실이 아니었기 때문에 신분제한에 묶여 과거에 나아갈 수 없었다. 다행히 1877년 적서차별 철폐를 호소하는 상소문을 올렸다가 뛰어난 문재를 인정받아 30대의 늦은 나이에 규장각 검서관이라는 말직에 발탁된다. 동농은 1884년 갑신정변 당시 정변 주도인물인 김옥균, 박영효와 절친한 사이였으나 인천 제물포에 관리로 나가 있었기 때문에 정변에는 관여할 수 없었다. 동농은 이후 조선의 개화 필요성을 주창하며 개화정책을 주도한다. 청나라의 내정간섭에 반발하여 러시아와 밀약을 추진했다가 발각되어 유배형을 받기도 했다. 유배에서 풀려난 뒤 판서와 대신 등 요직을 두루 거쳤다.

동농은 청나라 양무운동을 시찰하고 주일본판사대신으로 수년간 일본에 주재하는 등 해외 경험이 많아 외교에 밝았고 개혁정책에도 적극적이었다. 박영효가 추진한 개혁정책의 실무를 맡았고 독립협회 위원을 지냈으며, 만민공동회에도 가담하고 개화지식인의 모임인 대한협회의 회장을 맡기도 했다. 동농은 이승만과도 인연이 있었다. 이승만이 1904년 미국으로 건너갈 때 동농이 출국을 주선했을 뿐 아니라 사적으로 여비도 보태줬다.

동농은 1887년 5월부터 4년간 일본공사로 일본에 상주하며 반청(反淸) 자주외교를 펼쳤다. 이때 동농은 일본을 조선 근대화의 모델로 생각했다. 1894년 박정양, 김윤식, 유길준과 함께 갑오경장의 주역으로 참여해 각종 개혁을 추진했다. 이때 김홍집 내각에서 군국기무처의 일원으로 우리나라 최초의 헌법적 성격을 띠는 홍범 14조를 직접 기초했다. 그는 '군주 주도형 입헌군주제'를 꿈꾸었다. 1890년 조선을 방문한 영국 탐험가 겸 화가 아널드 새비지 랜도어(Arnold H. Savage Landor)는 저서 〈고요한 아침의 나라〉에서 김가진을 다음과 같이 묘사했다. "박학다식하고 재기가 출중했다. 내가 만난 수많은 외교관들 중 가장 뛰어난 인물이었다. 그는 매우 짧은 시간에 일본어를 완벽하게 숙달했고 중국어도 능통했다. 공부를 시작한 지 며칠이 안 되었는데도 영어를 능히 이해하고 읽었을 뿐 아니라 어느 정도 의사소통도 가능했다."

동농은 1907년 11월 남궁억, 장지연, 권동진, 오세창 등과 함께 대한협회를 만들고 2대 회장을 맡았다. 대한협회는 애국과 실력배양을 표방했지만 일제 침략의 본질을 제대로 간파하지 못했다는 평가를 받는다. 동농은 1910년 한일합병이 이루어질 때 일제로부터 남작 작위를 받음으로써 나라를 망친 다른 친일파 고관들과 다를 바 없다는 비판을 받기도 했다. 조선이 멸망할 때 고위직에 있었던 76명의 한인들은 일제한테서 후작, 백작, 자작, 남작 등의 작위와 은사금을 받았다. 당시 귀족들이 일제한테서 받은 매국공채는 현재 가치로 약 3,600억 원에 달했다. 일본 측 자료인 〈통감부 문서〉는 동농에 대해 "세사에 능한 소위 하이칼라직 인물로서 교제에 능하고 모가 없는 사람이다. 다만 일정한 정견이 없는 인물이라는 세평이 있다"라고 평했다.

대외활동을 접은 채 은거하던 동농이 중국으로 망명하게 된 직접적인 계기는 1919년 3·1만세운동이었다. 3·1운동에 큰 충격을 받은 그는 그 직후 결성된 항일비밀결사 조선민족대동단(대동단)의 총재를 맡는다. 대동단은 봉건적 사회질서 타파와 근대적 민주사회를 지향하며 1919년 3월부터 11월까지 지하유인물 배포와 같은 항일활동을 했다. 대동단 사건으로 투옥된 사람은 30여 명에 달했다고 한다.

대동단의 활동 중 대표적인 것이 의친왕(義親王) 이강(李堈·고

김가진의 가족사진. 아들 김의한, 며느리 정정화, 손자 김자동. 김자동 선생은 민족일보 등의 기자생활을 거쳐 현재 대한민국임시정부 기념사업회의 회장을 맡고 있다.

종의 다섯째 아들이자 순종의 아우)을 망명시켜 상해 임시정부에 참여시키려던 계획이다. 동농과 전협, 정남용 등은 의친왕을 상해로 탈출시켜 지도자로 추대하고 제2차 독립선언을 발표해 국내외에 독립여론을 촉발시키려 하였다.

시아버지 동농의 뒤를 쫓아 상해로 가 임정 요인들을 도운 며느리 정정화 여사는 회고록 〈장강일기〉에서 "시아버님은 당시 의친왕 이강과 친근한 사이였으며, 사돈까지 맺기로 약속된 관계였

의친왕 이강

다. 왕의 친동생인 이강이 함께 망명길에 오른다면 그것이 미치는 영향이 막대할 것으로 믿었다. 그리고 그를 움직일 수 있다면 막대한 자금도 가지고 갈 수 있을 터이므로 그야말로 일석이조의 효과를 얻을 수 있을 것이다.”

정정화 여사의 아들 김자동 선생 역시 저서 〈임시정부의 품 안에서〉에 당시 상황을 기술했다. “할아버지와 의친왕 이강은 자주 만나 망국의 신세타령을 나누는 사이였다. 이강은 망명에 흔쾌히 동의했다. 그의 망명은 일제의 거짓 주장에 결정타가 될 수 있었으며 독립운동에 큰 경제적 도움이 될 가능성도 있었다. 고종은 상해 외국계 은행에 거액의 예금을 예치하고 있었는데 그 증서를 의친왕이 가지고 있었고 자신이 가면 찾을 수 있을 것으로 기대했다. 잠행 탈출 방법을 놓고 할아버지와 의친왕 사이에 약간의 의견 차가 있었기 때문에 할아버지가 먼저 출발했다….”

동농은 중국으로 떠나면서 인편으로 의친왕에게 “소인은 지금 상해로 갈 계획이니 전하도 뒤따라오소서(小人今往上海計, 殿下從此枉駕)”라는 편지를 전하고 가족 몰래 아들과 길을 나섰다. 상해 임정 내무총장 안창호에게는 사전 연락을 해놓은 상태였다. 의친왕 망명 추진은 당시 임시정부의 큰 ‘사업’이었다.

위에서 김자동 선생이 언급한 ‘고종의 예금’에는 다음과 같은 일화가 있다. 당시 고종은 실제로 상해의 독일계 은행인 덕화은행(德華銀行·Deutsche Asiatische Bank)에 20만 달러라는 거액을 예치해놓고 있었다. 이 돈은 임금이 사적 용도로 쓰는 금고인 내탕금(內帑金)에서 나온 돈인데, 일제의 마수에 위협을 느낀 고종이 만약을 대비해 서울의 독일 공사(公使)를 통해 예치한 돈이었다. 하지만 일제는 의친왕 망명 시도가 있기 한 해 전인 1918년에 이미 이 돈을 고종의 허락 없이 인출해간 것으로 확인됐다. 현재 금액으로 따지면 약 17억 달러로 추산되는 거액이었다. 임시정부는 의친왕 망명을 추진할 때만 해도 이 돈이 은행에 그대로 있는 줄 알았다. 이 중요한 사안을 우리 정부는 해방 후 지금까지 제대로 추적한 적이 없으니 이 또한 문제다.

왕족 중 독립정신이 강했던 의친왕은 동농의 권유에 따라 그해 11월 9일 일산역에서 기차를 타고 망명길에 나선다. 중국 안동역(현재의 단동역)에는 후일 봉오동전투에서 명성을 떨친 최진동 장군이 영접을 위해 나와 있었다. 하지만 사태를 파악한 일제는 서둘러 체포조를 파견했고 의친왕은 안동역에 내린 직후 체포됐다. 마지막 몇 걸음을 남기고 모든 계획이 수포로 돌아간 것이다. 11월 11일이었다. 독립신문은 11월 20일자에 "의친왕 전하께서 상해로 오시던 길에 안동에서 적에게 잡히셨도다. 전하 일생의 불우에 동정하고 전하의 애국적 용기를 칭송하던 국민은 전하를 적의 손에서 구하지 못함을 슬퍼하고 통분하리로다"라고 보도했다. 의친왕은 서울로 호송됐고 일을 도모했던 전협, 정남용, 이을규 등이 차례로 체포되었다. 의친왕은 젊은 시절 일본에 있으면서 주색에 빠지고 그저 자전거 잘 타는 것으로 이름이 있었다고 한다.(황현의 〈매천야록〉 중에서) 그러나 망명 실패 이후 일제의 도일(渡日) 강요와 창씨개명 요구에는 끝까지 저항했다.

의친왕 망명은 실패했지만 동농의 망명 성공은 큰 파문을 낳았다. 당시 일제가 국제외교무대에서 "상해 임시정부는 하층민이 모인 집단"이라고 거짓 선전을 하고 있을 때였다. 일제는 '조선귀족령'을 발표하고 고관들에게 작위를 수여하면서 이들이 일본의 대한제국 병탄을 환영한다고 거짓 선전을 했다. 이런 상황에서 동농 같은 고관 출신이 임정에 합류한 것은 일제 선전이 허위임을 만방에 폭로하는 것이었다. 임정은 천군만마를 얻은 격이었다. 임정의 독립신문은 물론이고 상해 현지 언론도 그의 망명 소식을 대서특필했다. 상해의 영자지 차이나프레스는 "구한말의 고관 출신인 김가진의 임시정부 노크는 한국인에게 나라 찾는 청신호가 될 것이 분명하다"라고 평가했다. 중화민국 초대 국무총리와 조선총영사를 지낸 거물 정치인 당소의(唐紹儀)도 경의를 표하러 동농을 예방했다고 한다.

동농은 상해 도착 후 내외신 기자들에게 자신의 망명동기와 임시정부에 대한 전폭적인 지지의사를 밝혔다. 그는 또 임정 요인들에게 "과거 나의 행적에 반성의 빛을 가지고 있으나 결코 일본 놈들에게 유리한 일을 했다고는 믿지 않소이다. 나는 현관

(顯官·높은 관리)으로 있었으니까 작위를 주었고 그래서 받았으나 운양 김윤식같이 내던져 버리고 말았소"라고 말했다. 누구는 그의 과거에 여전히 눈을 떼지 못하고 있지만, 온갖 부귀영화가 보장된 고관이 기득권을 포기하고 험난한 독립운동에 투신한 것은 대단한 결단이 아닐 수 없다.

망명 후 동농은 임시정부 고문을 맡았고 대동단 본부를 상해로 옮겨 조직을 강화했다. 그는 연로한 전직 고관이었지만 문약하지 않은 무장투쟁론자였다. 북간도 독립투쟁조직인 북로군정서의 고문을 맡으며 만주에서의 무장투쟁도 추진했다. 그는 중국어와 일본어에 능통해 중국에서 활동하는 데 큰 어려움이 없었다고 한다. 손자 김자동 선생에 따르면 임정 초대 대통령 이승만이 직무를 소홀히 한다는 이유로 탄핵됐을 때 그의 후임 대통령으로 동농이 거론되기도 했다.

동농은 온 집안을 항일투쟁과 독립운동에 바쳤다. 장남 김의한(金毅漢)은 상해 임정의 국무원 비서장을 지냈고, 며느리 정정화(鄭靖和)는 국내로 여러 차례 잠입해 독립운동 자금을 모았으며 임정 살림도 맡았다. 둘째 아들 김용한은 의열단 사건에 연루되어 일제의 고문을 받은 뒤 정신이상을 일으켜 4년여를 고생하다가 자살했다. 의열단과 직접 관련은 없었으나 의열단 단원 김상옥과 한 배를 타고 국내로 들어온 것이 화근이 됐다. 김상옥은 1922년 종로경찰서에 폭탄을 던지고 달아났다가 경찰에게 포위되자 경찰 여럿을 죽이고 자결한 의열지사였다. 동농의 손자이자 김용한 선생의 아들인 김석동 선생은 최연소 광복군으로 활동하였다.

동농은 망명 3년 만인 1922년 7월 4일 세상을 떠났다. 임정은 어려운 형편에도 불구하고 그의 장례를 성대히 치르고 국무위원 전원 명의로 부고를 냈다.동농이 별세해 상해의 만국공묘에 안장될 때 애국동포 수백 명이 오열 속에 장지까지 따라갔다고 독립신문은 보도했다.

동농은 대단한 서예가이기도 했다. 서대문 밖 독립문의 한글·한자 제자(題字) 모두 그가 쓴 것으로 알려져 있다. 창덕궁 후원에 있는 현판도 대부분 그가 쓴 것이라고 한다. 독립문의 제자는 을사오적 이완용의 글씨라는 주장도 만만찮다. 어릴 때 신동으로 불렸던 이완용도 명필로 이름이 났었다.

김구인가, 이승만인가

18

"우리 현대사에 큰 발자취를 남긴 두 거목"

이승만과 김구에 대한 평가는 여전히 논란이 많다. 두 사람 다 우리 민족의 큰 지도자였지만 평가자에 따라 선호도에 큰 차이가 나는 경우가 많다. 이승만을 옹호하는 쪽은 김구가 공산주의자에게 휘둘려 대한민국 건국에 방해가 됐고, 김구를 지지하는 쪽은 이승만이 민족분열주의자이자 독재자였다고 비판한다.

우리의 역사적·이념적·정파적 갈등과 모순이 이 두 사람 평가에 오롯이 담겨 있는 느낌이다. 우리 독립운동의 큰 문제점 중 하나가 이념 간, 계파 간 분열이었다는 점을 우리는 너무도 쉽게 잊고 있다. 이승만과 김구, 함께 계승할 방법이 없을까. 이 분야 전문가인 경희대 허동현 교수의 의견을 들었다.

손잡은 우남 이승만과 백범 김구

- 이승만 박사와 김구 선생은 우리나라 근현대사에서 어떤 비중을 차지하고 있습니까? 김구 선생은 임시정부의 독립운동에, 이승만 박사는 독립 이후 대한민국 건립에 더 두드러진 역할을 했다고 할 수 있습니까?

"우남(雩南) 이승만(1875~1965)과 백범(白凡) 김구(1876~1949)는 우리 현대사에 커다란 발자취를 남긴 두 거목(巨木)입니다. 그러나 오늘 두 분에 대한 우리의 역사 기억은 긍부(肯否)와 호오(好惡)가 엇갈립니다. 서구가 200년 걸려 이룩한 산업화와 민주화를 불과 60년 만에 따라잡은 대한민국의 성취를 높이 평가하는 이들에게 시장경제와 민주주의의 초석을 놓은 이승만 박사는 그 업적을 기려야 마땅한 '건국의 아버지'로 다가섭니다. 반면 대한민국의 건국에 반대한 김구 선생은 냉전체제의 본질을 제대로 깨닫지 못해 북한의 기만전술에 말려들고만 '시대착오적 정치가'로 비칠 뿐입니다. 반대로 대한민국의 역사를 외세와 그 기생 세력에 의해 동족 상잔과 대량학살이 자행된, 그리고 독재로 점철된 '부끄러운 역사'로 보는 이들에게 김구 선생은 민족을 단위로 한 통일국가 세우기의 당위성을 일깨우는 아이콘으로 우뚝 서지만, 이승만 박사는 '분단의 고착화'를 초래한 '역사의 죄인'이자 정권욕에 사로잡혀 민주주의를 압살한 독재자에 지나지 않을 뿐입니다."

– 두 사람의 협력관계와 경쟁관계는 어떻게 평가해야 합니까? 동지였습니까, 경쟁자였습니까? 정적이었습니까?

"1919년 3·1운동 이후 주권재민(主權在民)의 민주공화국을 세우기 위한 독립운동전략은 두 방향에서 추진됐습니다. 1919년부터 6년간 대한민국임시정부 대통령을 지낸 이승만은 외교를, 그리고 1940년부터 5년간 주석을 맡았던 김구는 무장투쟁을 통해 독립을 이루려고 했습니다. 1941년 6월 김구는 이승만을 임정을 대표하는 주미외교위원장 겸 주미전권대표로 임명했습니다. 방법론은 달랐지만 두 사람은 일제 식민지시대 나라의 독립을 위해 손을 마주 잡았습니다. 광복 이후에도 두 분은 공산주의와 소련, 그리고 신탁통치에 반대하는 노선을 함께 취했습니다. 그러나 1946년 6월 이승만이 정읍에서 남한 과도정부 수립을 제안하면서 두 분은 다른 길을 걷기 시작했습니다."

− 김구 선생이 해방정국에서 국제정세와 세계조류를 제대로 파악하지 못했으며 공산주의의 실체에 대한 인식도 철저하지 못했다는 평가는 어떻게 생각하십니까?

"'공산주의나 여하한 주의를 가진 것을 불문하고 겉껍질을 벗기면 동일한 피와 언어와 조상과 풍속을 가진 조선민족이다.' 1948년 남북협상 차 북한으로 가기 전에 한 연설의 한 대목이 잘 말해주듯이, 김구 선생은 '민족은 주의를 초월한다'는 소박한 신념을 갖고 있었습니다. 그러나 이는 잘못된 판단이었습니다. 남북협상이 시작도 되기 전에 이미 결의문은 채택되어 있었습니다. 4월 23일에 나온 결의문은 「연석회의 개최와 관련해 김일성에게 주는 충고」라는 제하의 4월 12일자 스탈린의 지령을 토씨까지 그대로 베꼈습니다. 4월 28일과 29일에 열린 김구·김규식·김일성·김두봉 '4김 회담'과 30일에 나온 '남북조선 제정당 및 사회단체 공동성명서'도 구속력 없는 휴지조각과 다름 없었습니다. 1945년 말 유고슬라비아에서의 우익탄압, 이듬해 6월 폴란드 공산당의 국민투표 결과 조작, 그리고 1947년 8월 20%밖에 득표하지 못한 공산당이 소련군의 비호 하에 정권을 강탈한 헝가리 사태를 고려해 볼 때, 당시 남북협상은 북한의 통일전선 전술에 이용될 것이 명약관화했다고 할 수 있습니다. 김구 선생이 국제정세와 공산당의 실체에 대해 잘못 파악한 우(愚)를 범했다는 평가를 부인하기 어렵습니다."

– 일부에선 김구 선생이 단정 수립에 반대한 것은 현실을 몰라서가 아니라 불리한 줄 알면서도 독립운동 대의를 감안해 통일정부를 주창하지 않을 수 없었다고 합니다.

"'병자호란의 역사를 알지? 그때 청과 타협한 최명길의 현실주의가 없었던들 아마 나라는 망했을 거야. 동시에 3학사의 명분론과 죽음을 감수하는 민족의 기개가 없었던들 또 망하는 거야.' 38도선을 넘기 전 김구 선생이 둘째 아들에게 남긴 말이 잘 말해주듯이, 선생은 남북협상 노력이 실패로 끝날 줄 알고 있었지만 대의를 위해 남북협상에 나섰다고 볼 수도 있습니다. '통일된 조국을 건설하려다가 38선을 베고 쓰러질지언정 일신에 구차한 안일을 취하여 단독정부를 세우는 데는 협력하지 아니하겠다.' 남북협상에 나서면서 던진 이 한마디 말에 조국의 완전한 자주독립을 꿈꾼 선생의 이상이 오롯이 담긴 것으로 보입니다."

– 만일 이승만 박사가 김구 선생의 남북한 통일정부 수립 주장에 동의를 하고 힘을 합쳤더라면 분단을 막을 수 있었을까요?

"그렇지 않았습니다. 당시 북한의 실질적 지배자는 스탈린이었습니다. 냉전 붕괴 이후 발굴된 사료에 의하면, 스탈린은 1945년 9월 20일에 '소련군 점령지역에 부르주아 민주주의 정권을 수립하라'는 지령을 내렸고, 이듬해 2월에는 실질적 정부인 북조선임시인민위원회가 세워진 바 있었습니다. 이승만과 김구가 힘을 합쳐 남북협상에 나섰더라도 김일성과 김두봉은 실권이 없는 소련의 허수아비였습니다. 남북 분단의 원인은 민족 내부 분열 때문도 자치능력이 없어서도 아니었습니다. 일제 패망 후 남북한을 분할 점령한 미·소 양국 모두 자국에 적대적인 국가가 한반도에 들어서는 것을 원치 않았기 때문에 현실적으로 남북이 하나 되는 통일된 국가의 수립이 불가능했던 것이 당시 국제정치 환경이었습니다."

– 이승만 박사는 미주에서 외교를 수단으로 독립운동을 했는데 큰 성과가 없었다는 평가가 있습니다. 그럼에도 불구하고 해방 직후 여론조사에서 대통령으로 가장 적합한 인물로 꼽혔습니다. 그 이유가 무엇입니까?

"이승만 박사는 3·1운동 이후 노령(露領) 임시정부, 상해 임시정부, 한성(漢城)정부 등 국내외에 세워진 모든 임시정부를 대표하는 직위에 오른 바 있습니다. 그가 대한제국 시기와 3·1운동 이전에 전개한 국권회복 운동을 통해 얻은 신망과 경쟁자를 압도하는 평판이 있었기 때문이었습니다. 또한 그는 광복 직후인 1945년 9월 6일 선포된 '인민공화국 내각명단'에 대통령으로 이름을 올렸으며, 1946년 7월과 1948년 6월 실시된 여론조

1945년 11월 24일, 김구(가운데)가 이승만(왼쪽)의 소개로 하지 중장
을 만났다.

사에서 초대 대통령 감으로 김구를 압도하는 지지를 얻은 바 있
었습니다. 사실 시각을 달리하면 외교독립운동은 성과가 없었
던 것이 아닙니다. 1948년 12월 12일 제3차 유엔총회에서 대
한민국이 한반도의 유일한 합법정부로 국제적 승인을 받은 것
은 1905년 이래 이승만이 꾸준히 전개한 외교독립운동의 최종
승리였다고 볼 수 있습니다."

– 김구 선생 피살 사건의 배후에 이승만 대통령이 있었다는 주장은 어느
정도 근거가 있습니까?

"김구 선생 암살배후로 포병사령관 장은산이나 김창룡 소령, 심지어 이승만 대통령을 지목하거나 미군 방첩대(CIC) 개입을 주장하기도 합니다. 그러나 그 배후와 진상은 아직 베일에 싸여 있습니다."

– 그동안 이승만 박사에게는 많은 비판이 쏟아졌지만 김구 선생은 상대적으로 좌·우파 모두에 성역처럼 되어 있다는 시각이 있습니다.

"역사적으로 볼 때 이상주의자가 현실주의자에 비해 후한 평가를 받는 것 같습니다. 조선왕조를 세운 이성계와 고려에 충절을 다한 최영에 대한 세평이 그러하듯 말입니다. 이승만 박사는 정읍 발언으로 인해 종래 남북분단을 앞장서서 이끈 '역사의 죄인'이라는 오명을 얻었습니다. 반면 김구 선생은 1948년 4월 19일 남한만의 총선거에 반대해 남북이 하나 되는 통일정부 세우기를 꿈꾸며 38도선을 넘었습니다. 실패로 끝났지만 그는 통일을 위해 목숨을 바친 민족지도자로 우뚝 섰습니다. 반면 이승만 박사는 4·19혁명에 의해 권좌에서 내려오기까지 12년간 장기 집권했기 때문에 민주화에 역행한 독재자라는 딱지도 붙이고 말았다. 이승만은 마지막 과오로 건국 이후 그때까지 쌓은 공적을 무화시키는 구인공휴일궤(九仞功虧一簣·오래 쌓은 공적이 마지막 실수로 무산됨)의 잘못을 범하고 말았던 것입니다. 어찌 보면 4·19세대들은 이승만이 뿌려놓은 민족·민주주의 교육을 자양분 삼아 자라났습니다. 민주주의를 들여왔지만 실천하

1945년 12월 1일 서울운동장에서 10만여 명이 모인 가운데 '임시정부 한국 환영회'가 열렸다. 사진은 환영식장에서 이야기를 나누는 이승만과 김구

지 못한 이승만은 아들 오이디푸스에게 죽임을 당한 테베의 왕 라이오스처럼 비극을 쓰고 말았던 것입니다."

− 이승만과 김구의 대결 구도는 현재 남북한 분단 구조가 조장한 측면이 강한다고 볼 때 이 문제는 한반도 통일이 이루어지기 전에는 근본적으로 해소되기 어렵다고 봐야 합니까?

"이승만과 김구 두 분에 대한 평행선마냥 합치하지 않는 역사 기억은 우리 사회의 정체성에 난 균열과 골이 얼마나 크고 깊은 지를 잘 보여줍니다. 그러나 남북통일에 앞서 고난의 근현대를 살아오며 갈가리 찢긴 시민사회의 마음을 하나로 모아야만 우리에게 미래가 있을 것입니다. 따라서 우리는 이러한 난제를 풀기 위해 머리를 맞대어야만 합니다."

– 이승만 박사가 친일 청산을 제대로 하지 않아 친일파가 한국의 지도층으로 그대로 남는 왜곡된 현상이 벌어졌다고 비판을 많이 받습니다. 어떻게 평가해야 합니까?

"대한민국 초대 내각의 구성원은 이범석 국무총리와 이시영 부통령을 위시해 모두 독립운동가였습니다. 이승만 박사는 친일파를 건국의 주도세력으로 등용한 바 없습니다. 다만 신생(新生) 대한민국의 생존을 위협하는 적색(赤色) 전체주의인 공산주의와 맞서 싸우는 과정에서 일제 경찰이나 관료 출신들을 활용한 바 있었습니다. 이는 북한에 공산정권이 들어서고 1949년 중국 대륙이 공산화된 상황에서 공산주의를 막기 위한 고육지책으로 보아야 하지 않을까 합니다."

– 젊은 세대는 두 거인을 어떻게 받아들여야 합니까? 이승만이냐, 김구냐를 뛰어넘어 두 분 다 존중하는 방법은 없습니까?

"우리는 '3·1운동으로 건립된 대한민국임시정부의 법통(法統)을 계승한다'는 헌법 전문(前文)의 정신을 마땅히 기억해야 합니다. 1919년 4월 상해에 세워진 임시정부가 채택한 민주공화국의 국가형태와 삼권분립 정신에 기초한 임시헌법이 오늘 우리가 지키고자 하는 정치체제의 시원임을 부정할 수 없습니다. 또한 1941년 6월 김구가 이승만을 임정을 대표하는 주미외교위원장 겸 주미 전권대표로 임명했음도 잊어서는 안 됩니다. 외교활동과 무장투쟁 독립운동 전략은 달랐지만, 두 사람은 그때

나라의 독립을 위해 손을 마주 잡았습니다. 대한민국 건국의 역사를 임정이 수행한 민족독립운동의 역사와 연속선상에서 파악할 때, 1919년 대통령을 맡은 이승만과 1940년 주석에 오른 김구 두 분 모두 '건국의 아버지들(Founding Fathers)'이라는 자기 자리를 찾아갈 수 있을 것입니다."

– 정치 지도자와 사회 지도층은 이승만 박사와 김구 선생을 놓고 양분된 여론을 통합하려면 어떤 노력을 해야 합니까?

"1946년 봄 민주의원 회의를 마친 후 이승만과 김구 두 분이 악수를 나누는 사진은 우리에게 많은 것을 생각하게 해줍니다. 두 분의 사진처럼 우리 정치지도자와 사회지도층도 서로 부딪치는 역사 기억을 넘어서기 위해 화해의 손을 맞잡아야만 합니다. 그것이 우리가 보다 나은 미래를 위해 함께 건너야 할 강물에 놓인 징검다리의 첫 번째 디딤돌이 될 것입니다."

– 미국 초대 대통령 조지 워싱턴의 체리나무 이야기는 사실이 아니지만 사실이 정정되고 않고 신화처럼 남아있습니다. 문화대혁명으로 수많은 인명을 희생시킨 중국의 마오쩌둥에 대해서 등소평은 '공7과3(功7過3)'으로 평가했으며, 중국인들은 여전히 그를 신중국 최고의 지도자로 남겨두었습니다. 우리도 이런 사례를 이승만과 김구 평가에 적용할 수 있을까요?

"김구 선생은 대한민국 건국과정에서 국제정세를 제대로 읽지 못한 우(愚)를 범했고 이승만 박사는 독재의 과(過)를 범했음은 부정할 수 없습니다. 그러나 자유민주주의·평등주의·자본주의 등의 요소가 담긴 이승만 박사의 건국이상은 아직도 우리의 진로를 비추는 좌표로서 살아 숨 쉬고 있고, 냉전이 끝난 지 30년이나 지난 오늘도 우리는 김구 선생이 내준 남북통일이란 숙제를 풀지 못한 것도 부정할 수 없는 사실입니다. 역사적 인물의 공과를 어떻게 평가해야 할지를 먼저 고민했던 올곧은 지식인 천관우 선생의 고언(苦言)이 가슴에 와 닿습니다. '되도록이면 좋은 점을 발견하는 아량과 관용으로, 플러스와 마이너스를 총결산해서 플러스 편이 크면 우선 긍정적으로 평가해 놓고, 그 테두리 안에서 흠을 말하는 것이 좋다.'"

허동현

경희대학교 후마니타스 칼리지 교수

고려대학교 사학과 박사

대한민국임시정부 수립 과정

3.1운동으로 인해 독립에 대한 갈망이 폭발하기 시작했다. 이에 정부를 수립하여 조직적으로 독립운동을 추진하려는 움직임이 일어나기 시작했다. 연해주에는 이미 대한광복군정부가 조직되어 활동하고 있었고, 서울에서는 만세시위 도중 13도 대표가 모여 정부의 수립을 선포했다. 이것이 한성정부다. 한성정부를 비롯해 중국 상해에서도 대한민국임시정부가 조직되었다. 연해주에서도 대한국민의회라는 임시정부가 조직되었으며, 미국 등지에서도 임시정부 수립이 추진됐다. 이와 같이 각지에서 여러 임시정부가 수립되자 민족운동가들은 통합된 정부만이 강력한 독립운동을 전개할 수 있다고 판단, 국내외에 수립된 여러 임시정부를 상해의 대한민국임시정부로 통합했다. 당시 상해의 외국 조계는 일제의 영향력이 미치지 못했고 세계 각국의 외교활동이 펼쳐지는 곳이어서 민족지도자들이 모여 독립투쟁을 도모하기에 적합한 곳이었다. 대한민국임시정부는 자유민주주의와 공화정을 기본으로 하는 국가체제를 갖추고 대통령제를 채택하여 이승만을 초대 대통령으로 선출했다. 그 후 임시정부는 몇 차례에 걸쳐 헌법을 개정하며 변천하였으며, 김구 선생이 주석이 되어 광복이 될 때까지 임시정부를 이끌었다. 임시정부의 지도이념인 자유주의 이념과 삼균주의 이념은 1948년 대한민국 헌법에 그대로 반영되었다. 또한 '우리 대한민국은 3·1운동으로 건립된 대한민국임시정부의 법통과…'라고 헌법에 명기되어 있듯, 임시정부는 한국 독립의 모태로서 대한민국 건국의 정신적·사상적 기반이 되었다.

'임정 연인' 중국 작가 샤녠성

샤녠성의 윤봉길 의거 83주년 기념 추모시

스물세 살 당신은 정겨운 가정을 떠나며 목숨을 거는 고귀한 글 남겼네.
'장부가 뜻을 세워 집을 나서면 뜻을 이루기 전 살아 돌아오지 않는다.'
당신이 생명을 바쳐 민족의 존엄을 지킨 것, 그것은 정해진 운명
당신은 영혼으로 뜻을 밝힌 세상의 진정한 시인
당신의 시는 각성을 호소하는 시집 속에만 있지 않고
조국 어머니의 마음속에도
1932년 4월 29일 중국 상해 홍구공원에서
세상을 진동시킨 평화의 함성소리 속에도
씌어있네.
당신은 한국의 영웅
동시에 우리 중국 아시아의 영웅
평화를 사랑하는 모든 사람들 마음속의 영웅
어언 83년이 지났건만
평화를 갈망하는 그 정의의 외침은
풍진 세월을 뚫고 여전히 선명하게 들려오네.

《영원한 기념비 항일영웅 윤봉길에게 바침》

19

"나는 윤봉길 의사의 눈을 보고 울었다"

　　김구 선생과 윤봉길 의사에 관한 장편소설과 시를 쓰고 시화전까지 개최한 중국인이 있다. 여성 작가 샤녠성(夏輦生·67)이다. 상해 남쪽 가흥(嘉興·자싱)에서 가흥일보 기자로 있다가 전업 소설가로 변신한 여성이다. 중국 초등학교 교과서에 '네 개의 태양'이라는 본인의 글이 실려 있을 정도로 유명하다. 샤 작가는 가흥일보 기자로 있던 1987년부터 가흥에 있는 김구 선생 피난처와 한국 독립운동가들에 대해 연구하기 시작했다. 1992년 한·중 수교 당시 그의 글은 양국 언론에 크게 소개됐다. 샤 작가는 나아가 김구 선생을 주인공으로 한 실화소설 〈선월(船月·2000년)〉 및 전기소설 〈호보유망-김구재중국(虎步流亡-金九在中國)〉과 윤봉길 의사를 주인공으로 한 전기소설 〈회귀천당(回歸天堂)〉을 펴냈다.

샤 작가는 형부가 김구 선생의 경호원을 지낸 유평파(劉平波·1910~1947) 선생의 아들이다. 유평파 선생의 형은 〈백범일지〉에도 나오는 김구 선생의 주치의 유진동 선생이다. 샤 작가는 이런 인연 때문에 김구 선생 등 한국 독립운동가들에 대한 깊은 애정을 가지고 작품들을 써내고 있다. 2009년엔 '가흥에서 만난 김구'라는 주제로 김구 선생을 추모하는 시화전도 열었다.

김구 선생은 1932년 이봉창과 윤봉길 의거로 일제의 추격을 받자 상해를 떠나 가흥으로 긴급 피신한다. 이때 중국 처녀뱃사공 주애보(朱愛寶·주아이바오)라는 여성과 함께 배 위에서 생활하면서 일제의 추적을 따돌린다. 김구 선생은 〈백범일지〉에 주애보에 대해 "나와는 부부 비슷한 관계도 부지중에 생겨서 실로 내게 대한 공로란 적지 아니한데…"라고 적었다. 샤 작가가 그때의 이야기를 근거로 써낸 소설이 〈선월〉이다.

김구 선생을 "세계에서 가장 뛰어난 지도자"로 평가하고 "윤봉길 의사의 눈을 보고 울었다"는 샤 작가는 중국인이면서도 한국 독립운동가를 사랑한다. 그는 오랫동안 공을 들여 김구 선생 피난처까지 찾아냈다. 김구 선생이 83년 전에 피신했던 가흥의 '김구피난처'에서 샤녠성 작가를 만나 이야기를 들었다.

– 어떤 일을 하는가.

"어릴 때는 대련(大連·다롄)에서 컸다. 그리고 후에 부모를 따라서 가흥에 왔고 가흥일보에서 기자 일을 했다. 가흥에 오고 나서 김구 선생과 피난처에 대한 책을 썼다. 주변의 많은 사람들이 항상 묻는 것이 있다. 중국 작가인데 왜 한국을 주제로 책을 쓰냐고. 그런 책을 쓰는 이유는 내가 필요해서가 아니라 역사가 나를 필요로 한다고 생각하기 때문이다."

– 피난처를 어디서 발견했는가? 찾게 된 계기는 무엇인가?

"나는 한국과 인연이 깊다고 생각한다. 형부가 김구 선생과 관련이 있는 사람인데, 1980년대 한국에 갔을 때 김구피난처가 가흥에 있다는 얘기를 들었다. 형부가 나에게 가흥에서 피난처를 찾아달라고 부탁했다. 당시 피난처를 찾기 위해 많은 사람에게 물어봤는데 다 모른다고 했다. 김구 선생이 가흥에서 가명을 썼기 때문에 찾기가 더 힘들었다. 찾다보니까 〈백범일지〉에 나오는 사회교(砂灰橋)라는 곳을 찾아냈다. 임시정부 청사 근처에 살았던 주변 사람에게 물어보니 거기가 조선사람들이 많이 살던 곳이라고 했다. 이전에 기자 생활을 하면서도 찾아간 적이 있는데 김구 선생이 거기서 상처를 치료받았다는 얘기를 들었다. 알고 보니 거기가 진짜 김구 선생 피난처였다. 김구 선생 피난처에 대해서는 과거 비밀사항이어서 외부에 알려지지 않았던 것이다. 관련 기록들이 거의 없어서 찾기가 정말 힘들었다."

– 피난처라는 결정적 증거가 있나?

"자료를 찾을 수 없어 포기하고 기차를 타고 북경에 갔다. 그런데 거기서 우연히 저보성(褚輔成·추푸청) 선생 손자며느리(둘째 아들의 며느리)를 만났다. 저보성은 김구 선생을 피신시켜준 국민당 원로다. 그의 가족을 찾아야 김구 선생 피난처를 알 수 있었는데 정말 우연히 손자며느리를 만난 것이다. 그것도 기차에서. 그 며느리가 피난처의 옛 집주인 주소를 알려줬다. 그런데 여전히 최종 확인이 안 돼서 한국으로 편지를 썼다. 1987년 7월 9일 김구 선생 아들(김신)이 직접 와서 확인했다."

– 형부도 이곳 가흥에 있나?

"형부는 한국에 있다. 형부는 여기서 생활한 적 없다. 김구 선생 아들 김신 선생이 11살 때 여기 있었던 기억이 난다고 했다. 당시의 벽장 하나를 기억하고 있었는데 벽장을 치우면 계란 한 알이 있었다고 했다."

– 형부는 왜 김구피난처를 찾아달라고 했나?

"형부의 아버지와 어머니는 모두 대한민국 건국훈장을 받은 분이다. 말하자면 형부는 독립유공자의 후손이다. 게다가 형부는 아버지가 상해에서 돌아가셨고 중국이랑 인연도 깊어서 항일 유적을 찾고 싶다고 했다."

– 찾았을 때 기분이 어땠나?

"찾았을 때 큰 비가 왔다. 너무 기분이 좋아서 눈물인지 빗물

백범이 피신해 있던 가흥의 수륜사창. 다리 뒤쪽으로 보이는 건물이다.

인지 땀인지 모를 정도였다. 그때 그 비가 김구 선생의 눈물로
도 보였다. 기뻐서 다 같이 촬영을 했다. 촬영할 때 옆에서 김신
선생이 아버지에 대한 기억들을 얘기했다. 내 책 속에 이런 내
용이 다 들어있다."

– 왜 그렇게 노력을 했는지 여전히 궁금하다.

"두 가지가 있는데 하나는 내가 가흥일보 기자였다는 사실이
다. 나는 중국과 한국의 역사적 인연이 필요하다고 생각했다. 다

른 하나는 나의 운명이라 생각했다. 찾게 될 운명이라고 생각해 꼭 찾고 싶었다. 찾으면서 중간에 알아낸 많은 내용들이 사람들을 감동시킬 만했다. 그런 내용은 역사적으로 밝혀지지 않은 내용이어서 꼭 알리고 싶었다."

－ 형부의 한국 이름은?

"유수송(劉秀松)이다. 형부 아버지 이름은 유평파(劉平波)이고 어머니 이름은 송정헌(宋靜軒)이다. 두 분 다 독립운동가 명단에서 찾을 수 있다."

－ 김구 선생을 어떻게 평가하는가.

"김구 선생 아들이 왔다가 돌아가서는 〈백범일지〉를 복사해서 보내왔다. 나는 〈백범일지〉를 보고 김구 선생이 정말 위대한 지도자라고 생각했다. 김구 선생의 어머니도 위대한 어머니라고 생각한다. 김구 선생을 도운 사람들도 대단하다. 헤엄쳐서 이동하고 여자들은 난산을 하고도 곧바로 서로 일을 도왔다. 이런 내용들을 보고 감동했다. 작가로서 이 모든 감동을 사람들에게 알려 주고자 책을 썼다."

－ 윤봉길 의사에 대한 책도 썼는데 특별한 이유가 있나?

"김구 선생 관련 책을 출판해서 한국에서 상도 받고 한국에서 출판세미나도 열었다. 독립기념관에 갔을 때 그쪽 관계자가 혹시 윤봉길 의사 고향에 안 가겠느냐 해서 가고 싶다고 했다. 예산에 갔다. 기념관이 있더라. 기념관에서 행사를 진행하고 흰 장갑을 끼고 향을 피우고 절을 했다. 사람 크기랑 비슷한 동상에 절을 하고 사진 속 윤 의사의 눈을 봤다. 윤봉길은 평범한 농민이고 폭탄 두 개로 나라를 위해 희생했다고만 단순하게 생각했는데 눈을 보고 나니까 가족과 민족에 대한 사랑을 느낄 수 있었다. 갑자기 울음이 터져 나왔다. 옆에 있던 사람이 놀라서 왜 우느냐고 했다. 그때 윤봉길 의사에 대한 책을 꼭 쓰겠다고 결심했다."

– 얼마나 많은 연구를 했나.

"조사하고 취재하면서 예산에 반 달간 머물렀다. 그런데 아무것도 못 얻었다. 50년 동안 윤봉길 의사를 연구했던 멘토도 윤의사가 몇 살 때 뭐하고 몇 살 때 고향 나갔다는 것 정도만 알고 있었다. 독립기념관에도 가봤는데 역시 별다른 자료가 없었다. 실망하고 있다가 한국의 어느 해변에 가서 앉아 있었는데 윤봉길 의사의 발걸음과 숨소리가 느껴졌다. 그 뒤 윤 의사의 셋째 동생을 찾아갔다. 그때 들은 한 이야기가 윤 의사가 일본에서 처형당할 때 어머니가 자다 꿈에서 깨보니 밖에 바람이 세게 불고 나무가 흔들리고 있었다는 것이다. 그 시각이 윤 의사가 순국한 시각과 비슷하다고…이런 내용을 책으로 쓰고 나니까 나의 멘토 선생이 그런 내용을 어떻게 아느냐고 하고 윤 의사 동생들도 내용이 진짜 같다고 했다. 이런 흔적들을 모아서 소설로 썼다."

– 젊은 사람들에게 해주고 싶은 말이 있나?

"애초에 책을 쓴 목적도 젊은 사람들에게 평화를 생각할 기회를 주기 위해서였다. 옛날 김구 선생과 한국 사람들은 평화를 위해 중국과 함께 항일투쟁을 했다. 그런 사실을 잊지 말았으면 한다."

샤 작가는 2015년 4월 윤봉길 의거 83주년을 앞두고 윤 의사 기념사업회에 '영원한 기념비- 항일영웅 윤봉길에게 바침'이라는 시 한 편을 보내왔다. (앞부분에 수록)

손녀가 말하는 '내 할아버지 윤봉길'

-윤주원-

윤봉길 (충남, 1908년 6월 21일 ~ 1932년 12월 19일)

1932년 4월 29일, 상해 홍구공원에서 일본의 수뇌부를 향해 폭탄을 던진 독립운동가다. 10세 되던 1918년 덕산보통학교에 입학하였으나 이듬해 3·1운동이 일어나자 자퇴하였다. 1926년 이후 야학회를 조직해 향리의 불우한 청소년을 가르쳤으며, 부흥원(復興院)을 설립해 농촌부흥운동을 펼쳤다. 월진회(月進會)를 조직해 회장에 추대되었으며 수암체육회를 설립·운영하면서 건실한 신체를 바탕으로 독립정신을 고취하고자 했다. 1930년 3월에 만주로 망명하여 김태식·한일진 등 동지와 함께 독립운동을 준비했고, 이듬해 8월, 대한민국임시정부가 있는 상해로 건너갔다. 그해 겨울 임시정부의 김구를 찾아가 독립운동에 신명을 바칠 각오를 호소하였다. 1932년 봄, 야채상으로 가장해서 일본군의 정보를 탐지하기 시작한 그는 4월 26일에 한인애국단에 입단하여 4월 29일 일본 전승절에 폭탄을 투척할 계획을 세웠다. 철저한 준비 끝에 의거 당일 과감히 수류탄을 던져 거사를 성공시켰다. 상해 파견군사령관 시라카와와 상해일본거류민단장 가와바다 등은 즉사했고, 제3함대사령관 노무라 중장, 제9사단장 우에다 중장, 주중공사 시게미쓰 등이 중상을 입었다. 윤봉길은 현장에서 체포되어 일본 군법회의에서 사형을 선고받았다. 그 해 11월 18일 일본으로 호송되었고, 12월 29일 가나자와에서 순국하였다.

20

"장부가 뜻을 세워 집을 떠나면
뜻을 이루기 전에는 살아오지 않는다"

-윤봉길-

윤주원 단국대 부속중학교 역사 교사

2015년은 우리나라가 일제 치하에서 해방된 지 70주년 된 해입니다. 이것을 기념하기 위해 민주평화통일자문회의에서는 통일염원 임정(臨政)대장정을 기획하였습니다. 저는 이 행사의 역사해설가로 10월 25일에서 11월 2일까지 8박 9일의 긴 여정을 학생 33명과 함께 하게 되었습니다. 이제야 할아버지의 거사 장소인 홍구(虹口·홍커우) 공원을 간다는 죄스러움과 함께, 우리나라 독립운동의 발자취를 탐방하게 된다는 설렘을 안고 대장정을 시작하였습니다.

25일 서울 효창공원에서 김구 선생님 기념관 탐방과 그곳에 안치된 3의사 묘(윤봉길, 백정기, 이봉창)를 참배하는 것을 시작으로 여순(旅順·뤼순) 감옥, 8곳의 임정 청사, 단동철교, 이륭양행, 황포군관학교, 일본군 성피해자(위안부) 할머니 집과 위

윤봉길 의사의 손녀 윤주원 선생이 2015년 11월 상해 홍구공원의 매헌기념관을 찾아 할아버지의 동상을 어루만지고 있다.

안소 방문, 가흥(嘉興·자싱) 김구 선생님 피난처를 거쳐 마지막으로 할아버지 윤봉길 의사의 거사지인 홍구공원 참배로 일정이 마무리되었습니다.

독립운동에는 여러 가지 방법이 있는데 왜 할아버지는 목숨을 바칠 각오로 홍구 공원에서의 거사를 행하였을까? 나는 평생 할아버지의 마음을 헤아리기 어려웠습니다. 그 간절함을.

그러나 임정대장정을 통해 일제 침략기 독립운동의 역사를 다시 돌아보고서야 사랑하는 가족을 두고 먼 길을 갈 수밖에 없었던 당시 상황과 할아버지의 마음을 깊이 느끼게 되었습니다.

할아버지는 5남 2녀의 장남으로 15세에 결혼하여 딸 한 명과 아들 두 명을 두었습니다. 따님은 할아버지가 중국으로 망명하시기 전 어린 나이에 병으로 돌아가셨는데 할머니는 자식 잃은 슬픔에 밥을 먹지 못하고 일만 하셨다고 합니다. 할아버지의 그 날 일기를 보면 "내 마음도 그러하다." "칼끝이 되어 내 가슴을 찌른다." "저 보름달을 그 생명에게 다시 보여줄 수 없구나"라는 표현이 있습니다. 이 글귀들을 통해 자식을 잃은 할아버지의 아픔과 가족을 사랑하는 가슴이 따뜻한 할아버지의 인간적인 면모를 느낄 수 있습니다.

할아버지는 덕산 보통학교에 11세에 입학하였지만 1919년 3·1운동이 일어나자 일제의 식민지 교육에 실망하여 학교를 자퇴하고 오치서숙에서 한시를 짓고 한학을 공부하였습니다. 한학을 공부하면서 세계의 움직임을 바로 알고자 〈개벽〉이란 잡지를 탐독하고 신학문을 배우고 일본어를 독학하였다고 합니다. 19세에 오치서숙의 성주록 선생님에게 더 이상 가르칠 것이 없다는 말씀과 함께 매헌(梅軒)이라는 호를 받았습니다. 이후 고향인 예산에서 야학을 운영하고 월진회를 조직하고 〈농민독본〉이라는 교과서를 만들어 농민계몽운동에 앞장섰습니다. 이 책은 3권으로 되어 있는데 그중 3권 '농민과 노동자'에서 "나는 농부요 너는 노동자다. 우리는 똑같은 일하는 사람들이다. 높지도 낮지도 아니하다"라는 구절이 있습니다. 이 구절을 읽으면서 할아버지는 나라의 주인은 국민이며 국민이 주인이 되는 자유민주주의의 나라, 평등한 사회를 꿈꾸셨다는 생각을 하였습니다.

자랄 때 우리 집 거실에 "낡고 물들고 더럽고 못생긴 것을 무찔러 버리고 새롭고 순수하고 깨끗하고 아름다운 것으로 만들어

놓자"라는 글귀가 액자로 걸려 있었습니다. 저는 무슨 뜻인지도 모르고 그냥 오가며 읽으니 저절로 외워졌습니다. 나중에 알고 보니 〈농민독본〉에 나온 글이었습니다. 할아버지는 독립된 대한민국이 자유롭고 정의롭고 평화로운 세상이 되기를 바라지 않았을까? 지금 후손들은 그 뜻을 따르고 있는가?

할아버지는 농민교육을 통해 나라의 힘을 기르고자 하였으나 일제의 탄압이 점점 심해지자 나라의 독립을 위해 헌신하겠다는 뜻을 품고 상해 임시정부를 찾아갑니다. 할아버지는 떠나면서 차마 할머니께 말은 못하고 부엌에 계신 할머니를 한 번 더 보고 싶어 물 좀 달라고 부르셨답니다. 물을 받더니 마시지는 않고 옆으로 치워 놓고 네 살 된 아들 종(淙)에게 "아버지가 돈 많이 벌어서 좋은 공부시켜 주겠다"라고 말하셨다고 합니다. 돈 많이 벌어서라는 말은 아마 독립된 나라를 물려주고 싶다는 마음을 그렇게 표현하신 것 같습니다.

그때 할머니는 둘째 아들을 임신하고 있었는데 할아버지는 그것도 모르고 먼 길을 떠나셨습니다. 할아버지는 여동생의 남편감을 알아보러 간다고 거짓말을 하였기에 식구들은 그것이 마지막이 될 줄 몰랐습니다.

할머니 말씀에 의하면 할아버지는 수줍음이 많아 평소에 할머니 얼굴도 제대로 쳐다보지 못하셨답니다. 하지만 시동생 많은 시집살이에 힘든 할머니를 생각하여 야학을 나갈 때 아들 종을 안고 가서 수업을 하시기도 하고 할머니가 냇가에 빨래를 하러 가면 무거운 빨래를 말없이 날라 주시기도 했다고 합니다. 그 시절에 남녀의 일이 구분되어 있어 어른들은 좋게 보지 않았지만 그런 자상한 면이 있는 분이라 그렇게 훌쩍 떠나실 줄은 꿈에도 몰랐다고 합니다.

상해까지 가는 긴 여정에서 할아버지는 여비가 없어 노숙을 하거나 노동으로 벌어서 여비를 마련하였습니다. 특히 청도(靑島·칭다오)에서는 일본사람이 하는 세탁소에서 일했는데 일본어를 독학하여 일본인과 자유롭게 대화가 가능하였다고 합니다. 그 시기 증조할머니가 할아버지에게 할아버지가 보지도 못한 둘째 아들이 태어나 걸어다닐 만큼 컸으니 이제 집으로 돌아오라는 편지를 보내자 할아버지는 "장부출가생불환(丈夫出家生不還·장부가 뜻을 세워 집을 떠나면 뜻을 이루기 전에는 살아 돌아오지 않는다)"라는 답장을 보내 뜻을 알립니다. 그러나 편지의 내용에는 가족에 대한 그리움, 집안 대소사 걱정 등 장남으로서의 책무를 못하는 불효에 가슴 아파하는 마음을 느낄 수 있습니다.

할아버지는 청도에서 돈을 벌어 집을 나올 때 가지고 온 월진회 회비를 갖고 상해로 가서 김구 선생을 만나 비밀결사인 한인애국단에 입단하게 됩니다. 김구 선생이 홍구 거사를 이야기하자 흔쾌히 받아들이고 준비하셨습니다. 저는 할아버지가 얼마나 철저한 분이신지 나라 독립을 위한 마음이 얼마나 컸는지 거사 과정을 보면서 알게 되었습니다. 할아버지는 거사 전 홍구공원을 답사하며 폭탄을 던질 위치와 거리 및 방법을 연구하

거사 전 선서식을 한 윤봉길 의사

셨다고 합니다. 임시정부의 안살림을 맡고 있던 정정화 여사의 말씀에 의하면 빈 공터에서 매일 봉투를 던지는 연습을 하시는 것을 보고 뭘 하고 있는지 물으면 건강을 위해 체력단련을 하고 있다고 말씀하셨다고 합니다. 또한 홍구공원 입장 시 일본순사가 제지하자 일본말로 유창하게 내가 일본인이라는 것 말고 또 무슨 증명이 필요하냐고 말하며 의심을 피했다고 합니다. 이렇게 철저히 준비하셨기에 거사가 성공할 수 있었습니다.

중국 국민당 주석이던 장개석(蔣介石·장제스)은 "중국의 백만 군대가 못한 일을 단 한 사람의 조선인이 해냈다"라고 하였습니다. 홍구공원 거사로 만보산사건(농업 수로를 둘러싼 한·중 간 분쟁) 이후 일본의 이간질로 틀어졌던 중국과의 관계가 개선되고 일본과 중국의 정전협정이 무산됩니다. 또한 장개석이 임시정부를 지원해 주고 대한민국을 동맹국으로 인정해 주어 한국인들이 황포군관학교에 입학할 수 있게 됩니다. 게다가 김구 선생과 장개석의 독대가 이루어지고 장개석은 대한민국의 독립을 도울 것을 약속합니다. 그래서 카이로회담 시 장개석은 대한민국의 독립 의지를 계속하여 알렸고 드디어 카이로회담에서 대한민국의 독립이 약속됩니다.

할아버지의 의거로 일제의 극심한 감시와 탄압을 받게 된 상해 임시정부는 탄압을 피해 항주, 진강, 장사, 광주, 유주, 기강, 중경 등 7곳을 전전하였습니다. 임시정부도 어려웠지만 저희 집안의 수난도 시작되었습니다. 국내의 집에 순사들이 찾아와 몇 번을 뒤졌고 가족들도 조사를 했다고 합니다. 할아버지의 사형 집행 소식이 전해졌을 때 할머니는 베틀에 앉아 베를 짜고 있었는데 하늘이 노랗고 마음이 먹먹하여 꼼짝도 못하셨다고 합니다. 소식은 들었지만 돌아가시는 것을 보지 못한 할머니는 혹시나 하는 마음에 해방 후 돌아오는 사람들 틈에 할아버지가 계실까 신작로에서 하염없이 기다리셨고, 6·25전쟁 후 군인들이 돌아오는데도 할아버지가 돌아오시지 않자 그때서야 포기하고 할아버지의 죽음을 받아들이셨다고 합니다.

해방 전에 유복자도 어린 나이에 죽고 이제 할머니에게는 아들 하나만 남게 되었습니다. 맏아들이었던 제 아버지가 일제 강점기 때 초등학교에 입학하자 담임선생이 학생들에게 이 아이의 아버지는 조선에서 가장 나쁜 사람이니 이 아이와 놀지 말라고 하여 아무도 아버지에게 말을 걸지 않았다고 합니다.

집단 따돌림을 받았으니 성장기 아버지가 얼마나 힘들었을지 생각만 해도 끔찍합니다. 아버지는 별로 말씀이 없는 분이셨습니다. 그러나 저희에게 늘 할아버지에게 누가 되지 않게 바르게 살라고 하셨습니다. 그리고 너희들이 나쁜 아버지를 두었다는

1932년 12월 19일 아침 7시 37분, 윤봉길 의사의 순국 직전 모습

말은 듣지 않게 하겠다고 말씀하셨습니다. 그 세월이 얼마나 힘들었으면 그런 다짐을 하셨을까요?

우리 독립운동사에서 가장 아쉬운 부분은 1940년 광복군이 창설되어 전열을 가다듬는 상황에서 일본 히로시마에 원폭이 투하되어 일본이 무조건 항복함으로써 우리 힘으로 독립을 이끌어 내지 못한 점입니다. 이후 한반도가 미·소의 냉전 체제에 휩싸여 6·25전쟁이 일어나고 남북으로 분열된 슬픈 역사를 가지게 된 것입니다. 할아버지도 분단된 독립이 아니라 통일된 독립을 원하셨을 것입니다. 할아버지의 순국 장면 사진을 보면 어떻게 죽음 앞에서 저리도 당당하고 두려움이 없을까? 하는 생각이 듭니다. 마지막 남기신 말씀도 "사형은 각오했고 할 말은 없다"였다고 합니다. 할아버지가 두 아들에게 남기신 유시(遺詩)를 읽어드리고 싶습니다.

강보에 싸인 두 병정에게 (모순, 담)

너희도 만일 피가 있고 뼈가 있다면

반드시 조선을 위하여 용감한 투사가 되어라.

태극의 깃발을 높이 드날리고

나의 빈 무덤 앞에 찾아와 한 잔 술을 부어라.

그리고 너희는 아비 없음을 슬퍼하지 마라.

사랑하는 어머니가 있으니

어머니의 교양으로 성공자를 동서양을 보건대

동서양 역사상 보건대

동양으로 문학가 맹자가 있고

서양으로 불란서 혁명가 나폴레옹이 있고

미국에 발명가 에디슨이 있다.

바라건대 너희 어머니는 그의 어머니가 되고

너희들은 그 사람이 되어라.

이 시를 보면 할아버지는 자신이 죽은 후 우리나라가 독립될 것을 확신하셨고 그래서 독립이 되면 빈 무덤에 찾아와 술을 따르라고 하셨습니다. 빈 무덤이라는 단어가 가슴 저립니다. 아마 할아버지는 자신의 시신을 찾지 못할 것이라고 생각하신 것 같습니다. 그리고 할머니가 두 아들을 잘 기르실 것이라는 할머니에 대한 존중과 믿음이 있었던 것 같습니다. 또한 아들들에게도

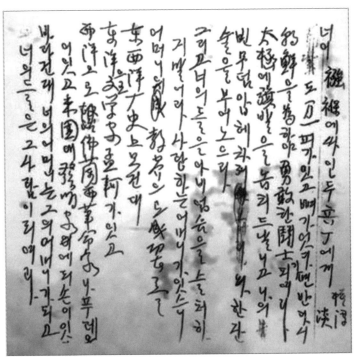

두 아들에게 남긴 윤봉길 의사의 친필 유언장. 국보 제568호.

자신의 뒤를 따라 독립을 위해 노력하라는 글귀를 남깁니다. 할
아버지는 비록 자신이 죽지만 자신의 뒤를 이어 많은 사람들이
독립운동에 투신할 것이고, 자신이 한 일이 자유와 세계평화를
이루는 밑거름이며, 불가능할 것처럼 보이는 우리나라의 독립
이 반드시 이루어지리라는 믿음을 가지고 있었기에 그리도 당
당히 "할 말이 없다"는 말씀을 남기고 떠나실 수 있었을 겁니다.

할아버지의 믿음대로 우리나라는 독립하였습니다. 가까이에
서 아버지와 할머니의 아픔을 느끼면서 왜 꼭 할아버지가 그 일

을 해야 했을까? 하며 원망한 적도 있었고, 자라면서 독립운동가의 후손이라는 주위의 시선이 부담스러울 때도 있었습니다. 그러나 임정대장정을 하며 일제 치하의 일상생활이 어떠하였을지 경험하고 다시 한 번 깊이 생각해보게 되었습니다.

이번 대장정의 마지막 장소인 홍구공원에 가서 할아버지께 참배하며 할아버지의 뜻을 잊지 않겠다고 말씀드렸습니다. 살아온 세월을 돌아보니 부끄러운 마음이 가득합니다. 임정대장정의 학생 33인과 저는 할아버지의 동상 앞에서 남북이 하나 되는 통일 조국, 자유롭고 정의롭고 평화로운 대한민국이 되는 날을 위해 노력할 것을 다짐하였습니다.

■ 백범과 윤봉길

백범이 윤봉길을 처음 알게 된 것은 상해의 말총모자 공장에서였다. 백범은 이 공장에 자주 들러 노동자들과 시국토론을 벌였는데 이 과정에서 윤봉길을 알고 신뢰하게 된다. 윤봉길은 이 공장에서 파업을 하다 해고를 당한 뒤 홍구시장에서 채소와 밀가루 장사를 했다. 그러던 어느 날 백범을 찾아가 "도쿄 의거(이봉창 의거)와 같은 마땅히 죽을 자리를 구해 달라"고 부탁한다. 이에 백범이 "왜놈들이 오는 4월 29일 홍구공원에서 천장절(天長節·일왕 생일) 축하식을 성대히 거행한다 하니 이때에 한번 큰 목적을 달해봄이 어떻소"라고 하니, 윤봉길은 "할랍니다. 이제부텀은 맘이 편안합니다. 준비해 줍시오"하고 쾌히 응낙하였다. 백범은 윤 의사와 교류하면서 돈이 떨어지자 윤 의사를 데리고 '박스 호텔(box hotel)'이라는 곳에서 잠자기도 했다. 박스 호텔, 즉 상자 여관은 당시 상해에서 가장 저급한 숙소였다. 백범은 윤봉길에게 32년 전 자신이 치하포에서 일본인 쓰치다를 쳐 죽이던 때의 이야기를 들려주었다.

"돌이켜보면 그때 가슴이 몹시 울렁거렸지만 고능선 선생이 가르쳐주신 '득수반지무족기 현애철수장부아(得樹攀枝無足寄懸崖撒手丈夫兒)'라는 구절을 떠올리니 마음이 가라앉았소…." 고능선은 백범의 스승이었으며, '득수반지~ '는 '나뭇가지를 잡고 나무에 오르는 것은 어려운 일이 아니며, 낭떠러지에 매달려도 손을 놓을 수 있어야 장부다'라는 뜻이다. 중국 송나라 야부 도천(冶父 道川) 선사의 선시에 나오는 이 구절은 백범의 좌우명이었다. 이 말을 들은 윤봉길은 가슴에 새겨듣는 듯한 안색이었다고 〈백범일지〉는 적고 있다.

■ 의거 당일 상황
☞윤봉길과 동행했던 이화림의 회고록 중에서
김구 선생은 두 개의 수류탄을 윤봉길에게 주었다. 하나는 도시락폭탄, 하나는 물통폭탄이었다. 그리고 낮은 소리로 작별을 고했다. "자넨 곧 나라를 위해 목숨을 바칠 걸세. 이건 조국의 광복을 위해서야. 자네의 애국정신은 세상에 길이길이 남을 걸세." 김구 선생은 "여기 두 개의 수류탄 가운데 하나는 적의 장수를 죽이고 다른 하나는 자네를 위해 쓰기 바라네"라고 말했다. 윤봉길은 "반드시 선생님의 말씀을 따라 행동하겠습니다. 선생님도 국가를 위해 몸을 아끼시고 끝까지 투쟁해주시길 바랍니다"라고 대답했다. 김구 선생은 윤봉길의 손을 꽉 움켜쥐었다. 뜨거운 눈물이 흘러내렸다…나는 윤봉길이 양복을 입고 어깨에 군용 물병을 메고 손에는 납제 도시락을 들고 의젓하게 일본사람 가운데 서 있는 것을 보았다…천지가 진동하는 거대한 소리를 들었다…상해 일본 거류민 단장이자 일본 사복부대 대장인 가와바타는 폭탄에 맞아 거의 공중으로 떠올랐다….

☞ 김구의 〈백범일지〉 중에서

4월 29일이었다. 윤봉길 군과 최후의 식탁을 같이하며 가만히 윤 군의 기색을 살펴보니 그 태연자약함이 마치 농부가 일터에 나가려고 넉넉히 밥을 먹는 모양과 같았다…식사가 끝나고 일곱 점을 친다. 윤 군은 자기의 시계를 꺼내어 내게 주며 '이 시계는 어제 선서식 후에 선생님 말씀대로 6원을 주고 산 시계인데 선생님 시계는 2원짜리이니 제 것하고 바꿉시다. 제 시계는 앞으로 한 시간밖에는 쓸 데가 없으니까요…자동차가 움직였다. 나는 목이 메인 소리로 "후일 지하에서 만납시다" 하였더니 윤 군은 차장으로 고개를 내밀어 나를 향하여 숙였다….

☞일본 외무성 아세아국 제2과 보고 요지(1932. 6. 3)

"현장을 목격한 외국 기자들의 증언을 빌리면, 윤 의사는 의거 직후 달려드는 일본 헌병들에게 체포되었을 때 그 모습이 마치 성난 사자와 같이 용감하고 침착하였다고 격찬해마지 않았다."

■ 언론 보도

국내 신문은 윤봉길 의거를 그때까지의 어떤 독립운동사건 보다 더 크게 보도했다. 동아일보는 1호 활자 제목에 전면짜리 호외를 발행하여 사건 경위를 상세히 보도했고, 조선일보 지면은 총독부의 검열로 온통 뭉개져 있었다. 일본 오사카아사히신문은 전면짜리 호외를 발행했으며 뉴욕타임스와 런던타임스 등 세계 주요 신문들도 크게 보도했다. 재미동포사회의 신한민보는 5월 5일자에 '장하다 쾌하다 윤봉길 의사!'라는 제목의 다음과 같은 논설을 실었다.

"…쾌하다 장하다! 우리 대한의 의사며 영웅이며 열사인 윤봉길 그 어른이여! 장하다 쾌하다! 그의 폭발한 한 소리에는 대한의 금수어별(禽獸魚鼈)이라도 기뻐 뛰며 춤출 것이며, 대한의 산천초목이라도 반기어 반향하고 광채날 것이며, 대한의 일월성신이라도 더욱 빛날 것인바, 하물며 가슴에 붉은 피가 펄펄 끓는 우리들이냐! 우리 대한 사람이냐! 쾌하고 장하다 윤 의사여!…"

1945년 9월 2일 오전 9시 도쿄만에 정박한 미해군 전함 미주리호 함상에서 일본 외상 시게미쓰 마모루가 점령군 사령관 맥아더가 지켜보는 가운데 항복문서에 서명하고 있다.

■ 의거 결과와 의미

윤 의사의 폭탄 투척으로 일본의 중국대륙 침략 총책인 시라카와 대장과 가와바타 일본거류민단장이 죽고 노무라 해군함대 사령관은 오른쪽 눈을 뽑아냈다. 또 우에다 겐키치 중장은 왼쪽 발가락 4개를 절단했고, 시게미쓰 마모루 일본공사는 다리를 절단했다.

윤 의사 의거 직전 상해 임정은 고사 직전이었다. 아나키스트 항일운동가 정화암은 해방 후 "윤봉길 의사의 의거가 없었다면 임정은 거기서 끝나게 돼 있었다"라고 말했다. 그의 말대로 임정은 윤 의사 의거를 계기로 기사회생했다. 중국 정부와 해외 한국 교민의 지원이 쏟아졌고 김구 선생은 국제적인 인물로 부상

2015년 광복 70주년을 맞이하여 상해 노신 공원에서 한 중국인이 붓에 물을 적셔 바닥에 윤봉길 의사 관련 글을 쓰고 있다.

했다. 당초 인도주의를 내세우며 의열투쟁을 반대했던 이승만도 후에 "카이로 회담에서 장개석 주석이 솔선해서 한국의 자주독립을 주창하여 연합국의 동의를 얻은 사실도 역시 윤봉길 의사의 장거에 의한 것임을 잊어서는 안 된다"라고 했다.

홍구 공원에서 다리가 잘린 시게미쓰 공사는 후에 외상이 된다. 그는 1945년 9월 2일 미국 전함 미주리호 함상에서 일본정부를 대표해 항복문서에 서명한 뒤 지팡이를 짚고 절뚝거리며 나아가 태평양지역연합국 최고사령관 맥아더 원수에게 이 문서를 바쳤다. 그로써 2차 대전은 공식적으로 종결됐다.

74년간 고향 못 간 박 할머니의 눈물

21

"고향에 가셔야죠" "이 나이에 뭘…"

중국 각지의 대한민국임시정부 유적지를 답사하면서 도중에 무한(武漢·우한)에 들렀다. '일본군 성(性)피해자' 할머니를 만나고 위안소를 찾아보기 위해서였다.(※위안부라는 용어는 자발적으로 성을 제공했다는 의미가 있어 여기서는 '일본군 성피해자'로 표기함)

'아리랑 아리랑 아라리요~ 아리랑 고개로 넘어간다. 나를 버리고~.'

박차순 할머니 입에서 아리랑 노래가 흘러나왔다. 무한 시내에서 한 시간 정도 떨어진 효감(孝感·샤오간)에 양딸 부부와 함께 사는 박 할머니는 한국말을 거의 잊어버렸다. 2015년 10월 임시정부 답사단 청소년들이 찾아갔다. 할머니는 어릴 때 생활했던 전주를 떠올리며 '전, 라, 북, 도'라고 또록또록하게 발음하는 등 몇몇 한국말은 선명히 기억하고 있었다. 할머니는 학생들을 반가워하면서도 "부담을 줘서 미안하다" "그렇게 안 해도 되는데"라며 안절부절못했다. 할머니는 귀가 어둡고 중국어 사투리가 심해 양딸이 통역을 하지 않으면 대화가 쉽지 않다. 박 할머니는 '일본군 성피해자'이다.

박 할머니는 얼마 전 넘어져 다리를 다치는 바람에 거동이 불편하고 기력이 이전보다 못하다고 중국인 양딸이 전했다. 1923년생인 할머니는 2016년 현재 93세이다. 학생들이 선물로 준비해간 한복을 입은 할머니는 고향 전주에서 학생들이 채취해온 흙을 유심히, 그리고 천천히 만져보았다. 또 학생들을 문 앞까지 배웅하고 방에 돌아와서는 학생들이 두고 간 전주 풍남문 사진을 다시 보면서 끝내 눈물을 훔쳤다.

박 할머니는 소녀시절 전주에서 외할머니와 생활한 기억을 갖고 있다. 우리 정부 기록에도 전주가 출신지로 기록돼 있다. 할머니는 19살 때인 1942년 일본군 주둔지인 중국 호남성(湖南省·후난성)에 팔려왔다.

박 할머니는 어린 시절 아버지가 일본으로 돈 벌러 갔다가 연락이 두절됐고, 어머니는 재혼했다가 자살했다고 한다. 이후 우여곡절을 거쳐 할머니는 중국으로 팔려갔다. 2~3일 기차를 타고 할머니가 도착한 곳은 호남성. 같은 기차 안에 3~4명 정도의 다른 여자들이 있었다고 한다. 할머니를 데려간 사람이 조선인

고향을 그리워하는 박차순 할머니의 눈물

남자였다니 이 남자는 일본군의 사주를 받고 군부대에 여성을
공급하는 업자였을 것이다.

　할머니가 있었던 호남성의 위안소는 단층에 방이 10여 개 있
었고 위안소 주변에는 여러 채의 건물이 있었다고 한다. 우리 정
부가 수집한 박 할머니 증언에 따르면, 일제가 무조건 항복을 선
언한 직후 일본군은 무한의 일본 조계지로 할머니들을 집결시
키고는 보초를 세워 할머니들의 탈출을 막았다. 하지만 박 할머
니는 감시가 소홀한 틈을 타 극적으로 탈출하는 데 성공했다. 할
머니는 당시 고향에 돌아가고 싶었지만 고향에 부모님이 안 계
시는 데다 '일본군 성피해자'라는 것이 부끄러워 고향에 돌아가
지 않았다고 한다.

　박 할머니의 인생에는 한국 근대사에서 여성들이 겪었던 거

의 모든 슬픔과 비극이 녹아있다. 빈곤과 성차별, 가족과의 이별, 강요된 매춘, 일제의 탄압, 타국생활의 고통…. 일제의 마수는 할머니의 삶을 복구불능상태로 망가뜨렸다. 할머니는 한국을 떠난 지 73년이 넘었지만 지금까지 한 번도 한국 땅을 밟아보지 못했다. "가시고 싶지 않으냐"고 묻자 "다 늙어서 뭘…"이라며 말끝을 흐린다. 늙으면 향수도 옅어질까.

박 할머니는 한국 노래 몇 곡을 기억하고 있다. 아리랑, 눈물젖은 두만강, 도라지 등이다. 할머니는 학생들과 함께 아리랑을 불렀다.

중국 땅에 생존해 있는 한국인 '일본군 성피해자'는 몇 명인지 알 수가 없다. 본인이 인정한 '성피해자'는 2005년 10여 명이었으나 지금은 3명밖에 남아있지 않다. 일부는 한국으로 이주했고 일부는 중국에서 숨졌다. 현재 중국 땅에는 박차순 할머니 외에 무한의 하상숙 할머니와 하얼빈의 이수단 할머니가 생존해 있다.

1928년생인 하상숙 할머니는 17세에 중국으로 건너왔다. 빨래를 해서 돈을 벌 수 있다는 거짓에 속았다고 한다. 할머니가 '일본군 성피해자'로 지냈던 곳은 호북성 무한시에서도 가장 규모가 큰 위안소가 있었던 적경리(積慶里). 당시 국적이 다른 수백 명의 '성피해자'가 20개 위안소에 배치됐고 그중 한국인 '성피해자'가 100명 정도로 가장 많았다고 한다.

하상숙 할머니가 있었던 적경리 지역도 조선인 위안소 10곳,

위안소가 있던 우한 적경리. 예전 건물이 그대로 남아있다.

일본인 위안소 10곳에 300여 명의 '일본군 성피해자'가 있을 만큼 큰 규모였다. 이곳에는 현재 재래시장이 들어서 있고 아직 개발이 되지 않아 임정대장정에 나선 학생들이 과거의 건물 등 역사의 현장을 고스란히 볼 수 있었다.

중국 실태조사 때 할머니를 만난 정신대연구소 관계자에 따르면, 하 할머니는 1950년대 말 무한 지역의 조선인들 모임을 이끌었고 '성피해자' 명단을 비롯해 여러 문서를 작성했다고 한다. 이때 만난 할머니들의 소원은 조국 방문과 우리 노래 카세트를 갖는 것 두 가지였다. 하 할머니는 2013년 8월 14일엔 서울의 일본대사관 앞에서 열린 수요집회에 참석했다.

중국 동북쪽 하얼빈에 사는 이수단 할머니는 2011년부터 정신분열증에 걸려 고생하고 있다. 지금은 사람들을 완전히 알아보지 못한다. 1922년 평안북도에서 태어난 이 할머니는 19세 때 동네 처녀 3명과 함께 군복에 칼을 찬 일본 앞잡이에게 속아 만주로 끌려왔다고 한다. 할머니는 하루에 군인 8~10명을 받았다고 했다. 위안소는 일본인 부부가 운영했다. 할머니는 가까스로 풀려났지만 고향에 돌아가지 못했다. 1970년대 초 북한의 가족과 연락이 닿아 편지와 사진을 주고받았지만 1973년 보낸 편지는 주소불명으로 되돌아왔다고 한다.

'일본군 성피해자' 문제는 1980년대부터 조금씩 거론되다가 1990년대 들어 본격적인 조명을 받게 된다. 1991년 8월, 당시 아무도 '일본군 성피해자' 출신임을 스스로 밝히지 않던 시절,

중국과 미얀마의 국경지대에서 연합군의 포로가 된 일본군 성피해자들

한국의 김학순 할머니가 반세기 만에 용기 있게 증언함으로써 '성피해자' 실체 확인 작업에 전기를 마련했다.

'일본군 성피해자' 수는 일본 측이 자료를 공개하지 않고 있어 정확히 파악되지 않지만 1937~1945년 일본군 숫자가 700만 명을 넘었다는 사실에 기초해 20만여 명에 이른다는 추정이 있다. 가장 큰 피해국은 한국과 중국이었다. 최초의 위안소는 1932년 중국 상해에 설치된 것으로 알려져 있다. 위안소가 83곳이나 있었던 상해는 '성피해자'가 가장 많이 거주한 곳이다. 한국 여성들도 많았다.

'일본군 성피해자' 문제는 김학순 할머니의 증언 이래 24년간 한·일간 분쟁거리였다. 한국정부는 일본정부가 '성피해자'를 강제 동원한 사실을 인정·사과하고 합당한 배상을 하라고 요구해왔다. 반면 일본 우익정부와 보수세력은 갖가지 이유를 들어 이를 거부해왔다. 거부 이유는 ① 전시엔 늘 '성피해자'가 있었다 ② '성피해자'는 민간업자들이 모집했다 ③ 한·일청구권협정으로 일본의 법적 책임이 끝났다 ④ 그동안 여러 번 사과했다 등이다.

이들의 주장에 대해선 다음과 같은 반론이 가능하다. ① 전시였지만 일본은 광범하고도 조직적으로 동원했다 ② 민간업자가 모집하기도 했지만 업자 배후엔 일본군과 일본정부가 있었다 ③ 한·일청구권협정은 법적 책임만 얘기한 것이고 자발적인 보상은 별도이다 ④ 일본정부가 사과한 적은 있으나 역대 정권이 이를 수시로 번복했다.

일본 우익정부의 주장과 달리 1938년 일본 방위청은 "성피해자 모집 방법이 유괴와 같았다"라고 자인했고, 2007년 미국 정부합동조사단은 "모집에 조직적인 프로그램이 있었다"는 결론을 내렸다. 2001년 네덜란드 헤이그에서 열린 '2000년 일본군 성노예 전범 국제 여성법정'에서는 "위안부 제도는 일본 정부와 군대에 의해 입안·설치되었다"라고 판결했다.

한국에는 20년 넘게 계속된 세계 최장의 시위가 있다. '일본군 성피해자' 할머니들이 1992년 1월 8일 서울의 일본대사관 앞에서 매주 수요일 벌여온 항의시위, 즉 '수요시위'이다. 시위 횟수는 2015년 말 현재 1,200회를 넘겼다. 나이가 이미 80대나 90대에 접어든 지금의 '성피해자' 할머니들은 앞으로 몇 년 더 지나면 대부분 세상을 뜰 것이다.

'일본군 성피해자'는 한국과 중국에만 있는 것이 아니다. 일본이 전쟁을 일으킨 아시아태평양 연안의 말레이시아, 미얀마, 필리핀, 인도네시아, 대만 등지의 곳곳에 위안소가 설치되었고, 현지의 많은 여성들은 강제로 끌려가 성노예 생활을 해야 했다. 인도네시아에 있었던 네덜란드 처녀 얀 뤼프 오헤르네(O'Herne·92)는 일본군 위안소에 끌려가는 바람에 자신의 삶과 영혼이 어떻게 망가졌는지를 생생히 고발했다. 얀은 위안소에 끌려가기 직전 수녀 예비 서약을 해놓은 상태였으니 그가 위안소에서 맞닥뜨린 현실이 얼마나 충격적이었을지 짐작하기 어렵지 않다.

'일본군 성피해자'를 둘러싼 오랜 분쟁 끝에 한·일 양국 정부는 양국 수교 50주년인 2015년 12월 일본 정부의 책임 인정과 사죄 및 배상문제를 일괄 타결지었다. 하지만 일본이 독일처럼 과연 진정으로 사과한 것인지 여부는 앞으로 정부와 정치인들의 언행을 통해 지속적으로 검증돼야 할 것이다. 이 문제는 후세를 가르치는 일본의 역사교과서 문제와도 직결돼 있다. 사과는 사과에 그쳐서는 안 되며, 후세들이 과거를 거울삼아 다시는 잘못을 되풀이하지 않도록 하는 재발 방지까지 이어져야 진정한 의미가 있기 때문이다.

일본군 위안부? 성노예? 일본군 성피해자?

일제는 태평양전쟁 때 일본여성은 물론이고 점령지와 식민지의 여성들을 전선의 군부대로 보내 일본군의 성적 욕구를 해소시켰다. 일제의 침략전쟁에 희생된 이 여성들을 어떻게 지칭해야 할까. 현재 우리 정부가 정한 표기법은 〈일본군 '위안부'〉이다. 위안부에는 홑따옴표를 붙인다. 위안부는 영어로 'Comfort Women'으로 표기된다. 그러나 '위안(慰安)'이란 말에 '누구를 위로하여 편안하게 해 준다'는 긍정적인 의미와 은근한 자발성이 담겨 있어 문제이다.

국제 공식표기는 〈성노예〉이다. 성노예는 영어로 'Sex Slavery', 'Sex Slaves'이지만, 가해자를 분명히 하기 위해 '일본군'이라는 표현을 넣어 'Military Sex Slavery by Japan'이라고 표기한다. 성노예라는 단어가 사안의 본질을 잘 나타낸다는 주장도 있지만, 어감이 강해 피해 여성들을 비하하는 느낌을 준다는 의견도 많다. 미국의 힐러리 클린턴 전 국무장관은 〈Enforced Sex Slaves(강요된 성노예)〉라는 표현을 썼다.

이 책에서는 〈일본군 성피해자〉로 표기한다. 일본군이라는 가해자를 명시하고 성적이라는 피해의 성격을 표시했다. '피해자'라는 단순한 용어가 당사자들이 겪은 엄청난 정신적·육체적 피해를 충분히 표현하지 못할 수도 있지만, 〈위안부〉나 〈성노예〉라는 표현의 대안으로 제시해본다. 이 문제는 앞으로 더 많은 논의가 있어야 할 것이다.

강우규
(1855~1920)

권동진
(1861~1947)

김경천
(1888~1942)

김규식
(1881~1950)

김동삼
(1878~1937)

김두봉
(1889~?)

김붕준
(1888~1950)

김산
(1905~1938)

김상옥
(1890~1923)

김성숙
(1898~1969)

김익상
(1895~1925)

김종림
(1884~1973)

김종진
(1901~1931)

김좌진
(1889~1930)

김준엽
(1920~2011)

김철
(1886~1934)

김학철
(1916~2001)

김효숙
(1915~2003)

나석주
(1892~1926)

노태준
(1911~1970)

민필호
(1898~1963)

박승환
(1869~1907)

박시창
(1903~1986)

박영준
(1915~2000)

박영효
(1861~1939)

박용만
(1881~1928)

박제순
(1858~1916)

박찬익
(1884~1949)

서재필
(1864~1951)

손문
(1866~1925)

송병조
(1877~1942)

신동천(신팔균
·1882~1924)

신석우
(1894~1953)

신채호
(1880~1936)

안경근
(1896~1978)

안재홍
(1891~1965)

안춘생
(1912~2011)

안태훈
(?~1905)

안현생
(1901~1959)

양기탁
(1871~1938)

오면직(양여주
·1894~1938)

오세창
(1864~1953)

우승규
(1902~1985)

원심창
(1906~1973)

유자명
(1894~1985)

윤세복
(1881~1960)

윤세주
(1901~1942)

윤치호
(1865~1945)

여운형
(1886~1947)

유동하
(1892~1918)

이갑
(1877~1917)

이강
(1878~1964)

이광수
(1892~1950)

이동휘
(1873~1935)

이상룡
(1858~1932)

이상재
(1850~1927)

이완용
(1858~1926)

이육사
(1904~1944)

이화림
(1906~1996)

이회영
(1867~1932)

장덕진
(?~1924)

장지연
(1864~1921)

정화암(정현섭
·1896~1981)

최남선
(1890~1957)

최진동
(1883~1945)

허영숙
(1895~1975)

허위
(1854~1908)

홍명희
(1888~1968)

홍범도
(1868~1943)

홍범식
(1871~1910)

홍사익
(1889~1946)

황현
(1855~1910)

주요 참고문헌

대한민국임시정부의 현대사적 고찰 | 고정휴 등

대한민국임시정부 | 이현희

제대로 본 대한민국임시정부 | 김희곤 외

임시정부의 숨겨진 뒷이야기 | 이현희

대한민국의 기원, 대한민국임시정부 | 한시준 외

독립운동가 열전 | 백산서당

안중근 재판정 참관기 | 김흥식 엮음

안중근 평전 | 김삼웅

안중근 하얼빈의 11일 | 원재훈

안중근 아베를 쏘다 | 김정현

백년의 얼, 충혼 안중근 | 국제안중근기념협회

안중근 연구의 성과와 과제 | 안중근의사기념사업회

민족의 영웅, 시대의 빛 안중근 | 박환

안중근 의사 자서전 | 안중근

안중근 의사의 유해를 찾아라 | 안태근 김월배

백범 선생과 함께한 나날들 | 선우진

김구 선생의 삶을 따라서 | 김우전

백범일지 | 김구

쉽게 읽는 백범일지 | 도진순 역

도왜실기 | 김구

김구청문회 | 김상구

김구 따라잡기 | 대한민국임시정부 사적지 답사단

도산 안창호의 얘기애타 리더십 | 서상목

투사와 신사 안창호 평전 | 김삼웅

대한민국 건국의 기획자들 | 김용삼

이승만과 김구 | 손세일

이승만의 대미투쟁 | 로버트 올리버

이승만과 대한민국임시정부 | 유영익 외

독부 이승만 평전 | 김삼웅

약산 김원봉 평전 | 김삼웅

약산 김원봉 장군 | 석원화(중국)

약산과 의열단 | 박태원

대륙에 남긴 꿈, 김원봉의 항일역정과 삶 | 한상도

밀양의 항일독립운동가 | 밀양독립운동사연구소

기노시타 쇼조, 천황에게 폭탄을 던지다 | 배경식

이봉창 의거의 진실과 왜곡 | 이봉창기념사업회

이봉창 의사 재판관련 자료집 | 동양학연구소

일왕을 겨눈 독립투사 이봉창 | 김도형

노백린의 생애와 독립운동 | 한국독립기념관

주석 이동녕과 그 시대 | 이현희

석오 이동녕과 백범 김구 | 이현희

자유를 위해 투쟁한 아나키스트 이회영 | 김명섭

이회영 평전 | 김삼웅

난잎으로 칼을 얻다, 우당 이회영과 6형제(도록)

100년 만의 만남 신흥무관학교 | 국가보훈처

항일독립운동의 요람 신흥무관학교 | 주동욱

임시정부와 이시영 | 이은우

이시영 | 신주백

주요 참고문헌

박은식 | 김순석

김규식 | 이준식

지청천 | 이현주

조성환 | 한국독립운동사연구소

항일혁명투사 구파 백정기 | 백정기기념사업회

신규식 민필호와 한중관계 | 석원화(중국), 김준엽

김옥균에서 김가진까지 | 신동준

경천아일록(擎天兒日錄) | 김경천

조선의 의인들 | 박석무

비운의 혁명가들 | 안승일

독립운동가 열전 | 독립운동가열전편찬위

식민지시대 한국 아나키즘 운동사 | 박환

인물로 보는 친일파 역사 | 역사문제연구소 편

혁명가들의 항일 회상 | 이정식

내가 몰랐던 독립운동가 12인 | 이동언

한국사 인물 산책 | 이은직

한국의 레지스탕스 | 조한성

파란 눈의 한국 혼 헐버트 | 김동진

물 수 없다면 짖지도 마라 | 윤치호

숲은 고요하지 않다 | 이종찬

임시정부의 품 안에서 | 김자동

역주 매천야록 | 임형택 회

장강일기 | 정정화

나절로만평 | 우승규

이화림 회고록 | 이화림 구술

아직도 내 귀엔 서간도 바람소리가 | 허은

장정 | 김준엽

어느 독립운동가의 조국 | 윤재현

독립군의 길 따라 대륙을 가다 | 조동걸

한국독립운동사 | 박찬승

한국광복군연구 | 한시준

항일독립운동연구 | 신재홍

한국독립운동의 해외사적 탐방기 | 윤병석

중국공산당과 한국독립운동관계기사 연구 | 석원화(중국)

독립군사 | 윤병석

조선의용군 항일전사 | 이보온, 양소전(중국)

중국에서의 항일독립운동 | 한중교류연구중심

이토 히로부미 | 이종각

근대를 말하다 | 이덕일

중국 안의 한국독립운동 | 호춘혜(대만)

개화파 열전 | 신동준

중국에 남겨진 일본군위안부 이야기, 겹겹 | 안세홍

성노예와 병사 만들기 | 안연선

제국의 위안부 | 박유하

새 친일파를 위한 변명 | 김완섭

한국과 일본, 상호인식의 변용과 기억 | 이규수

인간적인 책

초판 1쇄 인쇄 ┃ 2016년 04월 10일
초판 1쇄 발행 ┃ 2016년 04월 20일

지은이 ┃ 여시동
특별기획 ┃ 이창호(민주평화통일자문회의 중국지역 부의장)
펴낸이 ┃ 김정동
펴낸 곳 ┃ 서교출판사

등록번호 ┃ 제 10-1534호
등록일 ┃ 1991년 9월 12일
주소 ┃ 서울시 마포구 성지길 25-20 덕준빌딩 2F
전화번호 ┃ 3142-1471(대)
팩시밀리 ┃ 6499-1471
이메일 ┃ seokyodong1@naver.com
홈페이지 ┃ http://blog.naver.com/sk1book
ISBN ┃ 979-11-85889-19-1 03900

• 잘못된 책은 구입처에서 교환해 드립니다.
• 서교출판사는 독자 여러분의 투고를 기다리고 있습니다. 출판 관련 원고나 아이디어가 있으신 분은
  seokyobooks@naver.com으로 간략한 개요와 취지 등을 보내 주세요. 출판의 길이 열립니다.

이 도서의 국립중앙도서관 출판예정도서목록(CIP)은 서지정보유통지원시스템 홈페이지(http://seoji.nl.go.kr)와
국가자료공동목록시스템(http://www.nl.go.kr/kolisnet)에서 이용하실 수 있습니다. (CIP제어번호: CIP2015027764)